학연가연

장충식張忠植

1932년 중국 텐진(天津)에서 태어났다. 1960년 단국대학에서 강의를 시작했고 1966년 단국대학 학장에 취임해 단과대학을 종합대학으로 승격시켰으며, 1967년 단국대학교 초대 총장으로 취임했다. 한국 대학 역사상 최연소 총장에 취임하여 2003년까지 36년간 총장으로서 단국대의 성장을 이끌었다. 한국 최초로 지방 캠퍼스 체제 도입과 메인 캠퍼스의 탈 서울 이전 사업을 주도해 대학 발전의 새로운 모델을 제시하기도 했다. 또한 북경아시안게임 한국선수단 단장, 남북체육회담 수석대표, 세계청소년축구선수권대회 남북단일팀 단장, 백범김구선생기념사업회 회장, 대한적십자사 총재, 세종문화회관 이사장 등을 역임하혔다. 특히 남북체육회담 수석대표로서 해방 이후 최초로 세계청소년축구대회 남북단일팀을 이끌었고, 대한적십자사 총재 시절에는 남북 이산가족 상봉 사업을 성사시키는 등 남북화해의 새 장을 열어가는 데 앞장섰다. 현재 범은재단 이사장과 단국대학교 명예이사장으로 대학 발전에 이바지하고 있다.

학연가연

2021년 10월 5일 초판 발행
2022년 5월 12일 3쇄 발행

지은이 _ 장충식
펴낸이 _ 김수복
기 획 _ 김남필
편 집 _ 성두현
마케팅 _ 김민배
펴낸곳 _ 단국대학교출판부
등 록 _ 1968.2.27 : No. 제03-00095호
주 소 _ 경기도 용인시 수지구 죽전로 152
전 화 _ 031-8005-2405
팩 스 _ 031-8021-7154

값 18,000원

ISBN 978-89-7092-785-5 03810

학연가연

장충식 저

nosvos

머리말

대학은 지식을 전승하는 배움터이다. 그러나 그 울타리 안에는 교수, 학생, 직원들이 개별적으로 인생을 영위하며 살아간다. 연구실과 강의실 혹은 도서관과 운동장에서 자신의 소중한 꿈을 현실로 만들고자 노력하고, 성공과 좌절, 기쁨과 슬픔을 거듭하며 성장한다.

대학들은 진리를 탐구하고 자유를 사색하며 인류애를 실천한다는 숭고한 사명을 내세우고 있지만 사실 그 안에는 다양한 인간군상의 희로애락이 엇갈리고 때로는 드라마 같은 일들이 펼쳐지기도 한다. 달리 보면 높고 아름다운 대학의 이상도 결국은 지극히 평범한 인간들의 일상이 축적된 결과와 다름없다. 다만 그 속에 배움에 대한 열망과 그 배움의 힘이 주는 비범한 지적 능력의 고양이 바로 진정한 대학의 힘이고, 국가의 자산이 된다는 점이 다를 뿐이다. 마치 평범한 탄소 덩어리에 불과한 암석이라도 고온과 고압의 시련을 거쳐 찬란한 다이아몬드 결정체로 거듭나는 것과 같은 이치일 것이다. 그러고 보면 대학은 배움터인 동시에 삶터이고 크게는 지성의 도량이지만 작게는 자신의 삶을 개량하려는 인간적 분투의 현장이기도 한 것이다.

한때 동양사학자로 학계에 족적을 남기겠다는 청운을 꿈꿨다. 그러나 선친의 강권으로 28세에 단국대학의 학생과장으로 전신轉身을 해야 했고 사회적 변혁기를 맞아 36세의 나이로 종합대학 총장의 중임重任을 맡아야 했다. 중간에 휴지기가 있지만 오늘에 이르기까지 54년여의 세월을 대학인으로 살아왔다. 내 꿈은 그 과정에서 온데간데없이 사라졌고 매일 매일 대학 행정이나 공인의 직무에 쫓기듯 살아왔다.

긴 시간을 대학에 몸담고 살아오면서 어찌 잘못한 일이 없을 것이며 후회되는 일이 없을 텐가. 또한 그 못지않게 보람차고 자부심을 가질 일도 적지 않을 것이다. 돌아보면 반백 년 넘게 대학에 몸담으면서 나 역시 배움터이자 삶터인 단국대학을 무대로 나름 최선의 결과를 얻고자 고군분투했다는 점에서 여느 대학인과 다를 바 없다고 생각한다. 다만 한 가지 첨언을 한다면 나는 대학의 교수, 총장, 이사장을 거치는 과정에서 한 가지 소신을 갖고 있었다. 그것은 '인간에 대한 애정'이다. 어떤 교수, 학생이라 하더라도 부당한 차별 대우나 특혜를 받아서는 안 된다. 대학에서는 더욱 그렇다. 그렇다고 거대한 국가 권력에 박해를 받는 젊은이나 지식인, 원하지 않은 불리함으로 그늘에 살아야 하는 소외인, 재능이 있음에도 여건을 타고나지 못하고 기회를 갖지 못한 젊은이들을 도외시하거나 방관할 수는 없다. 진정한 공정은 무조건적인 기계적 형평이 아니라 권력, 고정관념, 장애 등의 불리함에 대응해 이를 극복할 힘을 보태 주는 것이다. 그것이 내가 생각하는 억강부약抑强扶弱의 정신이고 단국대학의 설립정신이기도 하다.

교육이란 결국 인간의 자기 구원을 북돋아 주는 일이고 이를 위해 자신의 불편함을 감내하는 사람이 바로 교육자이다. 나는 최선을 다했다고 자부하지 못하지만 그런 이들에게 기꺼이 내 애정을 주었고 '대학', 특히 단국대학이라는 기틀을 통해 새로운 극복의 동기, 성공의 인연을 마련해 주려고 노력했다. 그것은 특혜를 주려는 것이 아니라 대학을 통해 삶의 새로운 인연을 만들고픈 내 철학의 실천이었다. 비록 학계에 발자취를 남길 학자가 되겠다는 내 꿈은 이루지 못했지만 재능과 노력, 두 가지를 갖춘 젊은이나 부당한 박해를 받는 이에게 내 작은 힘이나마 보태고 싶다는 것이 대학에 있으면서 내가 견지한 소신이자 희망인 셈이다.

한편으로 나는 어쩌면 문을 닫아야 할지도 모르는 약소한 대학의 경영을 책임져야 했다. 돈도 없고, 든든한 배경도 없었다. 모두가 눈을 부라리며 단국대학의 운명에 종주먹을 들이대던 위기의 시간이 있었다. 고립된 운명의 시간에 나의 희망을 들어주고, 단국대학의 앞길에 따뜻한 도움의 손길을 준 사람들 역시 적지 않았다. 나에게는 그 손길이 내 인생 철학을 더욱 가다듬게 하는 반면교사反面教師였고 동시에 단국대학의 기반을 다지는 아름다운 인연이었던 셈이다.

이제 일선에서 물러나 세월의 무게를 더욱 실감하면서 나의 옛일을 반추하는 시간이 잦아졌다. 그 시간 속에서 나와 배움터이자 삶터인 대학에서 맺은 인연을 정리해 보자는 생각을 했다. 대학에서 맺은 인연들 가운데 선하고 좋은 매듭을 맺은 일들을 정리한 글이니 '학연가연學緣佳緣'으로 연재 제목을 정했다. 2018년 7월부터 1년 반 동안 학교 홈페이지를 통해 하나 씩 글로 정리하며 연재를 했다. 글을 쓰다가 스스로 지쳐 중도에 멈출까 염려되어 '연재'의 족쇄를 채웠는데 고정 독자들이 생기고 이메일을 통해 여러 가지 반응이 오고 보니 여기까지 이르게 되었다.

책으로 엮기까지 도움을 준 노스보스 편집부에 감사의 박수를 보낸다.

2021. 10.

장 충 식

차례

머리말 4

01 바바라 브룩스(Babara Brooks) 화백

로키산맥을 사랑한 외로운 화가의 소원 13

02 백건우 피아니스트

피아노 천재 소년에게 바친 딸아이의 동심 25

03 이희승 선생님

불의에는 서릿발, 대학에는 겸손으로 일관한 스승 34

04 오순이 교수

팔 대신 열정과 후원으로 일궈 낸 화가의 꿈 47

05 석주선 박사

헌신 통해 아름다운 삶을 엮어 낸 '전통 복식과 학교 사랑'의 힘 61

06 양종곤 교수

'총장 타도' 외치던 학생을 경영학자로 키운 이유 77

07 이천술(가명) 군

절망에 빠진 탈영병에게 주고 싶었던 희망의 손길 93

08 서미미 양

신앙과 사랑으로 뭉친 '경주 9남매'에게 준 선물들 …… 107

09 석두성 회장

달면 삼키고 쓰면 뱉는 고학생과 얽힌 애증의 인연 …… 119

10 김상현 의원

'졸업장 없는 동문' 정치인의 소중한 우정 …… 137

11 W 교수·S 교수

도움을 받고 나서 달라지는 냉담함이 주는 교훈 …… 157

12 김학준 박사

정권과의 불화와 캠퍼스 이전의 난제를 풀어준 은인 …… 169

13 조명래·김병량·김경현 교수

발품 팔아 발굴해 장학금으로 키운 인재들의 세 가지 유형 …… 183

14 김대중 전 대통령·이희호 여사 내외

선친의 인재 사랑이 맺어준 큰 정치인의 두터운 대학 사랑 …… 199

15 노태우 전 대통령

럭비 선수로 만나 북방정책, 남북단일팀, 한중수교로 이어진 인연 …… 220

16 박원순 전 서울시장

'총장 사퇴'의 배수진을 치면서 시국 사범 신입생을 보호한 까닭 …… 254

17 이시가와 다카오(石川堯雄) 선생

국경을 넘은 인간애가 담긴 단국대 치과병원의 탄생 …… 269

18 박유철 전 국가보훈처 장관

독립운동가 후손으로 시작된 인연이 맺은 반백 년의 믿음 …… 286

19 박정희 전 대통령

날선 권력 앞에서 사립대 총장이 걸어온 길(상) …… 302

20 박정희 전 대통령

날선 권력 앞에서 사립대 총장이 걸어온 길(하) …… 319

01

바바라 브룩스(Babara Brooks) 화백

로키산맥을 사랑한 외로운 화가의 소원

단국대학교 천안병원 로비에는 외국의 풍경을 그린 대형 그림이 두 점 걸려 있다. 하나는 캐나다 로키산맥 관광의 중심지인 재스퍼Jasper 인근의 산봉우리와 설경雪景을 그린 그림이다. 다른 하나는 로키산맥에서 자생하는 자작나무 숲을 담고 있다.

장대하면서도 신선한 자연을 생생하게 그려낸 이 풍경화들은 캐나다의 여류 화가 바바라 브룩스Barbara Brooks, 1941~2009가 그린 작품이다. 두 그림 중 하나인 로키산 설경은 36년 전 내가 재스퍼 타운에 있는 화랑에서 직접 구입한

계곡의 변신(단국대학교병원 정형외과 외래 벽면에 걸려 있다.)

것이고, 자작나무 숲 그림은 바바라가 나를 위해서 그려 준 것이다. 지금은 세상을 달리했지만 바바라 씨는 태평양을 건너 천안의 단국대병원에서 그림을 통해 대자연에 대한 애정을 여전히 생생하게 전달하고 있다.

그 인연의 처음은 1983년 하계유니버시아드가 끝난 직후 시작되었다. 당시 대회는 캐나다 에드먼턴에서 열렸다. 나는 이 대회의 선수단장으로 참가해 성공적으로 대회를 끝내고 개인 시간을 가졌다. 당시 한국선수단의 통역을 맡은 현지 교포인 한영자 씨가 나를 자신이 경영하는 쇼핑 몰로 안내했다. 그동안의 수고를 위로할 겸 한영자 씨의 쇼핑 몰에서 물건을 팔아 주려는 생각이었다. 쇼핑 몰을 둘러보던 중 우연히 로키산의 설경을 그린 그림을 마주했다. 로키산의 웅장함을 유화가 아닌 수채화로 담아낸 것이 특색이었고, 자연을 맑고 담백하게 표현한 것이 마음에 들었다.

그림을 사고 싶어 가격을 물으니 2천 캐나다 달러라 했다. 현금이 없었기에 포기를 해야 했지만 이상하게 시선

설곡(단국대학교병원 수술실 옆 벽면에 걸려 있다.)

을 거둘 수 없었다. 결국 계약금을 일부 내놓고 귀국 뒤에 잔금을 보낼 테니 다른 사람에게 팔지 말아 달라 부탁을 했다. 귀국 뒤에 잔금을 송금했고 한영자 씨가 모국을 방문하는 길에 이를 갖고 왔기에 대학 본관 벽에 걸어 놓고 관람을 했다. 화가가 유명하지도 않아 누구인지도 모르지만 화풍이 좋아 게시를 하였는데 보는 이들이 모두 칭찬을 했다. 자꾸 좋은 그림이라는 칭찬을 하는데 정작 화가가 누구인지도 모르는 것이 오히려 부자연스러웠지만 바쁜 공무에 쫓기면서 이를 알아보지 못하고 있었다. 그렇게 10여 년의 세월이 흐르고 비로소 수소문을 하였다.

한영자 씨를 통해서 작가의 신상 소식이 전해왔다.

"바바라 씨의 국적은 처음에는 미국이었다. 가족들과 캐나다에 여행을 왔다가 로키산의 아름다운 풍경에 빠져서 캐나다 이민을 요청했다. 단순히 풍경을 즐기려는 게 아니라 이곳에서 그림을 그리며 살고 싶어 했다. 그러나 남편이 이를 거부하면서 결국 이혼하고 재스퍼 타운으로 두 딸을 데리고 이주해 살고 있다."는 것이다.

관광업밖에는 따로 마땅한 산업이 없는 산골 도시 재스퍼에서 그림으로 생업을 해결하기가 쉽지 않은 것은 자명한 이치이다. 그러니 비록 소원대로 아름다운 풍경화를 그리고 사는 삶에 행복과 보람을 느끼고 살지만 경제 형편은 늘 쪼들릴 수밖에 없다는 얘기도 들었다. 내가 산 그림도 1년 내내 화방에 걸려 있었지만 팔리지 않았던 그림이었다. 심지어 두 딸과 사는 집의 월세를 내지 못해 쫓겨날 형편이라고 덧붙였다. 자신의 예술적 의지를 위해 용기를 냈지만 녹록지 않은 현실의 궁핍함과 생활고, 그리고 두 딸을 가진 어머니가 겪어 왔을 마음속 고통이 어떠했을지 짐작이 갔다. 동시에 두 딸의 끼니를 걱정해야 하는 시련 속에서도 붓을 놓지 않은 열정에 걸맞게 바바라 씨의 작품에는 대자연의 아름다움이 풍부하게 녹아 있음을 다시 한번 실감할 수 있었다. 아니, 이런 예술적 역량이 좀 더 널리 알려져야 한다는 생각에 이르렀다.

그렇다면 바바라 씨를 한국에 초청해 우리나라의 미술 애호가에게 소개를 하면 어떨까 싶었다. 가난에 쫓기는 세 모녀에게 예술혼을 이어갈 작은 계기라도 마련해 줄 수 있다면 좋겠다는 생각이 들었다. 나는 그녀를 초청해 개인전을 열어 주자는 결심을 했다. 1993년 들어 생각을 실천에 옮기기로 하고 나는 MBC 방송국의 간부들을 설득했다. 유럽과 미국에 치우쳐 있는 외국 화단 소개의 비중을 캐나다, 그것도 여성 화가를 초청해 새로운 시도를 해 보자는 점을 역설했다. MBC도 긍정적 자세를 보여 단국대학교와 MBC가 공동으로 수채화가 〈바바라 브룩스 초청전〉을 열기로 했다. 장소도 세종로의 프레스센터 전시실을 빌려 규모를 키웠다. 언론사의 홍보도 적극적으로 펼쳤다. 비록 캐나다에서는 제대로 평가를 받지 못했지만 바바라 씨의 그림을 한국의 애호가들은 달리 평가해 주리라는 믿음도 있었다.

바바라 씨가 김포 공항에 도착하는 날 나는 그녀를 영접하러 공항에 나가서 처음 만났다. 많은 사진 기자들이 나와서 그녀를 카메라에 담느라 번잡하였다. 공항에서 그녀를 처음 만났는데 깜짝 놀랐다. 나도 키가 작은 편이 아니었는데 나보다 크고 건장한 체격을 갖고 있었다. 로키산맥

바바라 브룩스 초청전 개막식을 갖고 작품을 관람하고 있는 장충식 당시 총장과 바바라 브룩스

의 호연지기를 온몸으로 담아낸 풍모였다. 또한 여성임에도 그분이 입고 온 옷이 너무 허름해서 또 한 번 놀랐다. 혹시라도 한국 사회가 가진 부정적 관행사람을 외형으로 평가하는에 불이익을 입을까 염려되어 지인을 통해 특별히 부탁해서 하룻밤 사이에 여성 정장을 만들어 선물하였다. 옷차림이 달라지니 비록 체격은 커보였지만 서양 미녀의 자태가 살아나 초대전 개막식에서 많은 팬의 시선을 끌었다. 언론도 한국에서 처음 보는 캐나다 화가의 작품이라는 점을 적극적으로 보도했고, 전시회 첫날 전시장에는 발을 드려놓을 수 없을 정도로 많은 관람객이 참석하였다.

전시회가 열리는 첫날 주한 캐나다 대사 내외를 비롯하여 여러 나라의 외교 사절들이 참석했고, 우리나라 정부 요인과 외무부, 문화관광부의 고위 인사를 비롯하여 문화예술계 인사들, 특히 유명 화가들과 그의 문하생들도 많이 자리를 함께해 성황을 이루었다. 바바라 씨가 캐나다에서 가지고 온 그림은 15일의 전시 기간에 전부 매진되었다.

주한 캐나다 대사는 개막 연설을 통해 "한국과 외교 관계가 수립된 이후 캐나다 예술가로서는 한국에서 처음 갖는 초청전임에도 그 어떤 이벤트보다도 화려하고 아름다운 문화 행사"라며 "바바라 씨가 캐나다의 명예를 빛낸 분"이라고 극찬을 했다. 지금 정확한 기억은 아닐 수 있지만 당시 전시회가 매진되면서 얻은 수입금은 세금을 제외하고 미화 10만 달러가 넘었다. 물론 나는 그림 판매 수입 전액을 그녀에게 증여하였다.

전시회가 끝난 뒤 캐나다 대사관 측은 바바라 씨에게 감사장을 수여하고 캐나다 정부에 한국-캐나다 문화 교류에 기여했다는 공적을 보고했다. 캐나다 정부는 이를 받아들여 바바라 씨의 거주지인 재스퍼 타운이 속한 알버타 주의 대표 화가로 지명했다. 이를 뉴스로 접한 강원도가 같은 산악 중심 관광 산업을 진흥하는 공통점이 있다고 알버타 주와 공식적인 자매결연까지 맺었다. 그리고 다음해 강원도가 정식으로 바바라 씨를 초청하여 전시회를 열기로 공표하였다. 가난한 화가의 창작열을 돕겠다고 나선 나의 선의가 당사자에게는 물론이고 한국-캐나다의 우의를 키우는 계기가 되었으니 내게도 큰 기쁨을 준 셈이다.

인연은 태평양을 건너 캐나다로 확대되었다. 미담을 들은 알버타 주 출신의 국회의원이 나를 초청한 것이다. 그의 이름은 월터 트윈Walter P. Twinn으로 캐나다 원주민의 혈통을 갖고 있었다. 원주민을 대표해, 그리고 알버타 주의 대표로 상원의원이 된 사람이었다. 그를 만나러 캐나다를 간다는 사실을 안 바바라 씨는 기꺼이 나를 환영해 주러 캐나다 밴쿠버 공항까지 달려왔다. 재스퍼에서 밴쿠버 공항까지 차로 10시간이 걸리는 먼 거리인데 바바라 씨는 자신이 직접 차를 몰고 달려왔다. 바바라 씨는 기쁨과 감격의 눈물로 나를 맞이해 주었다. 환영 인사를 위해 10시간을 차를 몰고 달려온 것도 그렇지만 나를 위해 아예 새 차를 샀다고 말하는 바바라 씨의 얼굴은 행복한 웃음이 가득해 나를 감동케 했다.

불과 몇 년 전만 해도 빚에 몰려 셋방에서 쫓겨날 불행한 처지에서 10만 달러가 넘는 수입에 알바타 주의 대표 화가이자 그림도 잘 팔리는 유명 화가가 되어 자신만의 화실까지 마련했다는 근황에 더 큰 자부심과 행복한 마음이 들었다. 재스퍼 타운에 도착한 뒤 바바라 화백은 각종 자리에서 나를 자신의 은인, 운명을 바꿔놓은 멘토로 소개했다. 월터 트윈 상원의원도 바바라 씨의 설명을 들은 터라 더욱 더 나에게 우호적이었고 한국과 단국대학에 뭔가 도움이 되는 일을 하고 싶다고 포부를 밝히기도 했다. 나는 그런 월터 트윈 의원에게 명예박사학위 수여를 제안했다. 실제로 1995년 4월 10일 나는 그를 초청해 명예경제학박사학위를 수여하기도 했다.

방문 기간 동안 바바라 씨는 새로 마련한 화실을 나에게 보여 주었다. 햇볕이 잘드는 아담한 화실은 화가의 창작열을 북돋기에 충분했다. 그 자리에서 바바라 씨는 우리 대학 개교 50주년을 기념해 50장의 그림을 기부하겠다고 약속하였다. 실제로 내가 한국에 돌아온 뒤 그 후 8장의 그림이 우송되어 왔다. 바바라 씨의 건강이 지속되었다면 이 약속은 실현되었으리라 믿는다.

한편 나를 초청한 월터 트윈 의원은 알버타 주에서 나오는 생수를 제조, 판매하는 사업을 하고 있었다. 생수는 캐나다뿐만 아니라 미국, 유럽에 수출이 되고 있었다. 나는 여기에 착안해 바바라 씨의 그림을 월터 트윈 의원이 제조하는 생수병의 바탕 그림으로 사용하도록 제안했다. 이 아이디어도 현실화되어 바바라 씨의 작품은 급기야 생수병에 부착되어 미국, 유럽까지 선보였고, 약 100만여 병이 넘게 팔렸다는 소식을 들었다. 정확한 계약 조건은 몰랐지만 큰 수입이 바바라 화백에게 돌아갔으리라 짐작할 수 있다.

이렇게 활발한 우정을 나눴지만 행복은 그리 오래가지 않았다. 명성과 경제적 여유가 시작된 1995년을 넘으면서 바바라 여사는 활동 범위가 넓어지고 그의 장기인 수채화를 일본 등 해외에서 가르치는 등 많은 사업을 시작했다. 바쁜 일상 속에서 건강을 지키지 못해서인지 그는 병석에 눕고 말았다. 나 역시 서울캠퍼스 이전, 신캠퍼스 건설 사업으로 많은 일을 겪으면서 바바라 씨를 따로 챙기지 못하고 후일을 기약할 뿐이었다.

2009년의 일이었다. 재스퍼에 거주하는 지인으로부터 편지가 왔다. "바바라 여사가 중병에 시달려 사경을 헤매고 있습니다. 그런데 바바라 여사가 죽기 전에 꼭 한번 장충식 박사님을 보고 싶다며 소원이라 합니다."라는 내용이었다. 나는 바바라 화백을 자주 만난 적도 없었다. 그리고 그 분과 단둘이 식사를 한 적도 없었다. 나는 그를 위해 봉사를 했는데 그 일이 바바라 화백을 국제적인 유명 화가로서의 명예를 얻게 한 것이다. 한번도 이 일의 대가나 급부를 기대하지 않았다. 이후 들리는 말로는 바바라 씨가 한국 교민을 만나거나 현지 언론과 접하는 자리에서 "장충식 총장님이 자기 운명을 바꾸어 놓은 커다란 은인"이라고 입버릇처럼 강조한다고 했다. 그렇지만 아무리 내가 은인인들 죽기 전에 만나기를 소원한다는 말은 쉽게 할 수 있는 말이 아니지 않은가. 죽어가는 예술가의 마지막을 위로해야 겠다는 결심을 했다.

언제 죽을지 모를 정도로 위독하다 하니 지인을 동행시켜 캐나다로 서둘러 갔다. 바바라 씨는 재스퍼의 시립병원에 입원해 있었다. 산소 호흡기를 끼고 있는 그의 안색이 위중한 상황을 암시해 주었다. 재스퍼가 산악 지대의 작은 도시라 그의 병을 치료할 만한 의사가 없어서 에드먼턴에 있는 전문의를 특별히 초청하여 연명 치료를 하고 있었다.

내가 병실에 들어서자 그녀는 환하게 웃었다. 그리고 손을 내밀어 내 손을 꼭 잡았다. 오랫동안 보고 싶었고 다시 한국을 방문해 단국대에 좋은 일을 하고 싶었는데 이리 되었다며 미안하고, 고맙다는 말을 여러 번 되풀이하였다. 그리고는 기력이 다한 듯 곧 조용히 눈을 감았다. 옆에 있던 주치의와 간호사가 바바라 화백의 운명을 알려 주었다. 2009년 8월의 일이었다.

바바라 화백의 작품을 처음 만난 때로부터 30년이 훨씬 넘었다. 비록 그는 세상을 달리했지만 그의 그림은 우리 대학 병원 로비에 걸려 있다. 방문객들도, 교직원들도 그림을 보더라도 평범한 시선을 보낸 뒤 그대로 지나친다. 어느 누구도 바바라 화백의 사연을 아는 사람이 없을 것이다. 로키산의 풍광을 사랑하고 태평양을 건너와 화가로서 새로운 힘을 얻어 가서 죽을 때까지 창작에 몰두하고, 단국대와 맺은 인연, 내가 보낸 응원을 기억했던 화가의 삶을 누가 기억하겠는가. 나밖에는... 그래서 추억을 더듬어 글을 남긴다.

(2018년 8월 9일)

02

백건우 피아니스트

피아노 천재 소년에게 바친 딸아이의 동심

'백건우'하면 많은 한국 사람들은 우리나라가 낳은 세계적인 피아니스트로 자랑스러워 한다. 실제로 그는 매년 세계 각국에서 독주회를 여는 연주가로, 그리고 한때 한국을 대표하던 배우 윤정희 씨와 가정을 이뤄 행복한 삶을 살고 있다. 한국 피아니스트 1세대의 원로급 음악가인 백건우 씨이지만 나는 '소년 백건우'와, 그것도 피아니스트로서 명성을 쌓는데 필수적인 '피아노'를 통해 또 다른 인연을 맺었다. 반세기가 훨씬 넘은 60년 전의 일이다.

내가 백건우 씨를 직접 만나게 된 것은 그가 배재중학교에 재학하고 있던 시절이었다. 당시 그는 중학생이었지만 이미 피아노 신동으로 국내에서 큰 주목을 받고 있었다. 특히 1956년, 열 살이었던 어린 나이에 국립교향악단과 에드바르 그리그의 '피아노협주곡'을 협연하며 클래식 음악계에 정식으로 데뷔를 했다. 음악의 영재 또는 수재라는 칭찬을 벗어나 한국을 빛낼 인재로 촉망받고 있었다. 한국동란의 포성이 멎은 지 10년도 안된 한국 땅에 피아노를 가진 집이 흔할 리 없었다. 그 척박한 환경에서 등장한 백건우 소년에 대한 관심은 국가적이라 할 만큼 컸었다.

그 국민적 관심이 필자의 선친단국대학교 설립자인 범정 장형 선생에게도 손을 내밀었었나보다. 선친께서는 어느 날 나에게 피아노 연주회에 가자고 제의를 하셨다. 명동에 있는 국제극장에서 백건우 소년이 미8군 군악대와 피아노 협연을 한다는 것이다. 클래식 음악이야 내가 좋아하는 분야이기에 일부러라도 연주회를 가겠지만 선친께서는 그런 분이 아니었다. 국악은 매우 좋아하셨지만 서양 음악을 좋아하시는 편은 아니었다. 더군다나 중학생의 피아노 연주를 관람하신다고 나를 동행시켜 가실 분은 아니었다. 아버님을 따라 공연장에 가서야 이유를 알 수 있었다.

연주회는 대단한 성황이었다. 공연장인 국제극장현재 광

화문 빌딩(동화면세점)에는 관람객으로 북적였고 밖에는 입장권을 구하지 못한 사람들이 표를 구하다가 되돌아갈 정도였다. 들어가보니 그 곳에는 이북 출신, 특히 평안북도 출신 유명 인사들은 다 모였다고 해도 과언이 아니었다. 이북5도청행정법 상 미수복지구인 황해도·평안남도·평안북도·함경남도·함경북도의 행정 및 조사연구를 위해 세워진 이북5도위원회의 산하 도청의 평안북도 지사를 비롯해 각 군민회장, 법조인, 언론인, 교육계, 종교계 등에 재직 중인 많은 동향 분들을 볼 수 있었다. 선친께서는 그 중에서도 평안북도 도민회 회장의 특별 초대를 받고 가신 것이다. 각별한 이유가 또 있었다. 나는 모르고 있었지만 백건우 군 할아버지와 내 아버지는 고향 친구 사이였다. 전쟁의 참혹함을 타향에서 견뎌야 하는 실향민이자 고향 친구의 일가에 생긴 경사이니 선친은 아들인 나를 특별히 동행해 연주회를 간 것이리라.

평안북도 도민회 회장이 백건우 군의 연주회에 내 아버지를 초대한 것은 또 다른 목적이 있었다. 백건우 소년의 재능을 살릴 장학 지원에 대한 기대가 그것이었다. 1950년대 후반에도 피아노는 일반 가정에 들여 놓을 수 없었던 고가의 악기인 동시에 최고급 가구였기 때문이다. 그 당시만 해도 우리나라는 피아노를 생산하지 못했다. 수입에 의존해야 하지만 달러가 귀한 시절이라 당연히 외국산 피아노를 취급할 대리점 개설도 쉽지 않았기에 돈이 있어도 개인이 사기가 쉽지 않았다. 물론 평안북도 출신 인사들 중에는 경제적으로 유력한 분은 많았으나 백건우 군에게 피아노를 선뜻 사줄 만한 분도 없었다. 평안도민회 회장은 피아노 천재 백건우 군을 위해 피아노를 기증해 줄 분을 백방으로 찾았으나 나서는 인사가 없어 고민하던 차에 내 선친인 범정 장형 선생을 떠올린 것이다. 선친께서는 단국대를 설립한 육영 사업가로 이미 동향인들에게 알려져 있었지만 당시 불우한 사람을 위해서 봉사를 많이 하는 분으로도 소문이나 있었다. 당시 평북도민회장은 이 점을 착안해 내 선친을 찾아와 피아노를 사줄 것을 요청했던 것이다.

물론 백건우 군의 집안은 경제적으로 넉넉하지 않았다. 따로 개인 연습용 피아노를 사줄 수 없었다. 선친께 피아노 기증을 설득할 그 당시에 듣기로는 백건우 군이 배재중학교 강당에 있는 피아노를 방과 후 사용한다고 했다. 겨울에는 더욱 힘들었을 것이다. 난방 시설이 없는 추운 강당에서 나이 어린 소년이 피아노 연습을 하는 것은 '연습' 이전에 '고행'이었으리라. 백건우 '소년'은 매일 학교 강당에 가서 시린 손을 녹이고 연습을 하다가 다시 추위에 손가락이 굳으면 손을 비비며 녹이고 연습을 한다고 했다. 유일한 위로는 아버지가 보온병에 담아 저고리 속에 품어 온 따뜻한 우유를 마시는 것이었다. 어린 소년의 의지도 대단하였지만, 이를 사랑으로 뒷받침하는 부모의 심정이 또 어땠을까. 백건우 소년의 아버지가 하는 말씀을 듣자 선친의 마음은 바로 굳어졌다.

추위에 밥을 굶는 고학생을 봐도 어떻게든 장학금을 마련해 주시던 선친이시니 이런 사연을 듣고 가만히 계실 분이 아니었다. 당장 피아노를 기증해 준다는 약속을 하셨다. 다만 그 약속의 결과물, 즉 피아노를 마련하는 방법이 남달랐다. 선친께서는 나를 부르시더니 피아노를 내노라 분부하셨다. 연주회를 같이 가자고 하신 이유는 음악을 듣자는 것이라기보다는 "네가 가진 피아노를 백건우 군에게 주라."는 암묵적 동의를 구하려는 '사전 작업'이었던 셈이다. 백건우 군의 재능이야 하늘이 주신 선물이고, 그 노력 또한 감동스럽지만 내가 마련한 피아노 역시 내게는 너무도 소중한 것이었다. 그 피아노는 독일산이었는데 우리 집에 들이기까지, 즉 수입 과정에 1년의 시간이 걸렸다. 비단 수입 과정에서 들인 노고가 아까워서가 아니었다.

그 피아노를 마련한 이유는 내 큰딸아이 때문이었다. 클래식 음악을 좋아하던 나는 내 자식들에게 음악 교육을 제대로 받게 하고픈 희망이 있었다. 자식들이 음악을 사랑하고 즐길 수 있도록 키워 주고픈 아비의 마음이 담긴 피아노였다. 그 피아노를 사고 싶어 아내와 나는 첫아이인 큰딸이 태어나고부터 저축을 했다. 큰딸이 네 살 되던 해에 간신히 피아노를 마련할 수 있었다. 그나마 증권회사 취업과 개인 사업으로 약간의 돈을 만지던 때가 있어서 가능한 일이었다. 몇 해를 걸쳐 저축을 하고, 1년을 들여 수입해 온 피아노를 다른 집 아이를 위해 기증하신다니 내 마음이 아프지 않을 수 없었다. 그런데도 선친께서는 한마디 위로의 말도 건네지 않고 당연한 일을 하시는 듯 피아노를 가져가셨다. 선친의 의지를, 더군다나 어려운 환경에서 피아노를 공부하는 소년에게 필요하다는 장학 사업을 거부할 수도 없었다. 선친께서는 피아노를 가져 가시면서 이렇게 말씀하셨다.

"계림이큰딸의 이름는 아직 어리잖니, 그리고 백건우 같은 영재도 아니고, 당장 피아노가 없어도 될 거야. 하지만 백건우를 보라구. 이제 해외 연주도 해야 한다 하고, 미국으로 유학도 간다는데 연습할 피아노가 꼭 있어야 하지 않겠니? 나중에 나라를 빛낼 재능이 있는 아이에게 좋은 일을 하는 게 우리가 할 일이야."

그리고는 우리 딸에게 준 피아노를 가지고 가셨다. 내 기억으로는 세관에서 수속을 마치고 피아노를 집으로 옮겨 놓은 지 일주일도 채 되지 않은 날이었다. 피아노를 다

배제중학교 강당에서 열린 백건우 군 피아노 기증식을 마치고 찍은 기념사진. 사진으로 보면 1959년 11월 4일에 기념식을 가졌음을 알 수 있다. 앞줄 오른쪽 세 번째가 설립자 장형 선생(당시 이사장)이고 바로 앞에 상고머리를 한 소년이 백건우 군이다. 뒷줄 왼쪽 첫 번째가 피아노의 주인이었던 장충식 당시 학생과장이다.

른 사람에게 내준다고 얘기를 했지만 네 살배기 어린아이가 이해를 할 수 없었으리라. 혹시 피아노가 상할까 마음대로 치지도 못했는데… 큰딸은 영문도 모른 채 피아노가 집 밖으로 실려 나가는 날 많이 울었다. 피아노가 들어오자 좋아했던 만큼 슬픔도 적지 않았을 것이다. 피아노가 있던 자리를 보면서 울기도 했다. 나는 피아노가 있던 자리에 화분을 놓았다. 딸 아이에게 작은 위로가 되기를 바라는 마음을 담아서.

그런 일이 있은 후 배재중학교로부터 연락이 왔다. 피아노 기증식을 정식으로 갖기로 결정하였으니 참석해 달라는 것이다. 날짜는 정확하게 기억나지 않지만 배재중학교 강당 현관 앞에서 여러분들과 기념 촬영을 한 일은 선명하다. 당시 배재중학교 교장 선생님, 평북도민회 회장, 평북지사와 용천군 군민회장, 그리고 나의 선친과 내가 참석하였다. 우리 대학 측에서도 많은 분들이 동석을 하여 꽤 화기애애한 분위기였다.

기증식에서 만난 백건우 군은 무척 마르고 왜소한 체격에 상고머리를 하고 있었다. 기증식을 치르면서 조용하고 차분해 보이던 그 소년에게 새로 얻은 피아노가 큰 기쁨이 되길 염원했다. 나 역시 음악 교육을 위해 애를 써서 마련한 피아노였고, 그 피아노를 집에 들이자 뛸 듯이 기뻐한 내 딸아이의 표정이 눈에 선했으니까. 물론 일주일도 못 채우고 다른 집으로 이사를 가서 헤어져야 했고 딸의 눈물만 자아내고 말았지만…

그 뒤, 백건우 소년은 1961년에 미국으로 유학을 가서 줄리어드음대에 진학했다. 그리고 스무살을 넘기자마자 국제콩쿠르에 입상해 성공 가도에 입문하고 지금까지 한국을 대표하는 피아노 연주가로 전 세계를 누비고 있다. 비교할 일은 아니지만 내 큰딸은 유년기에 겪은 '피아노 기증 사건' 때문인지 피아노 대신 첼로로 선회해 성실히 음악 공부를 했다.

'상고머리 중학생'이었던 백건우 소년은 이미 고희를 넘겨 인생의 황혼기를 보내고 있다. 나 역시 세월의 무게를 실감하고 있다. 피아노 기증은 이미 60년 가까운 세월이 지난, 그야말로 까마득한 옛일이 되었다. 한 가지 아쉬운 것은 그 피아노가 과연 내 선친께서 희망했던 대로 백건우 소년의 성장에 유익했었는지, 그리고 어찌되었는지 알 수 없다는 점이다. 혹시나 비록 일주일도 안 되는 시간이지만 집에서 쓰던 피아노를 기증했다고 타박이라도 받지 않았을까 염려하기도 했다. 나에게는 너무도 소중한 물건이고, 나름 갸륵한 정성이지만 받는 사람에게는 그 가치가 티끌처럼 가벼워지기도 하는 것이 세상의 일이니까. 언젠가 같은 자리에서 만나 그 희미한 옛일을 놓고 정담을 나눌 일이 생길 수도 있겠지. 아니 흘러간 강물이니 추억 속으로 흘려보내는 게 도리인 걸까…

(2018년 8월 21일)

03

이희승 선생님

불의에는 서릿발, 대학에는 겸손으로 일관한 스승

교수는 연구와 교육이 존재 이유이다. 그러나 시대와 갈등을 겪고, 국가 권력의 불의에 항의하다 핍박을 받기도 한다. 가르치는 일이 강단과 연구실에서 이뤄지기도 하지만 지식인으로서 비판적 지성을 실천하는 일도 '선생님의 또 다른 길'일 수 있다. 훌륭한 학덕을 갖고 계신 선생님이 정권과 타협하지 않을 때 생기는 불이익은 비단 선생님 개인에게만 국한되지 않는다. 한 대학의 총장으로서 나 역시 교수들의 참여 정신과 실천으로 난처한 경우를 직면하기도 했다. 이런 분들 가운데 지금까지 나의 지표로 기억 속에 살아 숨쉬는 분이 일석 이희승 선생님이시다.

한국 최고의 국어학자이자 국학자인 일석 선생님은 박정희 정권과 타협 없는 불화를 겪었다. 하긴 일석 선생님이 박정희 정권과만 그런 것은 아니다. 선생님은 이미 일제강점기에 한글 연구를 통해 민족정신을 지키고, 조선어학회 사건으로 3년간 수감을 당했던 강골이기도 했다. 1969년 대통령의 연임을 허용하자는 삼선개헌문제로 나라가 큰 진통을 겪을 때 일석 선생님은 '3선개헌 반대 범국민투쟁위

동양학연구소 소장으로
재직하던 시절의 일석 이희승
선생

원회'에 윤보선, 함석헌, 장준하, 김대중, 김영삼 등 정치인, 사상가 등과 함께 학계 대표자로 참여해 사회의 주목을 받았다. 물론 이 반대 운동의 여파로 일석 선생님은 성균관대 대학원장에서 물러나 야인으로 계셨다. 나는 일석 선생님을 찾아가 우리 대학의 동양학연구소 소장직을 맡아 달라 부탁을 드렸다. 물론 선생님은 "여러 형편이 여의치 않은데 내가 단국대에 가면 장충식 총장이 난처해질 수 있다."면서 소장직을 완곡하게 거절하셨다.

나는 "동양학연구소를 단국대의 간판 연구소로 키우고 싶은데 선생님의 학덕이 없이는 안된다."고 간곡히 부탁드렸다. 오히려 "이왕 소장직을 맡으시는 것만 아니라 동양학연구소의 기틀을 잡으려면 10년은 필요하다고 생각한다."며 "10년 간 저와 함께 동양학연구소를 키워달라."고 간절히 부탁했다. 젊은 총장의 패기가 맘에 드셨는지, 아니면 삼고초려를 마다않는 내 열의에 공감을 하셨는지, 선생님은 1971년에 1월에 동양학연구소 소장으로 취임하셨다. 선생님이 고희를 눈앞에 둔 시기였다.

일석 선생님을 내가 모셔 온다고 할 때 '남산'으로 불리던 정보기관의 관계자가 나에게 걱정하는 말투로 이렇게 충고하기도 했다. "재야 인사로 대통령의 앞길에 사사건건 반대를 일삼는 양반을 단국대로 모셨다가 봉변을 당하면 어쩌시려 하십니까. 그것도 이미 정년퇴임을 한 양반을 굳이 소장직까지 임명하면서 말이죠…" 걱정의 말투에는 "잘 알아서 하라."는 경고의 냄새가 짙었다. 그러든 말든 일석 선생님은 정치에 대한 소신에 앞서 학식으로나 업적으로나 석학碩學이고 원로임에 틀림없다. 그리고 선생님의 지행일치, 강직과 겸손이 조화를 이룬 품성도 모자람이 없었다.

부임하시고 두 해가 지난 1973년 가을이었다. 당시 사회는 유신헌법이 발효되어 정치적으로 얼음처럼 냉랭한 상황이었다. 겨울이 막 시작되던 12월의 중순 경이었다. 시인 고은 씨가 이희승 소장님을 모시고 내 사무실을 찾아왔다. 친분이 있는 사이는 아니었지만 고은 씨는 "유신헌법에 대한 국민들의 반대가 심해지고 있는데 원로들의 참여가 절실하다. 일석 선생님이 삼선개헌에도 반대하는 성명서에 참여하셨으니 이번 유신헌법 철폐 운동에도 기꺼이 뜻을 같이 하시리라 믿고 뵈었는데 선생님께서 단국대와 장충식 총장님이 피해를 볼 수 있으니 미리 뵙고 거취를 알리시겠다며 이리 오셨다."고 경위를 설명했다. 개헌 촉구 서명을 받으러 왔다가 일석 선생님이 사표에 서명을 하는 걸 먼저 보게 된 고은 시인도 난처한 표정이었다. 정작 일석 선생님은 평소의 온화한 표정과 말투에서 조금도 흔들림 없이 동양학연구소 소장직 사표를 제출하였다.

"박정희 정권의 자세를 보건데 제가 유신헌법을 고치라 요구하는 성명에 동참하면 나야 그렇다 치고, 장 총장님과 단국대도 불의의 피해를 볼 겁니다. 내가 앞으로도 내 소신을 바꾸지 않을 텐데 차라리 학교를 떠나야 총장과 대학이 편할 것입니다."

사표를 건네시면서도 엷은 웃음을 띠셨지만 단국대에 누를 끼치지 않겠다는 의지는 충분히 읽을 수 있었다. 그 뜻을 알기에 더욱 더 나 역시 물러날 수 없었다. "선생님께서 서명하신 건 선생님의 소신이니까 그건 그거대로 됐습니다. 하지만 왜 동양학연구소 소장직 사표를 내십니까. 소장직은 정치나 유신헌법과 관계없이 저하고 하신 약속입니다. 저하고 처음 약속하시기를 동양학연구소에서 10년간 근무하시기로 하셨습니다. 『한한대사전』 편찬이 이제 시작인데 이 사전의 완간 책임을 다 하시고 떠나셔야 합니다." 나 역시 웃으며 선생님의 사표를 반려했다.

같은 취지의 말이 몇 번 반복되었지만 나는 끝내 선생님의 사표를 수리하지 않았다. 일석 선생님께서는 결국 허허 웃으셨다. "장 총장 고집도 대단하시다."라면서 사표를 주머니에 넣고 돌아가셨다. 나라고 대학 경영인으로서 왜 여러 생각이 생기지 않았을까만은 당시 내가 이렇게 즉각적인 사표 거부를 한 동기는 나라도 선생님을 지켜야 한다는 결심이 있었기 때문이었다. 이해득실을 떠나 내 은사님, 대학의 선생님을 지키는 것이 총장의 임무라는 믿음이 본능처럼 작용하였다.

이렇게 이희승 선생님과 고은 시인이 돌아간 뒤 두 시간 쯤 지났을까. 모 장관실에서 전화가 걸려 왔다. 전화기 너머로 들려오는 소리는 상당히 고압적이었다.

"이희승 박사님이 유신개헌 서명에 앞장섰다는 이야기가 나오고 있어요. 동양학연구소 소장 사표를 장 총장님이 책임지고 처리하세요."

마치 상사가 지시를 하는 명령조의 말투였다. 아무리 장관이라 해도, 대통령의 권력에 직결되는 문제라 해도 이런 지시를 받고 "네, 네."할 수는 없었다. 장관에게 바로 응답했다. "저는 이희승 선생님의 사표를 수리할 수가 없습니다." 그리고 내 진심을 담아 설명했다. "일석 선생님은 제 은사님이십니다. 내가 서울대 학생 시절에 선생님께 교양국어를 1년간 배웠습니다. 제자가 은사님께 어떻게 사표를 운운합니까. 대학에서 선생님을 그리 모실 수는 없습니다. 만약 사표를 내야 한다면 제가 총장직에서 물러나는 것은 가능합니다만 저는 총장으로서 내 선생님의 사표를 받을 수가 없습니다."

지극히 정상적인 사제의 도리이지만 결국 장관의 지시

를 거부한 셈이 되었다. 대학을 관장하는 장관의 지시를 거부하였으니 조만간에 나의 총장 승인 취소 통지가 오리라 생각하였다. 그러나 총장직 사표 요구에 대한 움직임이나 일석 선생님을 대학 바깥으로 나가게 하려는 압력도 없었다. 그런 일이 있은 후 유신헌법의 개헌을 요구하는 국민적 서명이 전국적으로 일어나기도 했고, 정권은 '긴급조치 선포'라는 강경책을 실행해 치열한 대치 국면에 접어들었다. 다행히도 일석 선생님에 대한 정부 차원의 비토는 더 이상 없었다.

한번 맺은 인연을 소중히 여기는 내 철학이 '정치교수', 혹은 '반정부 교수'에 대한 보호로 연장된 셈이다. 일석 선생님과 맺은 사제의 인연이 서울대 학부 시절에서 비롯되었다면 대학원 시절에 맺은 인연을 지키려는 노력도 잊을 수 없는 추억이다. 앞서 얘기했지만 박정희 대통령이 삼선개헌을 추진할 때 일석 선생님만이 아니라 많은 대학 교수들이 개헌 반대 성명을 발표했다. 고려대의 김성식 교수님도 그런 분이었다. 특히, 김 교수님은 삼선개헌 반대 성명을 고려대에서 제일 먼저 발표하는 바람에 정부의 압력도 그만큼 클 수밖에 없었다. 교수가 강단이 아닌 정치에 참여했으니 캠퍼스를 떠나라는 강요가 음으로, 양으로 대학에 통하던 시절이었다. 고려대는 김성식 교수님을 보호하지 못했고 김 교수님은 졸지에 해직 교수가 되었다.

그런데 그 김 교수님은 내가 고려대에서 석사 과정을 이수할 때 서양사를 가르치신 은사님이었다. 자연스럽게 김 교수님의 근황을 들을 수 있었다. 막상 사직을 하고나니 생계를 꾸리기가 힘들다는 것이었다. 비록 나는 동양사를 전공했지만 김성식 교수님의 학문적 성과는 결코 가볍지 않았다. 직접 김 교수님의 강의를 수강한 내가 확신을 할 수 있었다. 나는 우리 대학 사학과 교수님들을 설득했다. 사실 김성식 교수님의 해직에 앞서 나는 그 분의 수제자인 지동식 교수를 단국대에 초빙하기도 했다. 서양사 전공자가 필요하기도 했지만 대학원생 시절의 스승인 김성식 교수님의 간곡한 부탁도 간접적 원인이 되었다.

이같은 과정을 잘아는 사학과 교수님들은 당연히 김 교수님의 영입을 반대할 수밖에 없었다. 첫째는 서울대 출신 교수들이 당시 사학과의 주류였는데 고려대 출신 교수를 연이어 초빙하는 것에 대해 강한 반발을 했다. 두 번째는 정부의 서슬 퍼런 압력이 있는데 정치 교수로 낙인찍힌 교수를 포용했을 때 단국대와 장충식 총장이 해를 입을 수 있다는 염려였다.

나는 사학과 교수님들을 일일이 만나서 역사학자로서 김 교수님이 밝힌 소신으로 지금 고초를 당하는데 같은 역사학자들인 우리가 울타리를 쳐줘야 하지 않겠느냐고 역설했다. 거기에 만약 이번 일로 대학이 불이익을 당해야 한다면 당연히 총장인 내가 책임을 지고 물러나겠다는 각오도 밝혔다. 그렇게 설득을 거듭하여 결국 김성식 교수님을 단국대에 안착시켰다.

김 교수님은 우리 대학에 출근하자마자 나를 찾아왔다. 내 손을 잡고 눈물을 흘리며 "고려대도 외면한 나를 단국대에서 불러주니 내 평생 이 은혜를 잊지 않을 것"이라며 거듭 고마움을 밝혔다. 그러면서 "당신의 수제자인 지동식 교수를 사학과에 영입해 준 것이 첫 번째 신세인데 본인까지 신세를 져, 결국 평생 두 번의 은혜를 입었으니 장충식 총장이 베푼 신의를 꼭 단국대에서 갚겠다."고 약속을 했다.

일석 선생님도 그렇고, 김성식 교수님의 일도 있고 하니 자연스럽게 중앙정보부국정원 전신에 호출을 받기도 했고, 문교부교육부 전신 장관의 면담도 피할 수 없었다.

또 다른 진보적 노동경제학자인 김윤환 교수 역시 해직이 되었는데 이 분을 우리 대학 상경대로 영입하자 관련 기관들의 눈초리는 더욱 싸늘해졌다. 특히 중앙정보부의 고압적 자세는 도를 넘어 '단국대 총장의 사상이 의심스럽다'는 식으로 확대되었다. 동시에 "김성식 교수, 김윤환 교수를 다시 내보내라."고 압박을 했다.

"교수가 연구를 위해서라면 이념적 좌우를 넘어 다양한 학문적 편력을 하는 것이고, 학생들을 가르치다보면 선생님으로서 자신의 소신을 피력하고 실천할 권리가 있어야 하지 않겠느냐?"라고 반문할 수밖에 없었다. 총장 해임까지 스스로 각오했기 때문에 그런 말을 할 수 있었다. 다행히 박정희 대통령이 나의 대학 경영 철학과 성과에 대한 긍정적 이해가 있었기 때문인지 그 이상의 강제 조치는 없었다. 오히려 교육부 장관은 이러한 압력이 지난 뒤에 나를 만나 "고맙다."고 하면서 "장 총장이 어떻게 설득했는지 모르지만 단국대에 가서는 이희승 박사나 김성식 교수와 김윤환 교수가 정치 활동을 안 하고 조용히 계시니 다행"이라 고마워했다. 거기에 덧붙여 "이희승 박사의 사표를 받고 김성식 교수와 김윤환 교수를 단국대에서 받아 주지 않았더라면 아마도 그분들은 정부와 고려대를 향한 원망이 쌓이고 쌓여 정말 정치교수가 되어 극단적 비난을 퍼부었을 것"이라고 하면서 나에게 사의를 전하기도 했다.

이처럼 힘든 시간이 흐르고 어느 정도 정치 상황이 이완된 시기가 왔다. 아쉽게도 김성식 교수님은 자신의 전직 대학으로 복귀를 했다. 평생을 단국대 학생을 위해 봉사하겠다던 눈물어린 약속은 물거품처럼 사라졌다. 아니 물거품을 넘어서 고려대 출신으로 우리 사학과에 재직하던 제자 교수들도 함께 데리고 갔다. 솔직하게 말하자면 사제의 인연을 지키려 내 총장직을 담보로 걸고 정부와 대립각을 세우고, 또 최고의 대우와 연구비 지원까지 아끼지 않았기에 개인적으로 큰 충격을 받기도 했다. 신의를 경우에 따라 헌신짝처럼 버리는 유형의 사람들도 있다는 것을 이 때 배웠으니 이 역시 반면교사反面敎師의 일면이라 여겨야 할른지...

반면에 일석 선생님은 이후 우리 대학의『한한대사전』편찬 사업의 기틀을 잡아 주시고, 동양학연구소의 학술 활동, 연구 업적 간행 사업 등을 체계화하시는 등 왕성한 활동을 펼치셨다. 나이 어린 제자인 나에게도 늘 정중히 대해 주셨다. 나는 그것이 대학의 권위를 지키려는 선생님의 배려임을 잘 알고 있었다. 그래서 동양학연구소 관련 업무를 상담할 때는 선생님을 오시라 하지 않고 내가 소장실을 찾아가 만났다. 그러면 선생님은 오히려 응당 총장실로 가야 한다면서 노구를 이끌고 본관으로 오시려 했다. 그러니 나 역시 방문 전화를 하고 나면 부랴사랴 동양학연구소를 향해 발길을 재촉했다. 그러다 보면 정작 사무실이 아니라 캠퍼스 한 복판인 범은정 앞, 학생회관 앞 계단구 한남동캠퍼스에서 만나기도 했으니 돌이켜보면 그 속에 숨은 선생님의 자애로움이 얼마나 컸던가.

이후 선생님은 나와의 약속대로 10년의 기간을 근무하시고 소장직을 떠났다. 더도 아닌, 덜도 아닌 1971년 1월부터 1981년 1월까지 임기를 마친 것이다. 나의 간곡한 만류에도 불구하고, 정해진 약속과 후학들을 위한 배려를 앞세워 터럭만큼의 주저함이 없었다. 돌아가시면서도 평생 모은 정재淨財를 후배 국어학자를 위한 학술 기금으로 환원하신 것도 선생님다운 마무리였다. 존칭어로서의 '선생님'이 아니라 문자 그대로, 그 뜻 그대로 삶을 일관하신 '선생님'

일석 선생의 송별식에서 장충식 총장이 재직 공로에 대한 감사장을 증정하며 인사를 나누고 있다. 두 분은 단순히 학사에서 맺은 인연을 넘어 사제의 정을 나누며 동행했다.

일석 선생은 처음 1971년 부임 당시 장충식 총장과의 약속대로 재임 10년을 마치는 1981년에 소장직을 물러났다.

이 바로 일석 이희승 선생님이다.

가르침은 교단에서만 이뤄지지 않는다. 삶과 생활 속에서도 부단히 그 진면목이 드러나기 마련이다. 우리는 교수의 권위와 이익에만 열중하고 있는 것은 아닌가. 일석 선생님의 삶을 통해 인연이란 만들어지는 것보다 그 인연을 가꾸는 노력과 신의가 더 중요하다는 가르침을 받는다.

(2018년 9월 7일)

04

오순이 교수

팔 대신 열정과 후원으로 일궈 낸 화가의 꿈

이제 교수가 된 오순이 양이지만 나에게는 아직도 '순이 학생', '마산의 오뚝이 순이'가 더 낯익고 정겹다. 내가 순이 학생을 만난 것은 43년 전이었다. 순이 학생이 초등학교 4학년, 그러니까 11살쯤이었다. 퇴근을 하고 텔레비전을 보고 있었다. 어린아이가 그림을 그리고 있는 장면이었다. 특이하게도 그 소녀는 발가락에 붓을 끼고 있었다. 담임 선생님의 가르침을 받으면서 동양화를 그리고 있었다. 깜짝 놀라지 않을 수 없었다. 저 어린아이가 팔이 없는 불행을 안고 사는 것도 놀랍지만 그럼에도 의연하게 발

팔이 없는 불행을 극복하고 의연하게 발가락으로 붓을 잡고 뜻을 펼친 오순이 화가

가락으로 자신의 뜻을 펼치는 것이 더 놀라웠다. 담임 선생님이 강요를 한다고 될 일이겠는가? 얼마나 노력을 해야 발가락에 붓을 잡고, 원하는 그림을 그릴 수 있을까. 그 어려움을 이겨 내려는 어린아이의 의지가 낳은 결과였다.

놀람과 감동은 이내 걱정으로 변했다. 저렇게 연약한 아이가, 화면으로 보면 가정 형편이 넉넉해 보이지도 않던데, 언제까지 저 가상한 뜻을 지킬 수 있을까? 아니, 만약 단순한 의지가 아니라 그 의지가 화가로 열매 맺을 수 있는 재능도 함께 갖고 있다면… 재능이란 꿈이라는 꽃을 피울 씨앗이다. 그 재능이 꽃피려면 여건과 격려, 교육이라는 알맞은 토양이 있어야 한다. 나는 밤잠을 설치면서 고민했다. 자칫 한 인간의 미래가 달린 일인데 내가 교육자적 의욕만으로 대들었다가 이도 저도 아닌 결과를 낳는 게 아닌지 두려웠다. 몇 번을 고민해도 결론은 같았다. 지금 내가 나서야 한다. 순이 양의 열의, 재능이 꽃피울 수 있도록 내가 밑거름이 되어야 한다는 생각.

다음 날 비서로 하여금 마산에 내려가 오순이 학생을 직접 면담하고 여러 가지 알아보도록 했다. 순이 학생의 부친은 경상남도 마산시에서 목공으로 가계를 꾸리고 있었고, 집이 철로 변에 있었다. 복구할 수 없는 불행을 당한 것은 3살 때였다. 집 근처 철로 변에서 놀다 넘어졌는데 달려온 열차에 치여 두 팔을 잃고 말았던 것이다. 깊고 깊은 어두움에 빠진 순이 학생에게 작은 빛을 던진 이는 초등학교 4학년 담임 선생님이었다. 어린 순이가 가슴에 묻어두고서는 도저히 견딜 수 없었던 아픔을 그림으로 풀어 보라 이끌어 주었다.

그러나 담임 선생님의 애정이 아무리 커도 순이 양을 화가로 성공시키려면 좀 더 장기적이고 강한 지원이 필요했다. 현장을 살피고 온 비서의 보고를 받고 나는 이것이 하늘에서 나에 내려준 계시라 생각했다. 고민을 접고 순이 학생 후원을 실천한다는 결심을 했다. 다시 비서를 오순이 양 집으로 보내 부모님과 담임 선생을 만나도록 했다. 앞으로 순이 학생이 좋은 화가로 성장하도록 돕겠다는 내 뜻을 전했다. 담임 선생님과 부모님도 기꺼이 동의를 해 주었다.

만남을 시작하고 다음 달부터 좋은 화가를 구해서 순이 양의 개인 지도를 맡게 했고, 화가로서 커나갈 기본기를 키워 주라는 책임을 지웠다. 강사료나 그림 공부에 필요한 비용은 내가 부담했다. 고등학교를 졸업할 때까지 좋은 화가의 개인 지도를 받도록 경제적 후원을 지속했다. 순이 양은 비록 팔을 잃어서 발로 붓을 잡기는 했지만 대단히 의지가 강한 노력형의 인재였다. 무엇보다 집중력이 좋았고 한 번 자신에게 주어진 과제는 뒤로 미루거나 포기하지 않고 울며불며 힘들어하면서도 지도를 따라갔다. 예술은 매우 민감한 작업이다. 순이 양에게는 남모를 장애의 고통과 불편함이 매 순간마다 다가올 수밖에 없었다. 그럼에도 순이 양은 붓을 놓지 않고 하루하루 정진했다.

그 인고의 시간은 결국 큰 보람으로 바뀌었다. 순이 학생이 고등학교 3학년이던 1985년이었을 게다. 지금은 없지만 당시 홍익대학 주최로 열리는 '전국 남녀 고교 미술 실기 대회'가 있었다. 대학 입학의 특전이 걸린 상당한 권위의 대회였는데 순이 학생이 이 대회 사군자 부문에서 최우수상을 수상하였다. 소식을 들은 나는 내 딸이 수상한 듯한 기쁨을 느꼈다. 몸이 겪는 그 고통과 불편함이야 말할 것도 없고, 그로 인해 마음이 당하는 아픔을 이겨내려면 얼마나 인내를 해야 했겠는가. 아무리 재능이 크다 하지만 발로 동양화를, 그것도 섬세한 붓놀림이 필수적인 사군자에서 최우수상을 받다니… 육체적 조건과 물리적 환경이 유리한 고등학생들이 구름처럼 모여든 전국 대회에서 차지한 1등의 영예는 얼마든지 자랑해도 부족함이 없는 보람이었다.

당시에 미술을 전공하는 학생들은 홍익대에 입학하기를 희망했다. 순이 학생인들 안 그랬겠는가. 홍익대도 오순이 양에게 장학금을 수여하겠다며 입학을 종용하였다. 순이 양은 기쁜 마음으로 나를 찾아왔다. 그리고 홍대에 입학하겠다고 희망을 말했다. 그래서 물어봤다. 다른 특혜는 없는가 물었더니 없다고 대답을 했다. 그렇다면 홍익대에 가지 말라고 했다. 나는 바로 이유를 설명했다.

"순이야, 홍익대가 설사 4년 동안 장학금을 준다 해도 너는 그 대학에 가면 안 된다. 너는 장학금만으로는 네가 가진 핸디캡을 이겨내고 예술가로 성장할 수 없단다. 너를 옆에서 돌봐 주는 언니도 보살펴 줘야 하지 않겠니? 그러니 너를 화가로 성장시키고 평생 동안 창작 활동을 하도록 도와줄 그런 대학을 찾아서 그 대학에 입학해야 해."

나의 말에 순이 학생은 어리둥절해 하며 되물었다.

"그런 대학이 어딨을까예?"

나는 웃으며 대답했다. "바로 단국대학이란다." 이어서 나는 순이 양에게 이유를 설명했다.

"순이 너의 몸은 하나이지만 다른 학생과 달리 너는 두 몸을 가지고 있는 셈이야. 네 언니가 잠시라도 곁에 없으면 생활을 할 수가 없는 입장이잖니? 목욕을 하고, 옷을 갈아입고 하는 자잘한 일을 언니가 수발을 들어줘야 하는 거고. 그리고 통학하기보다는 기숙사를 써야 하는데 너는 다른 학생과 한 방을 같이 사용할 수가 없을 거야. 언니하고 같은 방을 써야 하니까. 식사도 너는 이미 수저를 들어 홀로 먹을 수 있지만 식판을 들어 줘야 하고, 식당 자리나 강의실 좌석도 특별히 배려를 받아야 할 꺼고... 이런 일상적인 생활 속에 필요한 시설, 제도적 지원, 그리고 전면적인 경제적 후원을 해 줄 수 있는 대학이 필요한 거지. 나와 단국대학은 네가 성공할 때까지 후원할 꺼야."

순이 양의 부모님이 이런 모든 일을 해결할 재력이 있는 것도 아니었다. 아니 이런 모든 문제를 돈으로 해결할 수도 없었다. 나는 순이 양을 만난 이후 9년 동안 순이 양의 성장을 지켜보았다. 그 과정에서 우리가 맺은 인연이 결국 평생 가야 한다는 것을 이미 나는 예감했고, 결심하고 있었다. 단국대 입학은 내 마음속에 있는 '오순이 화백'의 꿈을 향한 하나의 중간 과정이었던 셈이다.

내 권유에 맞춰 오순이 양은 우리 대학 동양화과에 지원을 하였다. 이제는 단국대의 품에서 청년 예술가의 꿈을 키워 나가면 된다는 생각에 나도 순이 양의 합격 소식을 고대하고 있었다. 실기 점수의 비중이 높은 만큼 당연히 입학 전형을 무사 통과하리라 믿고 있었는데 마른하늘에 날벼락 같은 소식이 들려 왔다. 순이 양이 낙방을 하게 됐다는 소식이었다. 경위를 알아보니 면접시험에서 당시 미술대 학장이 오순이 양에게 F 등급을 줬다는 것이다. 더 알아보니 미술대 학장은 서양화 전공이었다. 이미 경력이 말해 주듯 순이 양의 동양화 실기 실력을 전국 최상위권이었다. 평소 생활 자세를 이미 10년 동안 봤기에 태도가 불량하거나 예의 없는 성품도 아니었다.

그렇다면 면접 과정에서 F 등급을 줬다는 것은 순이 양을 학생으로 입학시키고 싶지 않다는, 즉 장애인이기에 우리 대학에서 미술 교육을 받을 수 없음을 공언한 것과 다름없었다. 우리가 주변에서 교수를 만나고는 하지만 때로는 명목이 대학교 선생님이지 교육자로서 사고력과 인간성이 수준 이하인 사람들을 만날 때가 있다. 문제는 이런 교수님으로 인해 유망한 학생들이 아픔을 겪고 좌절하는 일이 발생하는 경우이다. 불행히도 대학가에서 그런 불이익을 당하는 것은 그리 드문 일이 아니다.

나는 이 소식을 듣고 무척 놀랐다. 뒤이어 분노가 폭발할 지경에 이르렀다. 나는 선친 때부터 억강부약抑强扶弱의 가르침을 받고 자랐다. 장애는 약점이지 불가능이 아니다. 교육자, 그것도 대학 교수이면 제자와 학생들에게는 강자이다. 강자가 약자를 도와야 하는 법이다. 강자는 약자의 약점을 보완해 주는 것이 도리이고, 바로 그 사명을 자부하는 사람이 교수가 아닌가. 나는 대학의 공식 회의가 있는 자리에서 미술대 학장을 불렀다. 그리고 물었다.

"학장님, 오순이 수험생에게 면접 점수를 F로 주었는데 어떤 이유 때문입니까?"

"미술 전공 학생이 팔이 없다는데 과연 전공을 제대로 이수할지 회의적이라서 그랬습니다."

"학장님, 그러면 오순이 양이 발로 그린 그림을 본적이 있습니까?"

"아뇨 없습니다."

"그럼 구족화가라는 말은 들어 보셨나요?"

"네, 있습니다."

"오순이 학생이 바로 구족화가입니다. 순이 학생은 발

로 그림을 그립니다. 면접을 보면서 그 학생이 어떻게 그림을 배우고, 이 자리까지 왔는지 물어보고, 확인해 보지도 않으시다니…"

머리가 뜨거워졌지만 차마 성미 그대로 화를 낼 수는 없었다. 대신에 순이 학생의 과거와 나의 생각을 여러 사람 앞에서 처음으로 공개했다.

"그 학생은 전국 고등학교 학생 미술대회에서 1등을 해서 홍익대가 4년 장학금을 주고 특기생으로 선발하려던 학생입니다. 그런 젊은이를 내가 공부하는 데 뒤따를 여러 가지 난제를 풀어 주고, 장차 외국에 유학까지 보낼 생각으로 우리 대학에 원서를 내라고 했습니다. 그런데 학장님이 장애에 대한 선입견으로 입학을 거부했으니 당신이야 말로 교육자로서 능력이 의심스럽고 통찰력이 부족한 교수님이라 생각합니다."

그리고 여러 사람이 있는 자리였기에 우리 대학과 나의 교육 철학을 다시 한번 강조했다.

"제가 우리 대학에 전국 대학에서는 가장 앞장서서 특수교육과를 창설하고 입학생들에게 전액 장학금을 지급하면서 인재들을 모았습니다. 그래서 지금 우리 대학 출신 특수교육 교사들이 교장부터 교원까지 우리나라 특수교육계를 이끌고 있습니다. 장애인은 '특수한 조건을 가진 일반인'

입니다. 이 사람들이 가진 특수한 조건을 이겨내 일반인으로 살게 하는 것이 대학의 봉사 정신이고, 우리 대학이 갈 길입니다."

나는 총장당시으로서 해당 교수님을 면접단에서 제외하도록 조치했다. 오순이 양은 1986년 우리 대학에 입학했다. 순이 학생을 기숙사에 거주토록 했고, 언니와 같이 쓸 수 있는 방으로 정해 주었다. 순이 양은 식사를 발로 하는데 간혹 철없는 이들이 그걸 구경하듯 바라봐 마음에 상처를 받곤 했다. 그래서 별도의 방에서 언니와 식사를 하도록 했다. 학비만 감면받아 살 수는 없었고, 순이 양 언니도 직업이 필요했다. 나는 순이 양의 언니를 우리 대학 직원으로 특채했다.

그후 오순이 양은 4년간 열심히 공부를 했다. 전공과목인 미술 과목만이 아니라 국어, 경영학원론, 법학통론 등 다른 교양과목도 모두 A학점을 받았다. 1990년 학과 수석으로 졸업했다. 더 이상의 설명이 필요할까. 이미 미술에 입문했던 열 살 때부터 붓을 잡느라 걷지도 못할 만큼 발가락이 부어오를 때까지 연습을 했던 순이 양이었다. 나는 입학 때 공언한 대로 대만으로 유학을 보냈다. 중국이 아닌 대만을 선택한 것은 나의 오랜 친구이자 대만의 저명한 화가 리치마오李奇茂 교수가 있었기 때문이다. 리치마오 교수는 스페인 미술박물관 등 유럽의 국립미술관에서 아시아를 대표하는 화가로 작품을 소장하고 있을 정도로 저명한 화가이다. 그는 내 부탁을 들어 자신의 집에서 기숙시키며 2년 동안 대만 중화미술원에서 교육을 받도록 했다. 그림을 사사받는 것도 중요했지만 이를 통해 중국어를 배운 것도 큰 소

오순이 교수의 최근작 〈내 마음의 풍경〉(55×70cm, 한지, 먹). 현실이 빚어내는 소란을 벗어나 각자의 마음속에 잠자고 있는 고향의 산하를 조망하는 메시지를 담고 있다. 먹의 번짐 효과로 풍경 속에 또 하나의 풍경을 가려 놓아 조망과 회상에는 인간의 의지가 필요함을 일깨워 준다.

득이었다. 이후 1994년 항저우杭州의 국립 중국미술대China Academy of Art에 입학했다. 오랜 이역 생활에 지치고 힘들었지만 이 역시 잘 이겨냈다. 순이 양은 10년을 넘는 산고를 겪으며 마침내 산수화 분야를 전공한 한국 유학생으로서 중국 최초의 박사 학위 논문이라는 기록을 새로이 만들고 귀국했다.

오순이 교수는 2004년 10월에 단국대학 초빙교수로 임용되면서 교수의 길에 입문했다. 임용 당시 언론은 오 교수의 임용을 인간 승리의 산 증거로 크게 보도했다. 위 사진은 당시 기사에 실린 사진 가운데 하나이다.

2009년에 열린 오순이 교수의 개인전 관람 후 장충식 이사장이 오 교수와 오 교수의 언니를 격려하고 있다.

순이 양은 이제 마산의 오뚝이 소녀 순이 학생이 아니라 어엿한 지성인이자 장인 정신을 갖춘 한국화가로 성장하였다. 그리고 지난 2004년 이후 그녀는 자신의 모교인 단국대학에서 교편을 잡고 있다. 화단에서도 중견으로 맹활약 중이다. 세상에서 가장 보람찬 일이 사람을 키우는 일이라 했는데 오순이 교수를 보면 그 말이 진실임을 새삼 실감한다. 작고 여린 싹이 이제는 훤칠한 나무가 되어 제자들에게 그늘도 줄 만큼 컸으니 내가 처음 순이 양을 만났을 때 결심한 바를 얼추 이룬 셈이다.

그러나 마음 한 구석에는 나의 노력이 아직 미흡하다는 아릿한 자책감이 있다. 오순이 교수의 반려자를 찾아 주지 못한 것이다. 그뿐인가. 오 교수를 곁에서 도와준 오 교수의 언니도 아직 독신의 길을 걷고 있다. 지금까지는 둘이 서로 손발이 되고, 마음의 기둥이 되어 살아왔는데 이제 좋은 배우자를 만나 의좋게 삶을 꾸려 나가는 모습을 보면 얼마나 기쁠 터인가. 부디 큰 사랑의 빛이 순이 양과 언니의 곁에 가득하길 염원한다.

(2018년 9월 19일)

05

석주선 박사

헌신 통해 아름다운 삶을 엮어 낸 '전통 복식과 학교 사랑'의 힘

우리 대학에는 한국 최고 수준의 한국 전통 복식 전문 박물관이 있다. 지금이야 한류를 세계화시키니, 한복을 세계화시켜야 한다느니 하며 우리 전통 의복에 관심과 투자가 눈에 띄게 커졌지만 불과 30년 전만해도 상황은 전혀 딴판이었다. 하루 끼니가 걱정이던 시절에 그 누가 한복의 아름다움을 공부하고, 보전하려 했을까. 한복은 그저 버려지고 잊혀져 가던 한 움큼의 추억에 불과했었다. 그 슬픈 한복의 운명에 자신의 모든 것을 걸고 눈물과 피땀을 기울이던 이가 있었다. 이제는 하늘에서 영면하고 있는 난사蘭斯 석주선石宙善 선생이 바로 그 분이다.

내가 난사 선생을 유물 기증 관계로 처음 만난 때는 40여 년 전인 1972년 무렵이었다. 경희대에서 지리학을 가르치던 조동규 교수의 소개였다. 조 교수는 우리 대학을 나와 경희대에 재직하였는데 그 부인께서 석주선 선생님의 제자로 한국 복식을 배웠다고 했다. 두 내외의 말인 즉, 석주선 선생이 한국 복식을 연구하면서 복식과 민속 유물을 수집했는데 이제 정년이 되고 보니 이를 영구적으로 보존하고 연구를 병행해야 하는데 마땅한 곳을 찾지 못해 고민하고 있다는 것이다.

나도 역사학을 전공했고 사실 1960년대 초반에 동덕여대에 시간강사로 출강한 적이 있었기 때문에 당시 같은 대학에 재직 중이던 석주선 박사님에 대해서는 약간이나마 지식이 있었다. 석주선 선생의 오빠는 나비 박사로 유명한 석주명 박사이다. 재밌게도 두 분은 모두 '수집'으로 학문의 기반을 닦았다는 공통점이 있다. 오빠인 석주명 박사는 우리나라에서 가장 유명하고, 손꼽히는 곤충학자, 특히 나비 전문 학자였다. 20여 만 마리가 넘는 나비를 채집, 분류하고 이를 세계에 보고해 한국 나비 분류의 체계화에 결정적 기여를 한 분이다. 더욱이 이런 모든 일들이 일제 치하에서 얻은 학문적 업적이니 한국 과학계에 선구자로서 명성이 높은 학자였다. 불행히도 한국 전쟁 와중에 그 방대한 양의 채집된 나비가 폭격에 소실되었고, 본인도 서울 수복 뒤 총을 맞고 의문의 죽음을 당해 학계의 아쉬움이 더욱 남다른 분이었다.

오빠의 영향을 받아서였을까. 난사 석주선 선생도 한국 최고의 전통 복식 유물 수집가이자 학자로 평판이 높았다. 난사 선생은 1911년 생으로 평양에서 태어나 일본으로 유학을 했다. 1940년 동경 일본고등양재학원을 나와 해방 때까지 교사로 재직했다. 공부는 서양 복식이었는데 해방 뒤 귀국하여 양장 기술을 가르치다보니 한복에 관심이 가고, 특히 소중한 전통 복식 유물이 함부로 취급되고 없어지는 현실을 보고는 스스로 이를 거두기로 작정했다.

1952년부터 25년 동안 수도여대, 동덕여대에서 교수로 재직했다. 난사 선생은 그 긴 시간 동안 본인을 위한 모든 안락함은 멀리하고 한복 연구에 모든 열정을 바쳤다. 복식의 변천과 고증, 복구는 모두 실제 한복이 있어야 가능한 일이 아니겠는가. 무덤을 옮길 때 나오는 출토복식들, 집의 한구석에 나뒹굴다가 고물상에 엿과 바뀌질 운명의 헌옷은 물론이고 고가의 장신구들까지 난사 선생은 이들을 하나하나 집으로 들였다. 호의호식이 아니라 '악의악식'惡衣惡食을 마다않고 젊어서부터 전국을 돌아다니면서 평생 수집한

민속 유물이 수천 점에 이르렀다. 수집하고 공부하고, 이를 복원하여 되살리는 일에 매달리느라 저축은 물론이요 결혼도 거절하며 독신으로 살았다.

나는 조동규 교수 내외와 난사 선생을 면담했다. 난사 선생은 온화한 미소가 인상적인 전형적인 한국의 어머니 같은 자태를 갖고 있었다. 이 자리에서 나는 마음속에 품었던 궁금증을 드러냈다.

"훌륭한 컬렉션이 있으니 다른 대학이나 공공 박물관에서 기증 제의가 있었을 텐데 왜 저한테까지 기증 얘기가 나왔는지요?"

이 말을 들은 난사 선생님의 목소리가 높아졌다.

"제가 모은 복식 유물들은 모두 내 자식처럼 소중하죠. 내가 모아서 소중한 게 아니라 복식 유물들은 옷감들이라 시간이 지나면 삭아서 바스러집니다. 또 그런 유물을 보관만 하는 게 아니라 고증에 맞춰 복원하고 그 속에 담긴 정신과 기술을 전수도 할 수 있어야 하죠. 그래서 항온항습 시설을 갖춘 별도의 박물관이 있어야 해요. 연구실과 강의실도 필수적이고요. 그런데 내가 만나본 대학이나 박물관들은 그럴 의지가 없었어요. 그냥 내가 가진 유물에만 관심이 있는거죠."

조동규 교수님도 얘기를 거들었다.

"장 총장님은 역사학을 공부하셨으니까 석주선 박사님의 유물이 학문적으로 얼마나 가치가 있는지, 이런 유물을 어떻게 보존해야 할지 잘 이해하시리라 믿음이 가죠. 다른 대학들을 소개했는데 모두 독립 박물관을 만들려는 생각은 없었어요. 국립박물관들도 그랬고요. 그냥 전시만 한다는 정도라서…"

이 만남이 있고 나서 얼마 지나지 않아 나는 난사 선생의 집을 들르기로 했다. 컬렉션을 직접 보고 싶었는데 난사 선생이 초청을 해 주었다. 서울시 중구 신당동에 있는 작은 집이었다. 집에 들어가다 대문에 머리를 찧을 뻔했을 만큼 작은 집이었다. 세 개의 방이 있었다. 지금도 선명히 기억이 난다. 모든 방마다 유물이 가득했다. 정확하게 말하자면 유물 상자들이었다. 그 상자들이 옷장 속에도, 그 옷장의 위에도, 벽에 선반을 달아 그 선반에도, 심지어 다락방까지. 난사 선생이 누울 수 있는 딱 한 명분의 공간을 제외한 모든 곳이 임시 전시실이고 보존실이었다. 유물들은 조선시대 왕족과 사대부의 의상 및 장신구부터 서민들의 복장과 장식구 등 다양하였다. 아마도 난사 선생이 수집하지 않았다면 이 귀중한 우리 민족 문화 자산이 일본으로 팔려갈 것이 뻔했다.

감탄은 잠깐이고 더 큰 걱정이 들었다. 난사 선생이 아무리 정성을 기울인들 저런 상태로 얼마나 갈 것인가. 손으로 힘만 주어도 부서질 옷들인데. 거기에 혹시 불이라도 나면 이 소중한 유물들이 어찌되는 걸까. 아니 이 집 옆에 다닥다닥 붙어 있는 집들 가운데 하나에서 불이 나면 저 많은 유물들을 누가 지키겠는가.

나의 걱정 어린 눈길을 알아챘는지 석주선 선생님은 학자로서, 그리고 인간적인 하소연을 했다.

"이제 정년이 되고 보니 정말 두려움이 더 커져요. 저 유물들은 대부분 옷감이라 좀이 슬거나 곰팡이가 생기면 안돼요. 옆집에서 불이라도 나거나 아니면 혼자 있는 집에 문화재 전문 강도라도 오면 어떻게 되는 거죠. 대학이나 공공기관들은 그저 일반 전시실에 진열만 하고 싶어 하는 거죠. 그런데 전시장도 오동나무에 항온항습 시설이 갖춰져야 해요. 복식 유물들을 제대로 분류하고 정리해서 체계를 잡는 데도 10년이 넘게 시간이 들 텐데… 매일매일 불안하고 걱정이 돼서 잠을 못자요. 내 나이 스물이 넘어서부터 지금까지 내 봉급을 털어 모은 유물들인데 어찌해야 할지…"

그동안 기증만 받을 욕심이 앞선 여러 기관에서 상처를 받아온 내력을 설명하던 난사 선생은 말을 하다가 눈물을 흘렸다. 문득 '잘난 아들이나 잘난 남편을 두었다면 저리 혼자 눈물을 흘리고 있겠는가' 하는 인정이 발동했다. 무엇보다 같은 학자로서 사명감이 크게 다가왔다. 역사란 결국 문헌과 유물로 대변된다. 힘없는 학자가 평생 동안 국가가 하지 못한 일을 홀몸으로 해왔는데 이를 받들기보다 기증품받는 욕심으로만 접근하는 한국 학계의 잘못을 방관할 수 없었다. 저 소중한 유물들은 '전시물'이 아니라 '연구와 보존'의 학술 자료로 영원히 전승돼야 한다는 결론을 얻었다. 돈이 들더라도 해야 한다. 지금 돈이 없으면 한 푼이라도 모아서 우선 잘 보관하고, 예산을 끌어 모아 독립 전시관을 만들면 되겠다는 생각에 이르렀다.

내 마음을 당장 밝히기는 경솔해 보여 난사 선생의 애타는 마음을 위로하고 헤어졌다. 그리고 4년의 시간이 흘렀다. 나는 난사 선생과 계속 교류를 했다. 난사 선생의 건강과 안부를 묻고, 조금만 더 기다리시면 좋은 소식을 들을 수 있다고 응원했다. 그 기간 동안 나는 박물관 건립에 필요한 자금을 만들었다. 특별회계를 설정하고 건설 자금을 적립토록 했다. 17억 원의 자금이 모였다. 다른 사립대학들은 운영자금을 모아 요즘 말하는 '강남땅'을 사는 것이 당시 유행이었다. 내 기억으로 17억 원은 당시 한창 주목받던 강남의 신사동 땅 1만여 평을 살 수 있는 가치였다.

돈이 모이자 몇 가지 구상을 하고 결심한 뒤 다시 난사 선생을 찾았다. 나는 일단 여섯 가지 조건을 제시하고 이를 실천하겠다는 약속을 했다.

첫째, 기증 유물을 보존할 전시관은 '단국대학교 석주선 민속박물관'으로 이름 지어 독립된 박물관을 신축한다.

둘째, 석주선 민속박물관을 건설하기 위해 건립추진위원회를 구성한다.

셋째, 유물들은 석주선 박사의 감독 아래 오동나무 상

1976년 9월 1일에 있었던 소장품 기증식에서 장충식 당시 총장이 석주선 박사로부터 기증 약정서를 수령하고 있다. 당시 기증품은 문화재 3,365점, 전문 도서 3천 여 권에 이르렀다. 장충식 당시 총장은 1972년에 첫 만남 이후 4년간 전용 박물관 신축에 필요한 재정 확보 등을 꼼꼼히 준비해 석주선 박사를 감동시켰다.

자를 제작하여 보관한다. 박물관 보관 창고는 습기 제거 장치와 항온 장치를 갖추도록 한다.

넷째, 석주선 박사는 특별교원으로 채용하며 교수 특호봉으로 대우한다. 고령을 감안해 전용 차량과 운전기사를 제공한다.

다섯째, 평생 동안 지낼 아파트를 제공한다.

여섯째, 추천하는 연구원 2명을 박물관 연구원으로 모든 신분을 약정한다.

나는 당시 박정숙 이사장님을 설득해 이를 동의받고 위 조건을 공약한 문서를 만들었다. 그리고 나와 이사장님이 공동 서명한 문서로 작성해 난사 선생께 전달했다. 연이어 우리 대학 동양학연구소장이신 일석 이희승 박사님, 서울대의 이병도 박사님, 고려대의 신석호 교수님, 그리고 우리 대학 중앙박물관장 정영호 교수 등으로 건립추진위원회를 구성해 언론을 통해 발표하였다. 나의 굳은 의지를 확인한 석주선 선생은 그제서야 자신이 정리한 모든 유물의 목록을 정리한 문건과 보관함을 열 수 있는 열쇠를 가지고 나를 만나러 왔다. 1976년 9월 1일 조촐하지만 진심어린 정성을 담아 '석주선 기념민속박물관 소장품 기증식'을 가질 수 있었다.

박물관 신축 사업에 착수하자 실무자들 사이에서 투

덜거리는 소리가 들렸다. "석 박사님은 까다로운 분"이라는 불평이었다. 하기는 난사 선생은 제자나 직원들을 엄격한 자세로 대했다. 자신의 방침이 지켜지지 않으면 그 자리에서 화를 내고 소리를 지르며 혼을 내는 스타일이라 한번 당해 보면 원망이 나곤 했다. 특히 당시 박물관 신축 및 보존 시설의 도입을 행정부서에서는 총무처가 담당하고 있었는데 불평이 높아 내 귀에도 전해질 정도였다. 나는 더 큰 갈등이 생기기 전에 직접 나서기로 했다. 총무처 소속 직원들에게 "석 박사님을 내 어머님이라 알고 대해 달라."고 설득했다. "나이 드신 내 모친이 여러분들의 잘못을 지적하면 일일이 변명하거나 말대꾸를 하겠어요? 그리고 사택에 들일 가구나 비품들도 총장의 어머님에게 해 드린다는 생각으로 잘해 드리고 자상하게 배려를 해 주세요. 그러다보면 석 박사님도 '단국대 사람들은 다르구나' 하고 마음에 맺힌 것들이 풀리고 한 식구가 될 겁니다."

시간이 흐르고 하루는 난사 선생이 찾아왔다. 얼굴에 환한 빛이 가득했다. 선생은 웃으며 얘기했다.

"장 총장님이 제 평생의 고생과 한을 다 풀어 주십니다. 제가 그동안 혼자 모든 일을 하다 보니 여러 사람들을 데리고 일시키는 게 내 맘 같지 않아서 화도 많이 내고 까탈스럽게 했는데 다들 잘 받아줘서 얼마나 고마운지 몰라

1976년 11월 3일 열린 석주선기념민속박물관 기공식. 왼쪽 첫 번째부터 일석 이희승 선생(동양학연구소장), 난사 석주선 선생, 아정 박정숙 당시 이사장, 중재 장충식 당시 총장 등이 시삽을 하고 있다.

요. 보관 시설도 훌륭하고 박물관도 아름답게 세워질 것 같고. 고마워요 장 총장님."

말을 미쳐 마치지 못하고 난사 선생은 내 손을 덥석 잡고는 눈물을 흘리셨다. 행복한 웃음과 눈물이었다. 나는 "앞으로 현재 소장한 유물이 아니라도 필요한 유물이 있으면 대학이 구입하도록 하겠다."며 "오래 사셔서 큰 업적을 만드시라." 덕담을 했다. 박물관 준공을 앞둔 1977년 당시 난사 선생의 나이가 66세였으니 지금과 달리 노령인 셈이었다. 나는 말이 나온 김에 난사 선생이 더 나이들기 전에 흉상을 만들자고 제의했다. 한 살이라도 젊을 때에 얼굴 마스크를 본떠 흉상을 만들어 생전에는 사무실에 보관하다가 돌아가시면 박물관 홀에 상설시켜 선생님의 유덕을 기리자는 뜻이었다. 난사 선생도 기쁘게 받아들여 흉상을 제작했다. 지금도 민속박물관 입구에는 난사 선생의 흉상이 생전의 인자한 미소로 관람객을 맞이하고 있으니 볼 때마다 내 감회가 남다르다.

1977년 11월 3일, 개교 30주년을 맞는 뜻깊은 날에 석주선기념민속박물관이 문을 열었다. 많은 분들이 참석해 주었다. 진심으로 난사 선생의 꿈이 이루어진 것을 축하해 줬다. 복식 연구가들과 한국학 관계자들은 칭찬과 축하를 나눴다. 지금도 개관식 당일에 자부심과 행복감으로 가득해 반짝이던 선생의 눈빛을 기억한다. 학자로서, 그리고 민속 유물 수집가로서 얼마나 자랑스러웠을까. 나 역시 자칫 세월에 스러지고, 사회의 외면 속에 사라질 소중한 전통 복식 유물을 영원히 우리 대학에 보존하고, 거기에 복식 연구의 기틀을 마련했다는 생각에 큰 보람을 느꼈다.

석주선기념민속박물관은 착공 1년 만인 1977년 11월 3일에 개관했다. 개관식 당일 소장품을 설명하고 있는 난사 선생의 눈에서 숙원을 푼 기쁨이 생생히 전해진다.

그렇게 난사 선생과 나는 때론 모자지간처럼, 때론 한국학에 대한 애정을 나누는 동지로 20년을 보냈다. 가끔 박물관에 들리면 난사 선생은 나를 아들처럼 사랑스러운 눈빛과 웃음으로 바라보며 감사하다는 말을 거듭, 거듭 전했다. 석주선기념민속박물관은 한국 유일, 또는 최고의 전문 박물관으로 다양한 학술 활동을 펼쳐 우리 대학의 명예를 높혀 줬다. 세월이 흘러 1995년 하반기 들어 선생은 병석에 눕고 말았다. 다행히 이때 우리 대학 병원이 문을 열어 장기 입원을 시켜 돌봐 드릴 수 있었다. 정성껏 모셨지만 병세는 날로 심해지더니 이듬해 나에게 "더 이상 힘들다."는 보고가 왔다. 임종이 가깝다는 소식에 서둘러 병석을 찾았다. 위문 손님이 여럿 있었는데 선생은 나와 단둘이 얘기를 하고 싶다며 사람들을 물렸다.

단둘이 남자 난사 선생은 나를 가까이 오라 하시더니 손을 꼭 잡고는 내 귀를 당신의 입에 대며 힘들여 말을 이었다.

"그동안 총장님이 내 소원을 다 들어주셔서 정말 고마워요. 단국대가 내 살림을 다 맡아 주고 월급도 줬으니 내가 돈 쓸 데가 어디 있겠어요. 그 돈을 정기적금에 가입하여 모아 놨고, 박물관에 근무하는 이에게 맡겨 놨어요. 통장에 보관해 놨으니 그걸 찾아서 장학금으로 써 주세요."

나는 놀라기도 했지만 선생의 학교 사랑과 끝까지 자신이 가진 모든 것을 다른 이에게 바르게 쓰려는 그 의지에 그만 눈물을 감출 수 없었다. 내 눈물을 보면서 선생도 눈물을 흘리셨다.

"장 총장님을 만나서 내가 정말 행복하게 여생을 보냈어요. 내 죽어서도 이 은혜는 잊지 않을 꺼예요."

마지막 유언을 마친 양 난사 선생은 나를 보며 눈물을 흘리셨다. 조금 더 시간이 있으면 더 좋은 일을 더 많이 할 텐데… 안타까움에, 그동안 쌓인 인정에 나는 모친이 돌아

죽전캠퍼스에 있는 석주선기념박물관의 전경. 한남동 시절보다 건물 규모가 2배 확장되었고, 민속 복식과 고고 유물을 아우르는 중앙박물관 역할을 하고 있다.

가신 것처럼 눈물을 흘렸다.

1996년 3월 3일, 85세의 나이로 선생은 영면에 드셨다. 장례식이 끝나고 난사 선생은 용인 천주교 공원에 있는 유택에 모셔졌다. 오빠 석주명 박사의 유택 옆이다. 따로 자손이 없기에 나는 학교에서 유족을 대신해 묘소를 관리토록 했다. 그리고 한남동 캠퍼스를 떠나 죽전 신캠퍼스를 지을 때 우리 대학은 한남동 시대보다 2배 넓은 박물관을 지었다. 동시에 대학 중앙박물관과 석주선기념민속박물관을

‘석주선기념박물관’으로 통합했다. 난사 선생의 유지와 학덕을 영원히 기리는 박물관이 되라는 염원을 담은 것이다.

박물관 서관의 로비에는 지금도 난사 선생의 흉상이 누구나 그대로 지나치지 않을 위치에서 오가는 이들을 보고 있다. 난사 선생의 전통 복식에 대한 열정과 희생, 이타적 삶을 우리 단국인만이라도 기억해 주길 바랄 뿐이다.

(2018년 10월 4일)

06

양종곤 교수

'총장 타도' 외치던 학생을 경영학자로 키운 이유

1987년, 한국 대학가의 봄은 이미 펄펄 뜨겁게 달아오르고 있었다. 대학생들의 잇단 분신자살, 박종철 군 물고문 치사 사건으로 불거진 민주화 요구 시위는 대학을 분노의 함성과 거센 시위의 열기로 몰아가고 있었다. 그 열풍이 우리 대학에도 드세게 불어 닥쳤다. 4월 들어 학내 복지 문제 해결을 주장하던 서울캠퍼스 총학생회는 방향을 학내 민주화, 학사 부정 척결 등으로 틀었다. 수업 거부, 중간고사 거부가 대세를 이루더니 급기야 대학 본관 총장실을 점거했다. 매일 2~3천여 명의 학생들이 농성과 시위를 펼치면서 학내는 사실상 교육과 연구가 마비될 지경이었다. 일련의 사태로 당시 총학생회의 퇴진 요구를 받던 김 모 부총장이 사직 의사를 전했지만 사태는 진정되지 않았다. 그 앞자리에 당시 총학생회장인 양종곤당시 상경대 경제학과 군이 있었다. 양종곤 군은 매일 학내 농성, 혹은 학원 밖의 민주화 시위를 주도하고, 때론 단식과 대중 연설로 수천 명의 학생들을 강의실 밖으로 끌어냈다. 개교 이래 최대의 학생 시위가 이뤄졌다.

4월 27일로 기억한다. 한남동 캠퍼스의 본관 앞에 있는 노천극장에 5천여 명이 넘는 학생들이 함성을 외쳐댔다. 학생들은 "대학 민주화로 민주 사회를 앞당기자."고 외쳤다. 노천극장의 중심에 양종곤 학생회장이 서 있었다. 어쩌면 익숙한 풍경이었지만 이 날은 달랐다. 양 군은 자기 옆에 20리터 기름통을 두고 있었다. 그 안에는 시너가 가득했다. 멀리 한강 쪽으로 이른 노을이 다가오는 시간이었다. 양 군이 기름통을 들어 그 속에 담겼던 시너를 자기 몸에 부었다. 여학생들은 비명을 질러댔다. 학생들이 흥분하기 시작했다.

양종곤 회장은 이렇게 말했다. "김 부총장이 물러났지만 아직 교직에 있습니다. 학교를 떠나야 합니다. 진상 규명도 철저하게 이뤄져야 합니다. 학내에 군사정권에 협조한 어용 무능 교수들은 퇴진해야 합니다. 장충식 총장님이 학생들 앞에 서서 입장을 밝히지 않으면 저는 오후 6시에 분신을 하겠습니다."

노천극장이 본관 앞에 있기에 한 눈에 상황을 볼 수 있었다. 학생들은 극도의 흥분에 휩싸였다. 학생뿐만이 아니

한남캠퍼스 퇴계기념중앙도서관 1층을 점거하고 농성 중인 시위대(단대신문 754호 지면 복사). 대규모 옥외 집회가 잇달았지만 사진이 망실되어 현존하지 않고 있다.

라 본관에서 이를 지켜보던 교무위원들이나 관계자들도 경악하고 충격에 말을 하지 못했다. 시너에 흠뻑 젖은 양종곤 군은 라이터를 들고 있었다. 잠시 뒤 동료 학생이 라이터를 인수해 치켜들었다. 시너는 휘발성이 크고 인화성이 강하여 작은 불꽃으로도 큰 불이 날 수 있다. 너무 위험하고 무모한 장면이었지만 현실이었다. 5천 명의 학생들은 학생대로, 학교 관계자들은 그들대로 이성을 잃을 지경이었다.

이 날 시위 전에 총학생회장이 모종의 극단적 조치를 결심했다는 소문이 돌았고, 학원 동향을 체크하는 경찰이나 안기부에서도 같은 정보를 입수하고 있었다. 이제까지 경험하지 못한 강경책을 준비하리라 짐작은 했지만 '분신자살'이라는 극단적 결론이 나오리라고는 생각할 수 없었다. 총장으로서 몸에 불을 붙이는 자살 방법을 5천 명의 학생 앞에서 공언하는 광경을 보고 있는 일 자체가 가슴이 아팠다. 저 젊은이가 얼마나 상황에 몰리고, 쫓기면 자신의 목숨을 담보로 저런 도박 같은 일을 약속하는 걸까 …

상황이 벌어지자 전화가 빗발치기 시작했다. 정보 당국이나 공안 당국, 심지어 문교부교육부 전신나 소방서까지 현장 상황을 확인하고, 대책을 묻거나 조언하는 전화들이었다. 노천극장과 가까운 정문 근처에는 소방서의 화재 진압용 차, 구급차가 대기했다. 그 안쪽으로 경찰 진압대도 잠복해 있었다. 노천극장과 주변으로 십 수 명의 기자들도 취재를 하고 있었다. 공안 당국은 학생들을 자극할까 병력을 드러내지 않았지만 현장 진압 카드를 만지작거리고 있었다. 걸려온 전화들은 한결같이 지금 총장이 현장에 나가면 안 된다는 것이었다. 시위대를 더 흥분시키고, 자칫 구타나 폭력 시위 같은 상황으로 확대시킬 가능성이 크다는 주장이었다. 심지어 저 기름통에 있는 액체는 물 같은 비인화물

당시 일련의 사태가 진행되다가 총학생회 주도로 대학 본부의 사무실들을 점거한 뒤 사무 집기를 파괴하는 일이 벌어졌다. 사진으로 총장 집무실의 피해 장면을 확인할 수 있다.

질이고 협박용일 뿐이라는 주장도 있었다. 학생들은 절규에 가까운 외침으로 "장충식 총장은 노천극장으로 나오라." 아우성이었다.

당시 내 집무실, 그러니까 총장실은 이미 총학생회의 활동대에게 점거를 당해 강남구 논현동에 있는 재단 소유 단국빌딩에 임시 사무실을 차려 근무를 하고 있었다. 하지만 시위 시작과 함께 나는 현장과 가장 가까운 곳으로 가고자 해서 본관 회의실에 있었다. 모든 소리와 장면들을 선명히 보고 들을 수 있었다. 오후 6시가 다가올수록 상황은 더 소란스럽고 어지러워 졌다.

정보 당국에서는 양종곤 총학생회장의 분신 자살 압박이 본인의 판단이라기보다는 당시 시국을 주도하던 운동권 최상층부에서 내려온 지시라고 귀뜸했다. 그러니 총학생회가 분신으로 협박해도 절대로 '장충식 총장이 나가서는 안 된다.'는 것이었다. 경찰이나 소방서 측도 총학생회장이 뿌린 것은 물일 수도 있으니 협박에 굴하지 말라고 거듭 강권했다. 심지어 문교부 장관실에서조차 지금 단국대가 이 상황에서 양종곤 군의 요구를 들어주면 다른 대학도 교내 문제를 앞세워 학생들을 대대적인 시위로 유도할 빌미가 되니 결코 들어주지 말라는 얘기가 전달되었다. 내 옆에 있는 교무위원들, 나를 걱정해 주는 교직원들도 저런 위험한 현장에 나가서 봉변을 당하면 안 된다며 총학생회장의 협박을 거부하자고 했다. 심지어 강경론자는 끝내 분신을 하면 그것은 극단적 운동권 학생의 죽음이지 학교는 할 만큼 했다는 주장까지 했다.

사무실 안팎의 소음과 논의와 대책의 혼란 사이에서 시간이 갈수록 내 마음 깊은 곳에서 울리는 목소리에 귀를 기울이고 있었다. 그것은 '저 젊은이를 그냥 놔둬서는 안 된다.'는 소리였다. 나는 교육자이다. 총장이기 이전에 교수이고, 저런 젊은이도 내 학생이다. 시대와 이념, 현실과 이상의 대립과 갈등 속에서 여러 가슴 아픈 일들이 일어날 수 있다. 그러나 내가 가르치는 학생에게, 우리 대학의 젊은이에게 닥칠 비극이 있다면 기꺼이 교수인 내가 먼저 나서서 막아 줘야 한다. 그것이 내 마음속 울림이었다.

시너를 뿌리고 연단에 주저앉아 오후 6시가 넘으면 분신하겠다는 저 어린 학생의 마음은 어떨까? 50일이 넘게 소리치고, 밥을 굶고, 때론 교직원과 멱살잡이를 하고, 심지어 기물을 파손하면서까지 저 젊은 친구가 얻으려는 것이 무엇이었을까. 나는 그것이 정의감이라고 믿었다. 기성세대가 저지른 잘못을 바로 잡으려는 열망이 저 젊은이의 피를 끓게 했을 것이다. 저 학생은 입학 당시 최우등급의 성적을 거둬 특별 장학금을 받은 학생이었다. 서울에서 8시간을 차로 달려야 갈 수 있는 먼 객지에서 홀어머니의 기대를 안고 대학에 입학했다. 그 가슴속에 어찌 성공과 행복에 대한 열망이 없겠는가? 그 모든 것들을 더 이상 스스로 이뤄낼 수 없었기에 결국 저 젊은이는 '차라리 죽겠다.'고 나선 것은 아닌가.

"구해야 한다. 흥분한 시위대에 의해 내가 돌을 맞고, 정부의 지시를 어겨 불이익을 당하더라도, 내가 나서서 풀어 줘야 한다." 내 마음속에서 치밀어 올라오는 결론이었다. 그것은 교육자로서의 본능이었다. 나는 관계자들 앞에서 내 입장을 천명했다. "저 학생을 외면할 수 없어요. 내가 외면하면 이번에는 양종곤 학생이 자신이 이끌어온 시위대의 외면을 감당 못하고 죽음을 선택할지도 모릅니다. 내가 나가겠습니다. 대신에 자칫 다른 분들이 나를 따라나서면 봉변을 당할 위험도 있어요. 혼자 나갈 테니 이해해 주세요."

본관에서 노천극장을 내려가는 계단의 양쪽에는 이미 수천 명의 학생들이 나를 주시하고 있었다. 카메라를 들고 취재하는 기자들도 많았다. 그리고 이마에 붉은 띠를 두르고 쇠파이프나 목봉을 들고 마스크를 쓴 채 시위 지도부를 호위하는 사수대 학생들도 많았다. 그들은 내 뒤를 따르던 교무위원들을 제지해 운동장 안으로 들여보내지 않았다. 홀로 운동장에 섰고, 연단에 올랐다. 5천 명이 넘는 학생들의 이목이 나에게 쏠렸다.

나는 십여 분 남짓한 연설을 통해 "학생들의 요구를 애교심의 결과로 본다."고 전제하면서 학생들에게 사과를 했다. 그리고 "학사 관리에 오류가 있다면 총학생회가 지정하는 평교수들로 조사위원회를 만들어 진상을 파악하고, 책임질 일이 있다면 총장인 내가 지겠다."고 약속했다. 학생들은 내 말에 공감을 했다. 돌이 날아올 수도 있다던 주위의 걱정과 달리 우렁찬 박수로 내 고민과 대책을 공감해 주었다.

총학생회장인 양종곤 군도 분신자살이 아닌 학생들의 박수 속에 신나와 라이터를 거두고 시위 해산을 선언할 수 있었다. 극한적으로 치닫던 학교와 총학생회의 갈등도 조금씩 진정했다. 사태가 진정 국면으로 전환되었지만 양종곤 군은 총학생회장으로서 그동안 주도해 온 일련의 일들에 매듭을 지어야 했다. 이 과정에서 총학생회 지도부는 학생처의 집기를 파손했다. 거기에 총장실, 총무처까지 더해 피해액이 8천만 원에 이르렀다. 공안 당국은 이를 형사 사건으로 부각하고자 했다. 나에게 양종곤 군을 제적시켜 학원 밖으로 추방시키라 강권했다. 이를 거부하기는 했지만 대낮에 집단적으로 학교 기물을 파손한 일을 모른 척 할 수도 없었다. 책임자인 양종곤 군은 이미 집시법 위반, 기물

파손죄로 수배령이 떨어진 상태였다. 나는 자수를 권유했다. 하지만 양종곤 군은 이를 받아들이지 않았다. 나는 이때 양종곤 군을 자수시킨 뒤 그의 미래를 함께 고민해야 겠다는 복안을 갖고 있었다. 그가 단국대 학생을 대표하는 총학생회장으로서 보여 준 리더십과 정의감을 긍정적으로 승화시키면 좋겠다고 생각했기 때문이었다.

4, 5월이 지나면서 총학생회는 학내 문제에서 급격하게 사회 민주화로 역량을 전환할 수밖에 없었다. 6월 항쟁이라는 거대한 민주화 동력이 불어 닥쳤기 때문이다. 양종곤 군은 6월 항쟁에 동참하는 와중에 결국 체포되었다. 공안 당국은 양종곤 군에 대한 수배 조치 이후 그를 집요하게 추적하고 있었다. 그의 동선을 파악한 사복 형사들은 6월 항쟁 기간 중 학교에서 기숙하다 시위를 위해 빠져나가던 양종곤 군 일행을 한남동 캠퍼스 후문 근처에서 덮쳐 체포에 성공했다.

이 소식을 들은 나는 바로 우리 재단의 고문 변호사를 선임해 양종곤 군의 법률 대리인을 맡겼다. '양종곤 군 제적'이라는 정부의 요구를 거부하면서 동시에 내가 나서서 그의 면학을 도울 테니 공부할 기회를 유지케 해 달라 설득했다. 법정에서 같은 취지의 호소를 했다. 양종곤 군은 재판을 통해 징역 1년, 집행유예 2년의 처벌을 받고 사회에

총학생회장 양정곤 군이 6월 항쟁 참가 중 잠복 형사에게 체포, 구속되자 학생들은 이를 항의하고 석방을 요구하는 시위를 전개했다. 당시 한남캠퍼스 학생회관 앞에 걸린 항의용 현수막.

복귀할 수 있었다.

나는 비서를 통해 그를 만나서 내 뜻을 전하고 운동권보다는 학문의 길에 들어와 장기적으로 우리 사회를 개혁하는 진로에 대해 생각해 보라 권유했다. 선뜻 자신에게는 '타도와 청산의 대상'이었던 나의 권유를 받기가 정서적으로 힘들어서인지 취업을 하기도 했다. 한편으로 양종곤 군의 경제 형편이 어렵다는 얘기를 듣고 그에게 방을 임대할 보증금을 지원하기도 했다. 그에 대한 내 의지의 일단을 일깨우고 싶었다.

그 당시에 양종곤 군은 민주화 운동을 하면서 사귀던 동료 여학생이 있었다. 둘은 동료에서 연인으로 발전해 결혼을 하고 싶어 했다. 그를 만나던 내 비서는 이같은 사실을 알리면서 처가될 집에서 양종곤 군의 집안 형편이 어렵고, 양종곤 군 본인의 미래도 불투명해 결혼을 강력히 반대한다고 보고했다. 나는 두 젊은이의 사랑이 무엇보다 중요하다고 생각했다. 나는 내 딸들도 그렇게 결혼시켰다. 내 딸이 사랑하는 남자라면 그 믿음을 존중한다는 것이 내 소신이다. 그래서 내가 나서기로 결심했다. “그래 아들을 하나 더 두는 셈으로 치자.” 그렇게 결심했다. 나는 경기도 용인으로 달려가 신부 측 부모를 만났다. 부모님들은 매우 강경했다. 나에게도 험한 소리를 했지만 이를 삭히면서 그 분들에게 약속했다. “내가 양종곤 군을 유학 보내고자 합니다. 물론 따님도 결혼시켜 같이 미국에서 공부토록 하겠습니다. 너무 심려 마시고 양종곤 군의 미래를 믿어 주세요.”

결국 결혼 승낙을 받아 1989년 봄에 혼례를 치뤘다. 물론 나는 주례를 자청해 두 사람을 축복했다. 양 군은 직장 생활과 결혼 과정에서 내가 권유하던 유학과 학문에 대한 결심을 굳혔다. 1990년에 두 사람은 대망의 꿈을 함께 나누며 오레곤 주에 있는 서던 오레곤 대학Southern Oregon University에 입학했다. 이런 과정에서 주위의 많은 사람들은 총장을 쫓아내려한 운동권 학생을 결혼시키고, 유학 보내는 내 행동을 비판하기도 했다. 퇴학을 시켜도 분이 덜 풀릴 정도로 대학과 교직원들에게 위해를 했던 학생을 키우는 게 너무 온정적이라는 지적이었다. 내 생각은 달랐다. 그는 총학생회 회장으로서 학생들을 대표해 나를 비판한 것이다. 그의 주장에 자신의 이익을 추구한 것은 없다. 인재를 키우는 것은 내 취향에 부합하는 젊은이를 선호하는 일이 아니라 정의감, 희생 정신, 잠재력을 고려해 시작해야 한다. 그것이 내 생각이었고, 양종곤 군은 그런 고려 사항에 적합했다.

양종곤 군에게 지원하는 유학비는 전적으로 나의 '사재'였다. 집에 줄 생활비를 아끼고, 내 쓸 돈을 아껴 가며 학비를 조달했다. 나는 대학의 어떤 지원도 거기에 추가하지 않았다. 학내에 그를 제적시켜도 아깝지 않다는 여론이 많은데 교비를 학비 지원에 쓰면 오히려 양종곤 군이 더 욕을 먹을 것 같고, 그의 미래에도 좋지 않을 것 같아서였다. 다행히 양종곤 군은 석사 과정을 잘 마치고 박사 과정에 입학했다.

나는 양종곤 군을 좋은 학자로 길러줄 훌륭한 경영학

교수를 물색했다. 네브라스카 주립대의 이상문 교수를 양종곤 군에게 추천했다. 이상문 교수는 서울대를 나와 조지아대학에서 박사 학위를 취득했다. 미국의 대표적 경영학회인 Decision Science의 회장을 장기간 역임했다. 한국인으로서는 유례를 찾기 힘들게 미국 경영학계에서 학문적 성취를 이룬 분이었다. 네브라스카 주립대에서 석좌교수를 거쳐 정년퇴직했는데 의사 결정, 글로벌 전략, 혁신 경영 분야의 세계적 석학이다.

양 군은 기꺼이 내 조언을 받아들였다. 다행히 이상문 박사는 양종곤 군을 기꺼이 제자로 받아 주었다. 양 군은 정들었던 오레곤을 떠나 다른 나라나 마찬가지인 네브라스카로 떠났다. 그때, 나로서는 정말 힘든 시기가 닥쳤다. 나와 김영삼 정부와의 불화로 내가 총장의 직을 떠나야 했기 때문이다. 나야 야인이 되면 그만이었지만 당장 급여를 받지 못하니 양종곤 군 학비를 지원할 수 없게 된 것이 큰일이었다. 집에 가져다 줄 월급이 없으니 유학비 지원은 여력이 더 없어졌다. 낯선 땅에서 그가 무슨 일을 할 수 있겠는가. 더군다나 아내와 아들까지 건사하면서. 나는 정권의 압박에 힘겨웠지만 양종곤 군의 일을 생각하면 마음이 더 힘들어지기도 했다. 결국 이상문 박사에게 나의 진심을 전달했다. 이 박사는 다시 한번 큰 호의를 베풀어 주었다. 박사

과정에 드는 어마어마한 학비를 상당 부분 해결해 준 것이다. 그래도 가족의 생활비는 따로 풀 방법이 없었다. 양종곤 군은 결국 가족을 한국으로 돌려보내고 홀로 유학을 마치기로 했다.

모자란 학비도 벌고, 생활비도 벌면서 연구를 계속해야 하는 고달픈 시간이었다. 거기에 가족을 떠나보내고 감당해야 했던 깊고도 큰 고독… 나 역시 홀로 미국 유학을 했기에 그 막막함을 공감할 수 있었지만 어린 자식을 양육하다가 떨어져 살아야 하는 경우는 그 정도가 더 심했을 것이다. 고된 개인적 시련과 높은 벽을 넘어야 하는 학문적 단련을 거치면서 양종곤 군은 '운동권 학생'에서 '경영학자'로 거듭나고 있었다. 그가 전해 오는 편지나 선후배들의 전언을 통해 양종곤 군이 양종곤 박사로 잘 커 나가고 있음을 간접 확인할 수 있었다. 그것이 바로 내 기쁨이기도 했다.

1997년에 그는 정말 어렵고 힘든 과정과 논문 심사를 무사히 통과해 박사 학위를 받았다. 훌륭한 지도 교수 덕분에 미국에 정착할 수도 있었지만 귀국을 해 좋은 직장에 안착하였다. 국내 경영컨설팅 회사를 거쳐 마지막으로는 세계적 글로벌 경영컨설팅 회사인 IBM BCS와 국내 유수의 대기업에 경영 자문을 하며 전공 실무 경험을 쌓았다. 주변에서 들으면 기업체 특강에서도 좋은 평을 받아 초청 강연이 많다고 했다. 나는 양종곤 박사를 만나자 했다. 그리고 그에게 마지막 미션을 주었다.

"양 박사 이제 모교에서 후배들을 지도해야 겠어."

양 박사는 부담스러웠을 게다. 모교에는 여전히 그에게 부정적 시각을 갖고 있는 선배들과 교수님이 있다는 것을 알기에. 또 그로 인해 상처를 받은 이들이 날선 비난을 오래오래 할 수도 있으니까. 그래도 그는 지원을 해야 했다. 그것은 또 다른 사명이니까. 후배이자 제자인 우리 대학 학생과 자신의 모교를 위해 감내해야 할 빚이니까. 다행히도 그는 공채 과정을 잘 통과해 모교의 교수로 발령받았다. 비단 옷을 입고 고향에 돌아온 셈이지만 나는 그가 학생운동을 통해 짊어진 숙제를 기억해 달라 말하고 싶다. 총학생회장 양종곤 군에서 양종곤 교수로 걸어갈 그의 삶 속에서 후배들을 위해 더 큰 일을 해달라고. 봉사하고 희생하는 선배가 되달라고.

(2018년 10월 10일)

07

이천술(가명) 군

절망에 빠진 탈영병에게 주고 싶었던 희망의 손길

1973년이 저무는 12월이 시작한 지 얼마 되지 않은 날이었다. 조찬 약속이 있어 이른 아침에 집을 나선 뒤 학교로 돌아가려 차 안에 있었다. 9시를 넘은 시간이었다. 당시 서울캠퍼스가 있던 용산구 한남동은 제3한강교지금의 한남대교를 지나면 경부고속도로를 진입할 수 있는 교통 요지였다. 비록 차량이 지금처럼 많지는 않았지만 러시아워에는 사방에서 밀려드는 차들로 제법 길이 막히곤 했다. 그 날은 유난히 더 속도를 내지 못했다. 우리 대학으로 가까워질수록 차는 가다서다가 아닌 정체 상태로 빠져들었다. 학교 바로 앞인 한남동로터리에 들어서니 군인, 경찰이 차량 통행을 통제하고 있었다. 경광등이 번쩍이는 검은색 차가 늘어서 있고, 경찰만이 아니라 무장 헌병과 군인들이 함께 근무하는 걸보니 사태가 심상치 않음을 쉽게 알 수 있었다. 우리 대학 한남캠퍼스를 나와 대로를 건너면 다방과 중화요리집이 들어 있는 3층 건물이 있었는데 그 건물 주변을 포위하다시피 삼엄한 경계가 펼쳐져 있었다.

학교 앞에서 일어난 일이니 궁금증이 더해졌다. 혹시 우리 학생들이 다친 사건은 아닌지 걱정도 되어 출근하자마자 연유를 알아보도록 했다. 보고를 들으니 무장 탈영병이 다방에 들어가 손님들을 인질로 잡고 군경과 대치하고 있다는 소식이었다. 실내이지만 6발의 총탄을 다방 벽들에 쏘아대기도 했다는 것이다. 당시에는 무장 탈영병 사건이 적지 않게 일어나곤 했다. 군대 복무 여건이 험하기도 했고, 낙후된 경제 여건으로 먹고살기가 힘들어 개인과 가정이 뜻밖의 불행을 당해 탈영을 하기도 했다. 그때마다 인질극으로 연결되어 사람이 죽거나 다치는 일이 적잖았다.

당일, 그러니까 1973년 12월 5일 오전 10시에 일어난 무장 탈영병 인질 사건의 발생 공간은 다름 아닌 우리 대학 바로 앞이었고, 인질극이 벌어지고 있던 무대는 '한일다방'이었다. 지금처럼 카페 문화가 없던 '다방 전성시대'여서 학

脫營兵 카르빈택시強盜

茶房占據 대치…自首

한때 손님등 12명人質

漢南洞서 愛人데려와 권고…犯人은 李[illegible]1兵

개머리판 없는銃

어제초저녁 明洞등

이천술 군의 무장탈영, 인질 사건은 사회의 큰 이목을 끌었다. 해당 사건을 사회면 톱기사로 보도한 일간지의 지면.

생들은 강의가 빈 시간에 다방에서 시간을 보내는 것이 당시 풍습이었다. 문제의 한일다방은 학교를 나와 가장 가깝게 있는 곳이라 사랑방 같은 구실을 하고 있었다.

현황을 알고 나니 이번에는 학생들 걱정에 일을 할 수 없었다. 당시 비서실장으로 근무하고 있는 김상배 교수당시 문리대 교수를 불러 재학생이 인질로 붙잡혀 있는지 여부와 전후 상황을 소상히 파악하여 알려 달라 했다. 김 실장의 보고가 들어왔다. 걱정대로 우리 학생이 인질에 포함되어 있었다. 하지만 불행 중 다행이랄까, 아침 시간오전 10시이어서인지 손님도 10명 이내였고, 그 중 학생은 서울대생과 단대생해서 2명이라고 했다. 무장 탈영병이 인질들을 해치지 않겠다고 몇 번이나 다짐을 했다는 점도 더욱 다행스런 일이었다. 정보 관계자들도 나에게 "인질범의 언행을 보니 다른 사람을 해칠 정도는 아니다. 사람을 다치게 할 의도가 아니고 자신의 답답하고 초조한 상황을 못이겨 잠시 흥분한 것 같다."고 전언했다. 다만 인질로 잡힌 우리 대학의 학생에게 "혼자 남으신 어머님을 행복하게 해 드리지 못해 죄송하다. 아버님 곁으로 먼저 가겠다."는 유서를 쓰게 한 걸로 보아 자살의 위험성이 크다는 얘기도 들었다.

김 실장은 인질로 잡혀 있다가 풀려난 학생도 만나고 해서 더 상세한 얘기를 해 줬다. "결혼을 약속한 여자가 있는데 여자 쪽 부모님 반대로 애인이 변심한 듯했다. 인질범은 애인을 불러 이를 설득하려다 부대 복귀 시간을 놓쳐 탈영을 했다. 여자 쪽의 결혼 반대 원인이 탈영병의 가난한 가정 형편과 이로 인한 진학 실패, 불안한 미래 때문이라는데 범인은 이같은 현실에 절망하여 자포자기한 것 같다."는 것이었다.

보고를 들으며 그 탈영병의 고통에 공감이 갔다. 오죽

어렵고 힘든 형편이면 저런 막장에 다다른 극단적 행동을 했을까… 가난한 집에서 태어나 공부를 못한 것이 무슨 죄라고 저런 설움을 당해야 한단 말인가. 앞서 말했듯이 탈영병 사건이 일어나면 대체로 비슷한 원인이 복합적으로 작용해 극단적 선택을 하게 했음을 나는 익히 알고 있었다. 가난과 불우한 환경, 대학 진학의 좌절, 애인의 변심, 군대의 상습적 폭력 등이 겹쳐 죽음을 빚는 비극으로 이어졌었다. 그때마다 나는 교육자로서 우리 사회가 젊은이에게 절망이 아닌 희망을 줘야 한다는 자성을 하곤 했다.

바로 내가 근무하는 학교의 앞마당에서 이런 참담한 일이 일어났는데 자성만 하고 행동을 뒤로 미룰 수 없었다. 가슴속 깊은 곳에서 "저 젊은이를 살려야 한다. 저렇게 죽게 놔둘 수는 없다."는 울림이 솟구쳐 올랐다. 인질을 하나 둘씩 풀어 주는 것은 긍정적이지만 자칫 위험한 선택을 할 수 있다는 예감도 들었다. 시간이 촉박함을 느낀 나는 김상배 실장에게 서둘러 부탁을 했다.

"내가 관계 당국에 얘기를 했으니 김 실장이 그 탈영병 젊은이를 만나 봐요. 내가 그 젊은이를 최선을 다해 도울 테니 더 이상 과한 일을 벌이지 말고 자수하라고 설득해 보세요. 대학 공부도 시켜 주고 가족들 먹고 살 취직자리도 알아봐줄 꺼라고 약속하세요. 이 장충식이 보장한다고. 얼마든지 떳떳한 생활을 하도록 도울 것이니 두려워 말고 자수한 뒤 새 출발을 하자고 해요."

김상배 실장은 용산경찰서 형사를 대동하고 인질극이 벌어지는 한일다방을 찾아갔다. 비록 내 부탁을 받고 방문했지만 김상배 실장의 배짱도 보통은 아닌 셈이었다. 나나 김 실장 모두 40대 초반이었기에 그런 발상과 실천이 가능했을 것이다.

탈영병을 만나고 돌아온 결과는 앞서 들은 보고와 같았고 구체적인 사항이 밝혀졌다. 이름은 이천술, 당시 21세. 육군 일병. 일찍 부친이 별세하고 모친은 남의 땅을 빌려 농사를 지었지만 생계가 어려웠다. 이천술 군이 장남으로 모친과 5남매를 책임져야 했다. 심한 가난에 시달리면서 고등학교 때 전교 회장을 지내고 대학 입시도 2번이나 합격했지만 결국 입학을 포기해야 했다. 약국 등에서 일하면서 중학교 동창과 연애를 했는데 입대를 하자 사이가 벌어지고 여자의 부모가 결혼을 반대하자 이 군은 애인을 설득한다고 외출을 한 뒤 곧바로 탈영을 했다. 김 실장은 이천술 군에 대한 설명을 하면서 "만나보니 눈빛이 나쁘지 않고 오히려 자기가 저지른 일 때문에 겁먹은 듯한데, 자수를 설득하니 눈물이 그렁거리는 게 성품은 착한 사람으로 보였다."며 "곧 애인을 만날 것이고 그러면 자수를 할 것으로 보인다."고 덧붙였다.

'새 출발을 전적으로 돕겠다.'고 한 나의 약속이 전부는 아니겠지만 이천술 군은 당일 오후에 자수를 했다. 인질극 발생 두 시간이 갓 넘었을 때였다. 사건이 끝나고 당일 석간이나 이튿날 조간은 온통 이 사건을 톱기사로 다뤘다. 나는 이천술 군을 돕기로 결심했고 내 의지를 전달했기에 연락을 기다렸지만 이천술 군은 어떤 연락도 없이 형무소에 수감이 되었다. 고민하던 가운데 나는 사건 당일 인질로 잡혀 있던 우리 대학 학생을 수소문해 만나 보았다. 인질로 잡혀 있는 동안 이천술 군과 얘기를 나눴는데 탈영이니 강도니 험한 일을 할만한 성격이 아니라는 증언을 했다. 탈영을 할 생각은 전혀 아니었는데 애인과 하룻밤을 보내고 귀대 시간을 넘기면서 일이 커졌다는 사연이었다. 얘기를 듣고 보니 이런 젊은이가 감옥에서 청춘을 보내면 더욱 좌절하여 진짜 범죄자가 될 수 있다는 생각이 들었다. 나는 그에게 가장 큰 상처가 된 '진학의 꿈', 즉 대학 공부를 시키는 것이 최선이라 믿었다. 내 생각을 솔직히 밝힌 편지를 이천술 군에게 보냈다. 희망을 가지라 격려했고, 내가 진심으로 돕겠다는 의지를 피력했다. 김 실장을 보내 면회도 하게 했다.

내가 직접 그를 만나기로 했다. 남한산성 육군교도소에서 춘천 육군교도소로 이감됐다고 했다. 그를 만나온 김상배 실장을 대동하여 이 군을 만났다. 깡마르고 초췌한 젊은이가 면회소로 나왔다. 그의 눈을 보며 대화를 나눴다. 얘기를 나누면서 속으로 '이렇게 온순한 청년이 어떻게 인질극을 벌이려 했단 말인가. 그건 천성이 아니라 상황에 내몰리고 쫓겨 이뤄진 비극적 해프닝이다'라는 심증을 굳힐 수 있었다. 무엇보다 용기를 주고 싶었다. 아직 희망이 있음을, 지금부터라도 얼마든지 새로운 삶을 만들어 나갈 수 있다는 희망을 주고 싶었다.

이 군을 만나고 돌아오는 차 안에서 김상배 실장과 대화를 나눴다.

"만나보고 나니 선량한 성격을 더욱 잘 느낄 수 있었어요. 이 군을 잘 지도하면 선량한 시민으로 사회에 유익한 사람이 될 수 있다고 확신합니다. 우선 이 군을 하루빨리 감옥에서 풀려 나오게 하고, 그 다음으로 대학에 진학시켜서 엔지니어로 키우면 취업도 쉽고, 동생들도 돌볼 수 있을 것 같아요."

김상배 실장도 내 말에 동의를 했다. 이미 김 실장은 내 지시로 경기도 북부에 있는 이 군의 고향집을 찾아가 모친과 형제들을 만났고, 형편을 소상히 파악하고 있었다. 우리 둘은 우선 형기를 단축시키려면 어떤 일을 해야 할까 궁리를 했다. 이 군의 형기는 징역 6년이었다. 인질과 택시 강도 혐의가 겹쳐 무거운 형을 받은 것이다. 젊은이에게 6년은 너무 길다. 자칫 감옥 속에서 사회에 대한 증오가 쌓이고, 범죄자에게 물들을 수도 있었다. 해결책은 유일했다. 법무부 장관을 만나 탄원하고, 설득하는 것이었다. 물론 대학 총장이라는 내 지위를 앞세워 내가 모든 일을 책임진다는 공약을 전제해야 했지만…

당시 법무장관은 황산덕 교수님이었다. 서울대가 배출한 최초의 법학박사이자 우리나라 법학계에는 법철학, 형법학 분야를 개척한 석학이기도 하다. 서울대 교수로 재직하며 우리 대학에도 출강을 해 나와도 오랜 교분을 쌓고 있었다. 황 장관님을 찾아갔다. 탈영병 이천술 군의 사연을 설명했다.

"순간의 잘못으로 부대를 이탈했습니다. 헤어지려 하는 애인을 설득하려 서울에 따라와 갈피를 못잡고 실수를 했는데 이로 인해 평생 불행한 생활을 겪게 되었습니다. 거기에 이 군이 없으면 홀어머니와 어린 형제들도 나락에 빠질 수 있으니 이를 막고 싶습니다. 가족들을 살펴보니 다들 선량한 농민입니다. 제가 돕겠습니다. 모친의 일자리도 주고, 두 동생은 학업을 이어 가도록 제가 재정 지원을 하려 합니다. 이천술 군도 장관님이 선처해 주시면 교도소에서 대입 예비고사지금의 수학능력 시험 같은 제도를 준비하도록 하고 돕겠습니다. 물론 대입에 성공하면 이 역시 제가 공부를 무사히 마치도록 뒷바라지 하겠습니다. 젊은이와 불쌍한 가족들의 미래가 걸린 일이니 꼭 장관님이 도와주세요."

진심으로 부탁했다. 황 장관님은 내 성품을 잘 아시는 분이라 내 마음을 충분히 이해하셨지만 쉽게 응낙을 하지 못했다. 형법학자로서 당연한 소신이 있지 않겠는가. 죄의 무게도 가볍지 않았다. 나 역시 한 번의 청원으로 풀릴 문제가 아니라는 것을 각오하고 있었다. 김상배 실장으로 하여금 계속 이천술 가족의 살아가는 일과 이 군의 반성하는 모습 등을 전하고, 감형을 청원토록 했다. 김 실장은 심지어 황 장관의 자택이 있는 혜화동까지 찾아가 여러 번, 간절히 부탁을 했다.

지성이면 감천이 아닌가. 황 장관님은 결국 이 군의 감형을 위해 몸소 여러 가지 일을 앞장서 주었다. 관계 당국을 찾아가 나 대신 설득도 하고, 완고한 군 관계자들에게도 부탁을 했다. 나약한 젊은이를 도우려는 황 장관님의 정성을 지금도 잊을 수 없다. 그토록 많은 분들의 선의가 모이고, 쌓였기 때문일까. 이 군에게 큰 선물이 다가왔다. 징역 6년의 중형이 2년 20일로 감형된 것이다. 그리고 1975년 성탄절에 이천술 군은 가족의 품으로 돌아갈 수 있었다.

나는 이 군을 불러 격려를 하고, 수시로 김상배 실장이

참회와 再起의 4年

人質亂動 前科씻고 專門校수석卒業

新丘전문교 李■군

"다시 태어난 각오로"

中學教師자격증도 따

"순간의 잘못으로 끔찍한犯行"

도와준 이웃위해 힘껏努力

사건 발생 4년 뒤 이천술 군은 전문대학 수석 졸업의 결실을 거뒀다. 이를 뒤에서 도운 장충식 당시 총장, 김상배 교수와의 인연을 다룬 미담 기사가 실린 지면.

이 군과 이 군의 가족이 사는 데 큰 어려움이 생기지 않게 지원하도록 했다. 옛 한남동 캠퍼스의 바로 옆에 있는 아파트를 얻어 가족들이 살도록 했다. 이 군이 거주하는 아파트는 자신이 탈영하여 인질극을 벌인 한일다방 건너편이고 매일 그곳을 지나쳐야 등교를 할 수 있었다. 나는 그가 매일 그 곳을 지나치면서 자신의 과거를 곱씹고, 미래에 대한 결의를 다지라는 뜻으로 그 아파트를 얻었다. 그저 사회의 저명 인사가 던진 공수표로만 알았던 내 약속이 하나씩 이뤄지자 이 군도 달라졌다. 형무소 안에서 대학 입시를 준비하더니 석방된 이듬해에 바로 전문대학에 입학을 했다. 삶을 바꾸겠다는 열정이 생기자 이 군은 열심히 공부를 했다. 2년 뒤에 이 군은 전문대를 수석으로 졸업했다. 측지기사와 중등교사 자격증도 취득했다. 2년 동안 감옥 생활을 하고 나온 직후 2년 만에 얻은 성과로는 결코 작지 않았다.

더욱이 이 군은 곧바로 우리 대학 토목공학과 편입시험을 치렀는데 이 시험에도 합격을 했다. 해당 학과 편입시험에서 최고의 성적을 받았다. 다른 대학이 아닌 단국대학을 진학한 이유에 대해 본인은 "총장님의 도움이 나를 얼마나 변하게 했는지, 내가 얼마나 좋은 일들을 성취하는지 가장 가까운 데서 보여 드리고 싶다."고 했다. 사실 누군가에게 도움을 주는 것은 그 자체로는 기쁨이 아니다. 그러나 청년을 기르는 일은 그 자체로 기쁨이다. 거기에 도움을 받는 청년이 이렇게 성장하는 모습을 보인다면 어찌 기쁘지 않겠는가. 이것이 교육하는 사람들이 얻는 최고의 선물인 셈이다.

그의 두 동생들이 고등학교를 졸업하자 나는 그 두 사람을 우리 대학의 직원으로 채용하게 했다. 한 사람은 우리 대학 법인 사무처에, 또 한 사람은 수위로 근무했다. 혹시나 과거 물의를 일으킨 사람의 가족이라는 것이 알려져 만의 하나라도 험담을 들을까 우려해 비밀을 유지했다. 교내에서도 개인적으로 두 사람을 아는 척하거나 아예 언급을 피했다. 이천술 군은 무사히 대학 공부를 마치고 우리 대학의 건축 및 설비 관련 업무에 종사하게 되었다. 당시 건설업이 호황기라 일반 회사에 취직하는 것이 어렵지 않았지만 이왕이면 그의 성실함이 대학 행정에도 좋은 성과로 연결되리라는 생각을 했다. 그렇게 3남매는 모두 직장인이 되어 안정된 삶을 가꿀 수 있었다. 나중에 이 군의 여동생은 뜻한 바가 있어 가톨릭 수녀가 되었다. 남동생은 직원으로 근무하다가 명예퇴직을 했다.

이천술 군은 전공에 맞춰 우리 대학의 건축 업무에 잘 근무했다. 나도 그를 믿고 많은 일을 시켰다. 적잖은 공사 현장에서 현장 관리와 기술 감독을 하더니 홀연히 대학 행정직을 그만두고 건축회사를 차렸다. 대학을 그만둘 때 작별 인사라도 있기를 바랐지만 무엇이 급한지 그동안의 여정을 정리할 틈도 없이 헤어지고 말았다. 내가 그에 대해 아는 척을 하면 할수록 자칫 과거의 아픔을 다른 이에게 노

출시키는 일이 될까 두려워 한 번도 이런저런 말을 하지 않고 마음에 묻어 두었다.

나중에 들으니 사업이 여의치 않게 풀려 다시 한 번 큰 시련을 겪다가 기독교에 의지해 신학대학을 졸업해 지금은 충청남도의 작은 교회에서 목회를 하고 있다. 그가 단 한 번도 안부를 전한 적이 없으니 아마 그로서는 자신의 과거, 나를 포함한 과거의 인연이 잊혀 지기를 바라는 것이라 짐작을 한다. 살아오면서 돌아보니 사람을 키우는 과정에서 내가 그 당사자를 위해 기울인 애정과 노고의 무게에 상응하는 애정이나 노고를 되돌려 받은 적이 별로 없는 것 같다. 그러나 서운하지는 않다. 어차피 우리는 그런 존재가 아니던가. 부모님께 받은 은혜도 제대로 갚지 못하고 별세한 뒤에야 회한의 눈물을 흘리는 존재가 바로 우리 인간들이다. 하물며 사회 속에서 맺은 인연이야 어쩌겠는가. 그저 폐를 끼치지 않고, 서로의 믿음을 잃지 않고 사는 것으로도 감사하게 생각할 일이다.

사람을 키우는 것은 보답을 받기 위해서가 아니라 그 사람이 받은 만큼 다음 사람에게 베풀어 주길 바라기 때문이다.

(2018년 11월 13일)

08

서미미 양

신앙과 사랑으로 뭉친 '경주 9남매'에게 준 선물들

벌써 20년이 된 건가. 1999년의 설날이었던 것으로 기억하고 있다. 집에서 휴식을 취하며 TV를 보고 있었다. 생활 정보를 중심으로 제작하는 프로그램이었는데 경상북도 경주시의 외곽에 살고 있는 가족이 사는 모습을 보여주고 있었다. 그들의 삶은 그저 휴식 삼아 화면을 바라보던 나의 가슴에 큰 감동으로 다가왔다.

화면에 나오는 가족은 부모님과 9남매로 이뤄져 있었다. 9남매 가운데 장녀가 열일곱 살인가 했고, 막내는 네 살 정도였던 것으로 기억한다. 20년 전이지만 흔치 않은 대가족이었다. 주소로는 경주시이지만 양남면이라고 울산시 방향으로 도심지에서 한참 떨어진 산골이었다. 당시 초등학교를 다니려 해도 5Km를 걸어가야 하는 궁벽한 농촌이었다. 그러다보니 농사를 한다지만 9남매의 생계를 꾸리기가 쉽지 않은 것이 당연한 일이었다. 먹고사는 일의 고단함이야 그렇다 치지만 내 마음에 와 닿은 점은 그런 시련이 아니었다. 그 시련 속에서도 푸르고 어여쁜 마음을 잃지 않는 부모와 자녀들이었다. 아이들은 모두 가족의 구성원으로서 자기가 할 일을 맡아서 씩씩하게 제 몫을 다하고 있었다. 부모의 일손을 덜어 드리려 농사부터 가사까지 뭔가를 감당하는 아이들의 모습은 지금보다 대가족이 많았던 20년 전이라지만 이미 각박한 도시 생활에 찌들었던 당시 사회상에 비춰 보면 맑은 공기를 호흡하는 느낌이었다.

더욱 대단한 점은 바로 9남매의 부모였다. 육아를 하며, 또 생계를 꾸리다보면 지치고 힘든 낯빛과 기색을 보여야 하는데 이들은 싱글벙글 밝은 웃음을 잃지 않고 있었다. 오히려 방송 내용 속에서 인터뷰를 하는데 "9남매 키우느라 힘드시지 않냐."고 묻자 "사실 13남매를 낳으려 했는데 사정이 여의치 못해 아쉽다."고 웃으며 답했다. 아이들의 미래에 대해서도 "사람은 다들 하나님이 주신 축복을 갖고 태어나는 법이니 미리 걱정할 일이 아니다."라는 소신을 밝히기도 했다. 세상을 모르고 하는 말이 아니라 생활 속에서 진실한 고민과 실천을 하는 과정에서 얻은 신앙의 결과라는 게 마음으로 다가왔다.

그런 점이 신선한 충격을 주었지만 내가 큰 감동을 받은 부분은 또 있었다. 산골의 어두운 밤이 가고 아침이 되자 한 가족은 밥상에 다 모였다. 아버지가 이끄는 대로 아이들은 모두 성경책을 중심으로 모여 앉아 기도를 하며 하루를 시작하는 것이었다. 작은 방에 밥상을 중심으로 둘러앉아 성경책을 놓고 기도를 하는 모습은 나의 가슴을 뭉클하게 했다. 소박하지만 그 속에는 든든한 신앙의 기둥과 어질고 착한 부모님, 그리고 온전히 사랑으로 축복받고 자라는 아이들의 진심이 담겨 있었다.

그 장면을 보면서 같은 기독인으로서 저 어린아이들이 부모님의 사랑에 더해 사회의 보살핌을 받도록 해야 한다는 사명감을 느꼈다. 저 아이들은 분명히 우리 사회에 유익한 사람이 될 것이라는 믿음도 있었다. 어질고 착한 부모님의 학비 부담을 덜어줘 9남매가 안심하고 공부하려면 장학금을 만들어야 한다는 데 생각이 미쳤다. 내 힘이 부쳐 대학까지 보장할 수는 없지만 고등학교까지 학비를 해결해 줄 수는 있을 것이다. 생각이 여기에 미치자 나는 이 프로그램을 시청한 데는 하나님의 뜻이 작용했다는 믿음이 생졌다.

이 무렵 나는 큰 시련을 겪고 있었다. 1995년부터 우리 대학의 서울캠퍼스를 지금의 죽전으로 이전하려는 사업을 개시했다. 하지만 외환 위기라는 미증유의 국가적 위기에 부딪혀 이전 사업 자체가 와해될 위험에 당면하고 있었다. 학교와 재단 모두 극도의 재정난을 겪고 있었다. 나는 기독교로 개종한 지 얼마 안 되었지만 매일 하나님께 기도를 하며 내 마음을 다잡고 있었다. 나와 우리 대학을 도와줄 힘이 간절히 필요했다. 누구를 돕기 이전에 내가 도움을 받아야 할 시련의 연속이었다. 하나님에게 매일 위기를 이겨낼 힘을 달라 탄원하던 그 시기에 하나님은 '나를 도와줄 사람'보다 '내가 도와야 할 사람'을 보내 줬다.

어질고 선한 부모는 TV에는 웃음을 잃지 않고 살아가는 모습으로 비췄겠지만 그들의 마음속에는 얼마나 큰 간절함이 있었을까. 9남매와 살아가면서 자녀들을 키울 걱정이 왜 없었겠으며 미래에 대한 불안이 왜 없었겠는가. 하지만 그들은 그 어려움 속에서 가족에 대한 존경과 사랑, 신앙에 대한 강한 의지로 서로를 부둥켜안으며 살아가고 있었다. 하나님은 나에게 그들을 만나고, 그들을 도움으로써 내가 누리고 가진 것이 결코 적지 않음을 깨닫게 해 주었다. 내가 가진 것을 나누고, 이를 통해 나의 부족함을 채우라는 것이 하나님이 내게 주신 해답은 아니었을까. 방송을 보고 나서 아내에게 "저 사람들을 돕겠어요. 저 아이들 학비를 지원해야 겠어요."라고 선언했다. 아내도 그런 나의 선언, 아니 약속을 기쁜 마음으로 격려해 주었다.

따지고 보면 그렇다. 사람은 늘 남이 가진 것을 부러워한다. 자기가 가진 것은 늘 부족하고 아쉽다며 하늘의 도움, 국가의 도움, 뜻밖의 행운을 기대한다. 이런 갈증으로 삶의 행복을 만들 수는 없다. 결국 우리는 그런 갈증으로 사막 같은 삶을 살다 가는 것이다. 오히려 그 반대로 자신이 가진 것을 감사해 하며 자신에게 남는 것은 남들에게 나눌 수 있는 마음을 가지면 오히려 삶은 좀 더 보람차지는 것이리라. 남을 돕는 일은 그래서 결국은 나를 돕는 길로 통하는 법이다.

방송을 보고 바로 다음날 나는 '경주 9남매 가족'에 대해 좀 더 자세히 알아보았다. 내 비서를 직접 현지에 보내 가족들을 만나고 고충을 들어 보라 했다. 9남매의 아버지는 서순필 씨당시 51세, 어머니는 이순남 씨당시 45세, 두 분은 독실한 기독인으로 신앙이 굳은 배필을 찾다가 오히려 혼인이 늦었다는 말을 들었다. 아버지는 청년 시절에는 고아원을 차려 고아들을 돕는 데 평생을 바치려는 꿈이 있었다고 한다.

9남매는 7남2녀로 형제 가운데 맏이인 장녀는 서미미 양당시 17세으로 울산시에 있는 외할머니 댁에서 고등학교를 다니고 있었다. 이어서 형제들이 줄을 이어 초등, 중등, 고등학교로 진학을 해야 할 시기가 왔다. 생계야 부모님들이 땀을 아끼지 않고 노동을 해 굶지 않는다지만 학비는 정말 마땅한 해결책이 없다는 보고도 함께 들을 수 있었다. 나는 아버지와 어머니에게 메시지를 전해 약속했다. "9남매 모두 고등학교를 졸업할 때까지 일체의 학비를 장학금으로 지원하겠습니다. 그리고 필요한 학용품도 지원하겠습니다."

그렇게 9남매와의 인연을 시작했다. 9남매에 대한 장학금 지원은 필요한 학비를 수합해 알려오면 계좌 이체로 전달하는 방식으로 진행했다. 나는 가능하면 부모님이나 9남매와 직접적으로 만나지 않으려 했다. 한창 자라는 나이이고 그 중에는 사춘기를 겪는 아이들이 계속 생기는데 잘못하면 도움 받는다는 느낌을 주는 것이 마음에 상처를 줄 수 있기 때문이었다. 그렇지만 장녀인 서미미 양과는 간헐적으로 편지를 주고받으며 소통을 했다. 나중에는 내가 이메일을 주로 활용하면서 서신도 이메일로 오고갔다. 서미미 양은 부모님만큼 독실한 기독교 신앙을 갖고 있다. 매사에 기도를 통해 진지한 성찰을 하고, 어릴 적부터 10Km가

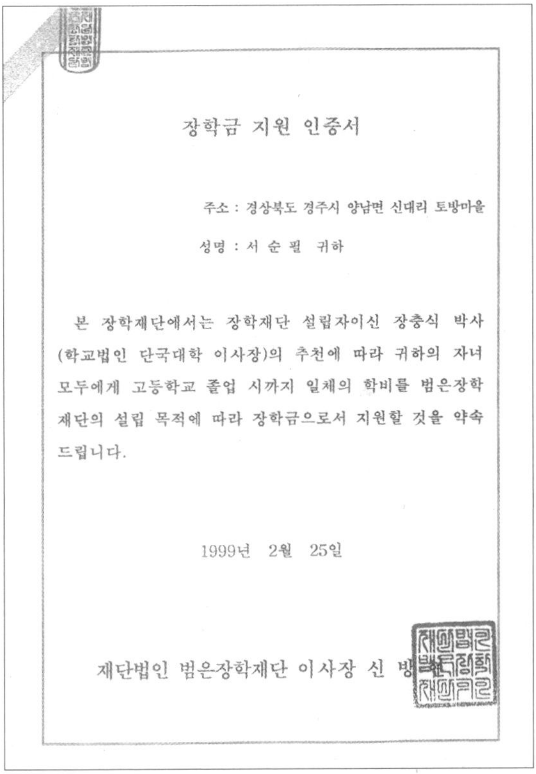

장학금 지원 인증서

주소 : 경상북도 경주시 양남면 신대리 토방마을

성명 : 서 순 필 귀하

본 장학재단에서는 장학재단 설립자이신 장충식 박사(학교법인 단국대학 이사장)의 추천에 따라 귀하의 자녀 모두에게 고등학교 졸업 시까지 일체의 학비를 범은장학재단의 설립 목적에 따라 장학금으로서 지원할 것을 약속 드립니다.

1999년 2월 25일

재단법인 범은장학재단 이사장 신 방

범은장학재단 설립자인 장충식 박사(당시 단국대학 이사장)는 미미 양을 포함한 9남매에게 고등학교 졸업 시까지 학비를 장학금으로 지원하겠다고 약속했다.

넘는 통학길을 걸어서 등하교를 하면서도 어린 형제들을 챙기며 부모님을 도왔다. 미미 양의 이런 인내와 어른스러움이 동생들에게도 영향을 미쳐 형제끼리 보이지 않은 유대감을 만들었으리라 충분히 이해가 됐다.

그런 미미 양에게 각별한 당부를 했다.

"미미 양이 대학에 진학을 해야 동생들도 희망을 갖고 분발할꺼야. 우리 대학에 진학하면 장학금도 지원할 테니 열심히 공부해요."

미미 양은 열심히 노력해 우리 대학을 입학하는 데 성공했다. 전공은 경영학을 선택했다. 나는 약속대로 미미 양에게 대학 학비도 지원했다. 거기에 더해 가정 경제가 어려워 별도로 주거 공간을 얻지 못할 거라 생각해 기숙사에 들어가도록 했다. 미미 양은 뛰어난 성실성을 보였다. 성적도 좋았지만 아르바이트를 하며 동생들을 돕기도 했다. 미미 양이 대학을 입학한 뒤 셋째도 우리 대학에 입학했다. 물론 학비를 지원했다. 여덟째도 우리 대학에 입학했다. 당연히 학비를 지원했다. 미미 양은 전공을 경영학에서 회계학으로 전환하더니 다시 대학원에 진학해 회계학 석사 학위도 취득했다.

착한 성품의 부모님이 기울인 정성 덕분이었을까. 9남매는 모두 대학에 진학했다. 그 중에는 우리 대학만이 아니라 서울에 있는 다른 대학에 다니는 동생들도 있었다. 그들이 서울의 어디에 기숙하며 학업을 잇겠는가 하는 걱정이 들었다. 그래서 2010년 하반기부터 2년 간 대학 재단이 소유하고 있는 아파트에 거주토록 했다.

다른 형제들도 근면 성실하지만 미미 양은 장녀로서의 사명감이 있어서인지 더욱 진지했다. 나는 그런 미미 양의 내면에 있는 책임감을 신뢰했다. 미미 양이 석사 학위를 받

장충식 이사장은 다른 도움을 줄 것은 없는지 서미미 양 가족들의 형편을 살피곤 했다. 이를 위해 당시 비서였던 송인석 씨(현재 캐나다 이민)가 학용품을 들고 현지를 방문하곤 했다.

왔다는 소식을 듣고 나는 미미 양에게 연락을 했다.

"다른 직장에 갈 거 모 있어요. 범은장학재단에서 회계 관리를 책임지라고."

범은장학재단은 내가 1990년에 설립했다. 우리 대학을 설립한 범정 장형 선생과 혜당 조희재 여사의 육영 의지를 기리자는 취지에서 사재를 털어 만든 장학 사업 전문 기관이다. 현재까지 7,900여 명의 학생, 교수들에게 68억여 원의 재정 지원을 해오고 있다이 글이 쓰여진 2019년 당시 통계임. 처음에는 단출한 규모였지만 업무가 복잡해지면서 전문적 회계 관리가 필요했던 시점이었다. 미미 양이라면 범은장학재단의 재정을 제대로 관리하리라는 믿음이 있었다. 그리고 지금까지 그 믿음은 한번도 깨지지 않았다.

이런 미미 양을 위해 나는 중국어도 공부하게 했다. 회계 전문가로 제 구실을 하려면 관련 법이나 행정에 대한 지식도 필요할 것 같아 사이버대학에 보내 행정법무학 전공으로 학사 학위를 하나 더 받게 했다. 또한 미미 양이 클래식 음악을 어려서부터 좋아한다고 들어서 아코디언과 피아노도 공부시켰다. 지금은 교회에서 반주 봉사를 할 만큼 발전을 했다. 평양 감사도 싫으면 못한다는 데 미미 양은 무엇이든 기회를 주면 특유의 성실성으로 앞길을 열어 가니 이런 것이 사람을 가르치고 키우는 교육의 기쁨이 아니던가.

최근에 미미 양의 부친께서 칠순연을 한다는 소식을 들었다. 문득 궁금한 마음이 들어 이제는 서 과장으로 부르는 미미 양에게 가족들의 근황을 물었다. 비단 미미 양만이 아니고 이들 9남매는 모두 대학을 나와 자신의 앞길을 개척하며 알찬 삶을 살아가고 있다. 둘째는 산업디자이너로 일하다 자신의 뜻이 요리에 있다고 선언하고 쉐프의 길을 걷고 있다고 한다. 셋째는 우리 대학에서 컴퓨터공학을 전공하고 쇼핑몰 운영 관리를 맡고 있다. 넷째는 경영학을 배우고 신학대학원에서 목회자의 길을 준비하고 있다. 다섯째는 사범대를 나와 지금 중학교 교사로 재직 중이라고 한다. 여섯째는 정치외교학을 공부하고 자산관리사로 일하고 있다. 일곱째는 정보통신 보안학을 공부해 프로그래머로 활약 중이다. 여덟째는 우리 대학 응용컴퓨터공학과를 졸업하고 학사장교를 지원해 대기 중이다. 아홉째 막내는 통계학과에 다니고 있는데 군복무를 위해 휴학 중이라 한다.

이들의 현황을 이렇게 짚어 보는 이유는 내가 했던 장학 사업이 맺은 결실을 자랑하려는 것이 아니다. 이렇듯 반듯하게 장성한 자녀를 둔 부모님, 그러니까 서순필 씨와 이순남 씨 부부의 기쁨은 얼마나 크고 자랑스러울지를 함께 공감하고자 함이다. 매일 그 작은 방에서 밥상을 놓고 둘러앉아 기도로 하루를 시작하던 가족들이 오늘날 이처럼 크고 풍성한 아름드리 나무로 자란 것이다. 하나님이 이들을 어떻게 사랑했는지를 알려 주는 증거이고, 시련과 고통을 인내와 기도로 극복한 두 부부의 보람이다.

이 풍성한 사랑의 가족에 내 성의가 함께 있었음을 나는 기쁜 마음으로 기억한다. 나는 미미 양의 하나뿐인 여동생 혜미 양의 결혼에 주례를 서기도 했다. 미미 양이 아버님의 부탁이라며 주례를 맡아 달라 했을 때 겉으로 드러내지는 않았지만 나 역시 자랑스럽고 기뻤다. 평생 서온 주례 가운데 가장 기분 좋은 주례 자리였다.

가끔 소식을 듣는데 9남매의 부모님은 지금도 기도로 하루를 시작한다고 한다. 두 분은 그 기도에서 하루도 거르지 않고 나와 내 아내의 건강을 하나님께 간구하고, 단국대와 범은장학재단의 발전을 기원한다고 한다. 어쩌면 거칠고 모진 바람이 불 때 내가 온전히 서 있는 힘은 이처럼 소박한 휴머니즘과 신의 가호 덕분은 아닐는지… 나 역시 '경주 9남매'의 행복과 부모님의 장수를 기도한다.

(2018년 11월 29일)

09

석두성 회장

달면 삼키고 쓰면 뱉는 고학생과 얽힌 애증의 인연

1957년 3월에 대학을 졸업한 나는 서울 명동의 증권가에 발을 내딛었다. 큰돈을 벌어 아버지의 육영사업을 돕고 싶다는 것이 동기였다. 또 하나는 내 나름대로 제대로 된 장학 사업을 하고 싶다는 꿈을 실현하고 싶어서였다. 내 나이 스물 대여섯 살로 한창 머리가 잘 돌아간다고 자부하던 때였다. 당시 명동은 한국의 돈이 몰리던 곳이었다. 증권사와 사채업자들, 거기에 암달러상까지 북적거렸다. 전쟁의 참극을 벗어나려는 신생 독립국가의 금융산업이 막 기지개를 켜던 요람이 바로 명동이었다. 당연히 나도 증권회사를 들어갔다. 당시 한창 잘나가던 대창증권 주식회사였다.

당시 증권회사의 돈벌이는 주식이 아니라 국채였다. 기업은 전쟁으로 시장이 다 무너진 판이니 제대로 된 회사가 없었고, 주식도 당연히 수익을 낼만한 형편이 아니었다. 핵심이 되는 투자 수단은 국가가 발행하는 채권, 즉 국채였다. 휴전 뒤 부족한 복구 자금을 융통하려고 정부는 5%의 이자를 보증하는 채권을 발행했다. 이 채권을 '5분리五分利 건국국채'라 불렀다. 이 채권은 발행 액면가에 비해 20% 정도의 가격으로 시장에 나오는데, 이를 갖고 있으면 거치기간 뒤에 두세 배, 만기인 5년이 지나면 다섯 배의 상환금에 이자를 챙길 수 있었다. 그러다보니 이 국채를 사려는 투자자들이 몰려 유통 가격이 수시로 오르고 내리는데 바로 이 틈을 이용해 거래 수익을 챙길 수 있었던 것이다. 특히, 요즘 증권이나 선물 거래에 이용되는 레버리지 효과도 활용할 수 있으니 작은 돈으로도 수십, 수백 배의 돈을 만들어낼 수 있었다.

나는 대창증권에서 국채 투자에 제법 능력을 발휘했다. 레버리지 효과를 활용해 굵직한 거래에 성공했고 당연히 큰 수익을 거뒀다. 1년도 안되어 나는 대창증권의 상임감사 역을 맡았다. 지금으로 치면 투자 거래를 조정하는 역할이었다. 그때 나와 같이 임원 직위에 있는 이들은 대체로 50세 정도였으니 나의 성과가 적지 않음을 알 수 있다. 나는 거기에서 한 걸음 더 나갔다. 증권에 머무르지 않고 본격적인 자본 투자 사업을 시작했다. 내가 세운 사업체는 홍이건설이었다.

전쟁이 끝난 뒤 건물이나 여러 시설들을 복구해야 했

(가號) 大韓民國政府 A 00534934

第一回 五分利建國國債證書

五百圓

一 이國債는發行年으로부터二箇年을据置하고그翌年부터三年內에償還한다

二 이國債의利率은年五分으로한다

三 이國債의利子는每年三月一日에그前一個年間에屬한分을支拂한다 但第一回分의利子는端數를計上치않이하고支拂한다

四 이國債의元利金은朝鮮銀行本支店代理店에서支拂한다

五 이國債의消滅時効는元金에있어서는五年利子에있어서는二年으로한다

六 이證券의引換登錄其他證券에關한取扱은朝鮮銀行本支店又는代理店에서한다

財務部長官

檀紀四二八三年發行

大韓民國政府 第一回 五分利建國國債證書 貳拾五圓 A 00534934

大韓民國政府 第一回 五分利建國國債證書 貳拾五圓 A 00534934

大韓民國政府 第一回 五分利建國國債證書 貳拾五圓 A 00534934

大韓民國政府 第一回 五分利建國國債證書 貳拾五圓 A 00534934

五 500 百

大韓民國政府 第一回 五分利建國國債證書 貳拾五圓 A 00534934

대창증권(주) 감사로 재직할 당시 명동 금융가들이 집중 거래하던 '5분리 건국국채'의 실물

기에 이런저런 건설 사업들이 줄을 이었다. 그러나 건설이나 설비 기술자들은 자본이 없었다. 그들은 명동에서 사업 자본을 구해 공사를 진행하고 대금을 받으면 빌린 돈을 갚았다. 이 과정에서 투입되는 대부금의 이자는 지독한 고율이었다. 공사를 진행해 이득이 나오면 보통 돈을 빌려준 대부업자가 70%를 갖고, 기술자들은 30%만 갖고 갈 정도였다. 나는 여윳돈을 여기에 투자했다. 물론 내 원칙은 달랐다. 나는 사업 이익의 30%를 갖고, 기술자들에게 70%를 배분했다. 대신에 공사 대금을 떼먹힐 염려가 없는 안전한 프로젝트를 갖고 오도록 했다. 또한 공사를 가져오는 기술자들의 인품도 살펴보았다. 신용과 기술력이 좋은 이들에게 자금을 융통해 주었다. 사기와 투기가 난무하던 시기였지만 '자본가 30%, 기술자 70%'라는 나의 사업 원칙이 건설 현장에서 인정을 받아 빠르게 돈을 벌게 해 줬다.

나에 대한 업계의 평가도 좋았고, 젊은 사람이지만 큰 사업가가 될 것이라는 칭찬도 많이 받았다. 26세의 청년이 구하기 힘든 미제 세단 승용차를 타고 다니며 아버지 벌의 연세를 가진 이들을 부하 직원으로 두고 사업했다. 다들 나를 청년 실업가라 불렀고 나 역시 이를 거부감 없이 받아들이던 시절이었다.

많은 돈을 만졌지만 나는 당시 사업가들 사이에 유행

하던 도박, 요정, 댄스 행락에 동참하지 않았다. 부친의 엄격함도 원인이었지만 처음부터 나는 사업의 목적을 장차 내 철학을 살린 장학 사업을 한다는 데 두고 있었기 때문이다. 오히려 대학 이사장으로 계시는 부친께 '용채'를 드리는 것이 기쁨이고 나름의 자부였다. 대학생이던 나에게 택시 운전기사의 조수까지 시키며 호된 가르침을 주시던 부친에게 용돈을 드리면서 나는 효자라는 칭찬을 받았고 그것이 내 보람이었다.

그렇게 바쁜 시간을 보내던 겨울이었다. 유난히 추운 날로 기억된다. 고등학생 모자를 쓰고 교복을 입은 학생이 우리 사무실에 들어왔다. 추위에 얼굴이 붉게 얼어 있었다. 장갑도 끼지 않은 채 돌아다녀서였는지 손도 붉게 얼어 있었다. 교복 윗주머니에 명찰이 있는데 '석두성'이라는 명찰이 붙어 있었다. 얼굴이고 손이고 너무 추위에 얼어붙은 듯한 행색이어서 아마 밖이 너무 추우니 난롯불에 몸이라도 녹이려 들어왔나 보다 하고 일부러 시선을 돌리려 했다. 그런데 학생은 머뭇거리며 뭔가를 말하고 싶은 표정이었다.

"추워서 들어온 게 아닌가 보네?"

내가 묻자 학생은 용건을 밝혔다.

"저... 도장이나 명함 주문을 받으러 왔어요."

"교복을 입은 걸 보니 학생 같은데, 고등학생이 낮인데 학교는 안 가고?"

"저는 선린상고 다녀요. 야간부라 밤에 학교 가니까, 낮에는 이걸로 돈을 법니다."

고학생苦學生인 셈이었다. 당시에는 일하면서 학교에 다니는 고학생들이 적지 않았다. 그래도 우리나라에서 가장 화려하다는 명동에서 이렇게 힘들게 일하며 배우는 학생을 만난다는 것은 특이한 일이었다. 기특하다는 생각과 불쌍한 마음이 들어 내력을 물을 수밖에 없었다.

"6·25사변한국전쟁 나고 아버지가 좌익으로 몰려 총살을 당했어요. 어머니는 여주와 이천에서 참기름을 사서 동네에 찾아가 팔아 형제들과 생계를 꾸리고 있습니다. 형제로는 여동생과 남동생이 있는데 학교에 다니지 못하고 있어요. 나 홀로 서울에 와서 야간부를 다니고 있는데 일을 해서 스스로 생활비랑 학비를 해결해야 합니다."

학생의 얘기를 들으며 나는 이상하게 이 학생을 도와야 한다는 생각이 들었다. 아버지 없이 혼자 생계를 해결하면서 공부를 하려는 노력이 꺾일까 두려운 마음도 들었다. 얘기를 듣자마자 집으로 전화를 해 아버님과 어머님께 사전 승낙을 받고 아내에게도 사전 통고를 했다. 그리곤 퇴근길에 이화동에 있는 내 집으로 데리고 갔다. 집에 남은 방이 있어서 혼자 사용하도록 했다. 석두성 군에게 내 계획을 밝혔다.

"당장 내일부터 명함이나 도장 주문 받으러 다니는 행상은 그만두거라. 내가 우리 회사에 사환으로 채용하도록 할 거야. 상고에서 공부 열심히 하면 더 좋은 일자리도 생기고, 아니면 네가 원한다면 대학 공부도 할 수 있어. 그리고 두 동생들에게도 말해라. 이번 봄이 오면 서울로 와서 야간 학교에 다닐 준비를 하라고 해. 일자리는 내가 알아봐줄 테니 3남매가 같이 일하면서 공부해서 차례로 취직하고 서로 도와주면 어머님도 편해지실거야."

내가 말한 계획대로 하나씩 풀어갔다. 두성 군을 사환으로 채용했고, 두 동생도 봄에 신학기가 시작하면서 야간 학교에 입학을 시켰다. 여동생은 아버지께 청원을 해 단국대학 재단의 상무이사실에서 사환으로 일할 수 있도록 했다. 석두성 군은 고등학교를 졸업하자 단국대학 야간부 상학과에 입학하였다. 학교 밖에서 일하면 공부에 지장이 있을 수 있어 대학 도서관에서 직원으로 일할 수 있도록 도와주었다. 석두성 군은 4년간 낮에는 대학 직원으로, 밤에는 대학생으로 착실하게 공부를 마쳤다. 두 동생들도 똑같이 일하고 배우면서 성장했다. 석두성 삼남매가 모두 힘과 마음을 합쳐 여러 해 동안 월급을 꼬박꼬박 받아서 저축한 덕분에 어머니도 행상을 안하고 서울로 모시고 와서 함께 생활할 수 있었다.

나는 석두성 군을 대학생으로 만든 뒤 '청년 실업가' 생활을 접기로 했다. 앞서 말한 국채 매매 사업이 자유당 정부의 강제로 인해 일대 파동을 겪어야 했고, 이 과정에서 하루아침에 대창증권이 파산하고 말았다. 정부의 파행적 정책, 권력에 의해 좌우되는 후진적 경제 구조에서 기업이란 모래성과도 같은 허무한 일이라는 자각도 했다. 기업을 키우려면 권력을 섬기고, 돈 벌 일을 찾으려면 도박이나 술집을 출입해야 한다는 풍토도 나와는 맞지 않은 일이었다. 증권사업을 정리한 나는 학계 진출로 내 삶의 방향을 재정립해 고려대학교 대학원 사학과에 입학하여 학업에 전념하고 있었다.

반면에 석두성 군은 대학을 졸업하더니 자신의 경제적 발판이었던 대학 직원직을 떠나 증권 회사로 전직했다. 고교 동창의 권유가 있었다는 데 증권업계가 아무래도 돈을 벌고 출세하기가 빠르다는 이유에서였다. 그는 대학 교직원으로 근무한 경력이 있어서 증권회사 정식 사원으로 취업이 되었다. 그가 몇 년의 세월이 흘러 제법 정사원으로 활동할 수 있을 쯤 나를 찾아와서 자기네 증권회사에 투자를 할 사람을 소개해 달라고 부탁을 했다. 증권회사는 당시만 해도 사원이 성장하려면 굵직한 투자 자금을 유치하는 것이 필수적인 과정이었다.

나는 기꺼이 내 장인을 소개해 주었다. 내 장인은 석두성 군이 우리 집에서 여러 해 동안 숙식을 하면서 가족처럼 지냈기 때문에 그를 믿고 상당한 금액을 투자하였다. 결과적으로 내 장인의 투자는 쪽박을 찰만큼 결정적인 실패가 되고 말았다. 석두성 군은 장인을 자기 증권사의 고객으로 유치한 것이 아니라 장인의 돈으로 자신이 직접 투자를 한 것이었다. 장인의 투자는 해당 증권회사와 무관한 개인의 문제가 돼버렸다. 그나마 석두성 군이 투자한 종목이 사고가 생겨서 홀딱 망하고 말았다. 그 바람에 내 장인의 투자금은 하나도 남는 것이 없이 손해를 보고 말았다.

그뿐만이 아니라 증권회사의 공금을 유용하여 사고가 발생하는 바람에 회사에서 쫓겨나고 말았다. 나는 이런 사실을 전혀 몰랐다. 결국 장인 어른의 피땀 어린 자산을 사기꾼에게 갖다 바치도록 유도한 셈이 되었다. 석두성 군의 해직도 회사에 연락하고서야 알 수 있었다. 석두성 군을 만날 수가 없었다. 그는 나를 피하고 있었다. 그가 학교를 떠나 증권회사로 옮겨가서 성공하기를 빌었건만… 그가 근무하던 회사를 찾아가 들어 보니 회사 공금을 횡령한 죄로 따귀를 맞고 쫓겨났다는 말에 탄식을 감출 수 없었다. 그 회사 간부에게 물어 보았다. 공금을 횡령했으면 왜 회사에서 고소하지 않았느냐고. 그 간부는 석두성 군이 회사 사장의 이종사촌과 결혼했기 때문에 고소할 수 없었다며 분통을 터뜨렸다. 배신감에 분통이 터졌다. 하지만 내가 그를 동생으로 삼아 공부시키고 대학 직원으로 취업을 시켰으면 끝까지 붙잡고 인간 교육을 시켰어야 했는데 이를 이루지 못한 것이 나의 죄라고 자성했다. 그리고 장인에게 용서를 빌고 석두성 군을 믿고 거액을 투자한 전액을 변상해 드렸다.

석두성 군이 일국증권에서 해직당하고 전혀 소식이 없었다. 우리 집에서 숙식을 같이 하며 내 동생처럼 지냈는데 내 장인의 노후 자금을 송두리째 가로챈 것을 생각하면 마음이 아프기도 했다. 그렇게 1, 2년이 흘렀다. 소식 한 줄 없던 석두성 군이 나를 집으로 찾아 왔다.

"아니 이런 배은망덕한 놈이 또 무슨 일을 하려고 왔어?"

분한 마음에 야단을 쳤다.

그는 무릎을 꿇고 울었다.

"죽을죄를 지었습니다. 한 번만 용서해 주십시오."

옷은 남루했고 구두도 신지 못하고 헌 고무신을 신고 왔다. 밥도 제대로 먹지 못하고 영양실조가 생긴 듯 얼굴이 반쪽이 되었다. 그런 행색을 보니 화가 치밀다가 가엾은 생각이 나서 그간의 경위를 물었다. 자기 딴에는 개인적으로 회삿돈과 내 장인의 돈을 이용해 주식에 투자하여 성공하면 이익을 더해 돌려주고 자신의 이득을 취하고자 했는데 실패하는 바람에 회사마저 쫓겨난 것이다. 2년 만에 초라한 그의 모습을 보자 그에 대한 증오심보다는 가여운 생각이 들어서 용서하기로 결심하였다.

인간은 누구나 실수를 저지르기 마련인데 이로 인해 인생 전체가 실패로 내몰려서는 안 된다고 격려했다. 오히려 이번 일로 반성하고 새사람이 되기를 당부하였다. 석두성 군을 용서하고 다시 우리 대학의 재무처 직원으로 복직을 시켰다. 학교를 등지고 떠난 자를 복직시키는 데에 일부 간부들의 반대의 여론도 들끓었다. 재기의 기회를 주자고 고집하여 채용하였다. 복직한 그는 열심히 일했다.

그 무렵 한국의 대학들은 시설과 학생 정원을 확장하는 데 주력하고 있었다. 내가 학장으로 취임해서 종합대학 총장으로 승진하는 기간이 불과 70일밖에 걸리지 않았다. 당시 사학의 재정 형편은 철저히 재학생 규모에 좌우되었다. 학생 수가 많아야 그들이 내는 등록금으로 교사도 짓고 교수도 많이 채용할 수 있었다. 규모가 큰 대학이 명문 대학으로 인정받는 분위기였다. 학장 취임 직후의 단국대학 학생 수는 1천2백여 명으로 전국 4년제 대학 가운데 꼴찌에서 두 번째였다. 교직원 수는 60여 명이었다. 나는 교세를 확대하는 방향으로 정책을 세우고 어느 대학보다도 교세 확충에 주력했다. 사학 최초로 천안캠퍼스를 설립하여 학생 정원을 확충했다. 어떻게든 대학의 외형을 확충하여 다른 대학에 비견하는 수준으로 발전하자는 의지로 몸부림을 쳤다.

당시 학생 수는 급속도로 증원되었지만 학생이 납입하는 등록금 가운데 교사와 대지를 마련하기 위한 재원으로 쓸 수 있는 돈은 등록금 전체의 20%를 넘지 못했다. 당연히 은행의 융자나 급하면 사채도 필요했다. 교수나 직원들은 대학이 욱일승천의 기세로 발전하는 데는 기뻐했지만 자금을 마련하는 문제에서는 대부분은 나 몰라라였고 성의도 능력도 없었다. 10년이 넘는 간절한 노력 끝에 사립대학 중 학생 수로는 5위권에 올라설 수 있었다. 이같은 괄목할 만한 성장을 이루기 위해 필요한 자금을 마련하는 데 가장 크게 협조해 준 직원이 석두성 군이었다.

종합대학 승격, 천안캠퍼스 설립 등 대학이 발전하면서 20년의 세월이 흘렀다. 석두성 군은 나를 도와 열심히 일했고 직위도 재무처장까지 승진하였다. 한때는 법인과 대학의 재무처장을 겸직하여 다른 이들의 시샘을 받기도 하였다. 사실 법인과 대학은 재정적으로 분리하도록 사립학교법이 규정하고 있다. 더해서 법인은 대학의 재정 운용을 감사하는 것이 주요 업무이기도 하다. 나는 이같은 법률적 우려를 감안해 법인 사무처 처장 겸직이 곤란하니 하나는 내놓고 일하라고 했다. 석 처장은 그것이 섭섭하였던지 사표를 제출했다.

내가 만류하자 그는 "학교가 아니더라도 먹고 살 수 있다."면서 "나가서 내 사업을 하겠다."고 고집했다. 생각을 다시 하라며 사표를 만류했지만 자신의 결심은 변함이 없다고 하여 결국 학교를 떠났다. 그가 떠나고 나서 그를 아는 사람들은 석두성 처장이 이미 경기도 포천군당시는 시 승격 전이었음에 스키장을 세우려 10여만 평의 임야를 샀다는 소문을 들려 줬다. 1980년대 들어 정부의 스포츠 육성 정책이나 소득 증대에 따른 스키 인구 확대에 힘입어 스키장 사업이 한창 인기를 끌고 있었다. 그가 믿는 바가 무엇인지를 짐작할 수 있었다. 고학생에서 대학 직원이 되어 증권회사 직원이 될 때도 훌쩍 떠났다가 장인의 돈까지 날려 먹고 결국 고무신을 신은 채로 울며 도움을 요청해 받아줬는데 또 "학교가 아니라도 살 수 있다."며 떠나다니… 서운한 마음이야 어찌 없겠는가. 그래도 부디 꿈꾸는 사업이 잘 되기를 비는 수밖에 없었다.

석 처장은 다시 나에게 왔다. 도와 달라는 말을 하기 위해서였다.

"산을 사서 스키장을 만들면 큰 수입이 생기리라 생각하고 관청에 허가 신청을 냈지만 허가가 나지 않았다. 스키장 개장을 허가받기 위한 신청서는 다 반환되었다. 결국 허가를 내줄 수 없다는 것이 정부의 방침이었다."는 것이 그의 고백이었다. 결국 나를 찾아와서 자기가 사 놓은 산에 스키장이 개장되는 허가를 얻는 데 도와 달라고 사정을 했다. 이게 무슨 인연이던가. 그의 과거, 그리고 최근 나에게 몰인정하게 대하며 떠난 일을 생각하면 다시는 그를 상대하지 않으려고 결심했건만…

"그래 그 어려운 고학생이 이제 사업가가 되려 큰 도전을 한다는데 도와야지. 학교에 사표도 냈는데 이 일이 안 되면 망하는 일이 아닌가. 나도 한때 청년 실업가로 큰돈을 벌겠다는 야망을 키운 적이 있지 않던가."

결국 결심을 허물고 그를 돕는 일에 발을 내딛었다. 만나야 할 사람, 내 자존심을 굽히고 부탁을 해야 할 사람들이 많았다. 장관급 인사와 현직 장관만 해도 일곱, 여덟 명을 만나야만 했다. 석두성 전 처장이 만나자 한다고 면담이 이뤄질 수 없는 일이었다. 나는 경기도 지사를 비롯하여 내무부 장관, 건설부 장관, 국방부 장관, 산림청장 등을 한 달 사이에 찾아다녀 모두 만났다. 면담을 하며 스키장의 당위성을 설득해 허가를 내주도록 구두 약속을 받았다. 그들은 나와 단국대학이 오래 전부터 많은 스키 선수와 스케이트 선수를 양성한 한국 동계 스포츠의 개척자라는 점을 인지하고 있었다. 이런 오랜 노력이 쌓여 우리나라가 국제 동계 스포츠 무대에서 국위를 선양한 기반이 되었음을 인정하여 스키장 허가를 해 준 것이다. 1985년에 결국 석두성 전 처장은 스키장 사장이 되었다.

내 공덕을 잊지 않겠다며 석 사장은 스키장 이름도 단국대의 상징 동물인 곰을 빌어 베어스 타운Bear's Town이라 이름 지었다. 자기는 그런 뜻이라 했지만 정작 나는 '베어스 타운'이 단국대를 연상시키면서 단국대학에 소유권이 있는 양 오해를 받기도 했다. 특히, 이런 오해가 루머로 변질되어 정보부나 사정 기관에서 내가 베어스 타운의 숨은 소유주이니, 대학 총장이 무슨 돈이 있어 스키장을 세우느냐며 비밀리에 조사를 했다는 소문도 있었다. 물론 석 사장은 감사의 표시로 나에게 개인적으로 주식을 증여한다고 말하기도 했다. 그러나 그런 선물을 받을 내가 아니었다. 그런 대가를 받으려 사람들을 설득하고 내가 키운 사람에게 주식을 받을 일이 있겠는가. 정보기관의 뒷조사는 그저 루머를 확인하는 데 그치고 말았다.

석두성 사장의 사업은 그 뒤로 순조롭게 발전했다. 서울에서 멀지 않은 거리라는 강점이 스키어들을 불러 모았다. 이에 힘입어 스키장 내에 콘도를 지어 분양을 했는데 이것이 인기를 끌면서 회사 규모가 한 단계 도약을 했다. 돈이 잘 벌리자 그는 석두성 회장으로 위상을 높혔다. 그리고 나에게 은혜를 갚겠다면서 콘도를 선물하겠다 했지만 역시 거절했다. 석두성 회장의 이런 선물을 거절할 때 마다 "사업이 잘되면 나보다 자네가 성장하는 데 발판이 된 단국대학의 학생들에게 장학금을 많이 주는 게 나를 돕는 길일세."라고 당부하곤 했다.

석두성 회장은 대신에 베어스타운 회사의 주식 20%를 우리 대학에 기부하고 1990년도에 우리 대학이 미국 오리건주 애쉬랜드시에 동양문화연구소를 설립할 때에 5억 원을 기부하였다.

더욱 큰 회사로 성장했으면 좋겠지만 그의 포부는 제

프로등 80명 강사진 '스키사관학교' 명성

베어스타운 스키장

걸음마부터 활강까지 교육다양
상급자코스 3개면 '국제공인'
400m 눈썰매장 국내최대 자랑

베어스타운 스키장을 소개하는 1990년대의 신문 기사. 한때 서울과 가까운 거리의 이점을 살려 호황을 누렸지만 무리한 사업 확장으로 다른 회사에 매각을 해야 했다.

대로 이뤄지지 않았다. 그는 사업이 잘되자 건설업에도 진출했다. 특히 일본에 있는 골프장까지 인수하였는데 골프장 근처의 화산이 터졌다. 이로 인한 화산재가 매일 골프장에 쌓이는 바람에 결국 영업이 안 되어 큰 적자 부담을 지고 말았다. 건설사도 국가적 재정 위기가 닥치자 극심한 불경기에 휩싸이면서 도산의 길에 접어들었다. 이 과정에서 그가 인수한 건설 회사는 우리 대학 교사 신축 사업을 하청 받기도 했으나 재정난이 겹치면서 결국 우리 대학에도 피해를 미치고 말았다. 사람은 어려운 형편에 맞닥뜨려야 진면목을 알 수 있다고 했다. 그 몇 년의 사태 진행에서 석두성 회장은 우리 대학에는 피해를, 나에게는 실로 견디기 힘든 실망을 주었다.

재물은 쌓았다가 물거품처럼 사라질 수 있다. 그러나 사람이 주고받은 은혜와 신의는 그렇게 가볍게 던질 수 있는 것이 아니다. 그는 유리하면 등을 돌리고 불리하면 찾아와서 도와 달라고 사정했다.

그런 석두성 회장이지만 그는 우리 대학의 역사에 중요한 계기를 제공하기도 했다. 우리 대학이 신캠퍼스 건설 사업을 착수하려는 시점에서 가장 중요한 전제 요건은 대학 부지를 확보하는 것이었다. 이때 이 부지를, 그러니까 지금의 죽전캠퍼스 부지를 매입하도록 알선해 준 이가 바로 석두성 회장이었다. 그러고 보면 내가 1957년에 명동에서 맺은 고학생과의 작은 만남이 나에게 마냥 아픔만 준 것은 아니었던 셈이다.

아무튼 1990년대 후반 이후 몇 번의 부침을 겪다가 석두성 회장이 세운 회사는 이랜드라는 회사로 매각되었다. 후일담이지만 매각을 했는데 제대로 대가를 받지 못해 그 충격으로 병석에 들었다는 전언을 듣기도 했다. 주식을 매각하면서 우리 대학이 소유했던 베어스타운의 주식도 20%에서 단 1주로 줄어들었다고 한다. 나는 그것이 나와 석두성 회장의 40년에 걸친 인연의 상징이라 생각한다. 어린 고학생으로 나와 같이 살며 성장을 했지만 인간적 의리보다 이재에 매몰되어 소중한 인연을 1주의 주식처럼 가볍게 날려 버린 인생 여정.

가만히 자신에게 되물어 볼 일이다. 지금의 나에게 베풀어진 호의와 선의, 그리고 하늘이 주신 도움을 우리는 너무 쉽게 잊고 사는 것은 아닌지…

(2018년 12월 18일)

10

김상현 의원

'졸업장 없는 동문' 정치인의 소중한 우정

후농 김상현 의원의 1주기가 다가온다. 지난 2018년 4월에 후농은 별세했다. 아는 사람이 많지 않겠지만 후농은 나에게 매우 각별한 정치인이었다. 후농과 나는 단국대학을 통해 인연을 맺었고, 정치인 중에서 나와 가장 친한 친구 같은 정치인이었다. 후농은 재치 있고 유머러스한 성격에 감성이 풍부한 사람이었다. 6선 의원으로 한국 현대 정치를 이끈 거물이고 6월 항쟁을 이끌어낸 전략가이자 김대중 대통령의 대표적 참모로 인정받았지만 인생 후반기에는 김대중 대통령을 배신했다는 비난을 받으며 관계

6월 항쟁의 핵심이었던 '민주화추진협의회' 결성은 김대중, 김영삼 두 거물 정치인의 협력이 이뤄낸 선물이었다. 이 정치적 단합에 김상현 의원은 결정적 연결고리 역할을 했는데 이 점이 바로 김 의원 특유의 친화력을 잘 보여 주는 대목이다.

가 멀어지기도 했다.

후농을 처음 만난 것은 내가 우리 대학 학생과장으로 재직하던 시절이었다. 4월 혁명이 일어난 뒤로 대학가가 뒤숭숭하고 학생들도 들떠 있던 시절이었다. 어느 날 학생회 간부들이 허름한 복장을 한 청년을 잡아와 내 앞에 데려왔다. 학생회 간부들의 말인 즉 "이 놈이 우리 대학을 돌아다니며 등록금도 안 낸 주제에 강의를 듣고 있어서 잡아 왔다."는 것이다. 말하자면 도둑 수강을 한다는 것인데 당시만 해도 우리 대학 학생이 워낙 적어서 낯선 학생은 쉽게 구별이 가능해 학생들의 의심을 받게 된 것이다. 대학을 안

다니면서 대학생인 척하며 사기나 절도를 하는 사건도 잦아서 '대학생 사칭'은 꽤나 험악한 치도곤을 당할 수도 있었다.

주먹질이라도 할 기세인 학생회 간부들을 말리고 직접 내력을 들었다. 잡혀온 청년은 "자신은 조실부모를 하고 고학을 하며 학업을 이었는데 결국 고등학교를 못 마쳤고 집이 너무 가난해 대학을 못 갔지만 공부가 하고 싶어 도강을 했다."며 차분히 설명을 했다. 말을 듣다보니 무작정 우리 대학을 도강한 것이 아니었다. 재학생 중에 이 젊은이와 가까우면서 나와도 가깝게 지내는 학생들이 있었다. 그러면서 말하기를 "나는 정치인을 꿈꾸고 있는데 단국대 정치학과 모 교수의 강의를 꼭 듣고 싶었다."며 "마침 정치학과에 친구가 있어서 그를 따라와서 강의를 들었다."고 밝혔다.

그 친한 학생은 김혁동이라고 당시 웅변으로 전국 대회에서 우승을 많이 해 유명한 학생이었다. 말을 듣다보니 그 자신도 웅변이 능해 상을 받기도 했다는데 말하는 품이 구수하고 솔직했다. 꾸밈없이 자신의 포부를 밝히며 자신의 어려운 처지를 비관하거나 부끄러워 하지 않는 자세에 인정이 끌렸다. 나는 그를 돕기로 했다. 그를 교무과장에게 데려가 소개시켰다. 교무과장을 설득해 비록 학점을 받지는 못하지만 원하는 강의를 듣게 해 주도록 했다. 당시 실행중이던 청강생 제도를 빌려서 '비공식 청강생'으로 정치학과 강의를 들을 수 있게 해 준 것이다.

이 비공식 청강생이 바로 나중에 김대중 대통령과 김영삼 대통령을 민주화추진협의회로 묶어 직선제 개헌을 만들어내고 민주당 부총재를 지낸 김상현이었다. 당시 내 나이 29세였고 김상현 의원은 26세였다. 자주는 못 만났지만 나이가 비슷한 탓에 같이 밥 먹고 술 먹는 일이 어렵지 않았다.

이렇게 시작된 인연이 새롭게 굵은 가지를 치기 시작한 것은 그가 국회의원이 되면서부터다. 1965년 한일국교정상화가 이뤄지는 과정에서 야당 의원이 항의를 위해 사퇴를 하는 사건이 있었다. 이로 인해 실시한 서대문 갑구 보궐선거에 후농이 당선되었다. 그의 나이 30세 때의 일이니 그는 하루아침에 정치계의 스타가 된 셈이었다. 특유의 웅변 실력이 알려지며 연설 잘하고, 패기 있는 국회의원으로 소문이 나기 시작했다. 국회의원으로 변신한 지 얼마 안 된 시간에 그는 나를 찾아왔다. 비공식 청강생을 시켜 준 나에게 고맙다는 말을 하고 싶었다고 했다. 국회의원이라 해도 가난을 떨치지 못해 그가 밥살 일은 없었다. 그는 술을 좋아했고, 주량도 상당했다. 나는 술을 즐기지 않는데 후농의 술자리는 피하고 싶지 않았다. 그도 술이 마시고 싶

1990년 통일민주당의 김영삼 총재가 3당 합당을 기습적으로 선포하자 같은 당의 노무현 의원과 김상현 의원이 격렬히 항의하는 장면.
노무현 의원이 대통령으로 가는 중요한 정치적 변곡점인 "이의 있습니다."라는 항의로 비롯된 탈당 과정에서 김상현 의원도 동행했다.

으면 나를 청했다. 그저 같은 시대를 살아가는 젊은이로서 부담 없이 살아가는 얘기를 하는 데 서로 잘 맞았기 때문이었다.

후농은 남에게 부담을 주는 성격이 아니었고 정이 많았다. 술좌석에서도 농담과 만담을 잘해서 함께 자리를 한 사람들을 즐겁게 해 주었다. 특히 그는 남도창을 구성지게 잘 불렀다. 그와 자리를 함께 하면 술값은 내가 부담하였다. 가난에 쫓겨 살아온 그의 내력을 비교적 잘 아는 나로서는 박정희 군사정권에 대립각을 세운 야당의 초선 의원에게 특별한 기대를 걸 수 없다는 점을 잘 알고 있었다. 다만 그저 그의 의지가 정계에서 시들지 않길 바라는 기대를 담아 술값을 냈던 것이다. 물론 술자리를 파하고 헤어질 때면 "장 총장에게 진 빚은 꼭 갚아야 겠다."고 입버릇처럼 장담을 하곤 했다.

당시 우리 대학은 큰 시련을 겪고 있었다. 군사정부가 이사장으로 재직 중이던 내 선친을 반혁명 분자로 낙인 찍고 주간부를 폐교했다. 이로 인해 학교 존립이 어려울 만큼 교세가 오그라들고 극심한 재정난이 왔다. 설립자이신 범정 장형 선생은 낙담하여 병고에 시달리다 별세를 했다. 나는 학장으로 발령받았다. 내 나이 35세 때의 일이다. 1966년 11월, 학장으로 취임하자 나는 단과대학인 단국대학을 종합대학으로 승격시키겠다고 공언했다. 쪼그라든 우리 대학의 현실을 극복할 유일한 대책이 종합대학 승격이라고 믿었다. 졸업생이나 재학생 모두의 숙원이 종합대학 승격이었다.

종합대학 승격은 문교부교육부 전신의 소관이었다. 그러나 장관의 결재를 받아도 국무회의를 거쳐야 할 만큼 중대한 사안으로 취급되고 있었다. 대학의 명운이 달린 문제이고 지역구에 대학을 둔 국회의원들도 직간접으로 이해관계가 얽혀 있어서 국회의원들의 협조도 필수적이었다. 나는 종합대학 승격을 공언한 뒤 매일 문교부를 찾아가서 주무 부서의 계장, 과장, 고등교육국 국장을 만나 민원을 들어 달라 호소했다. 국회의 도움을 받고자 문교부를 소관하는 문공위원회의 여당 간사로 있는 김종호 의원과 위원장인 이돈해 의원을 하루가 멀다 하고 찾아갔다. 두 분 모두 무난히 지원을 약속받았다.

일이 잘 풀리는 듯 했지만 정작 종합대학 인가의 실무적 최종 결재권을 가진 문홍주 장관을 만날 수가 없었다. 일을 착수한 지 한 달이 다 되어 가는 12월이 왔다. 해가 바뀌면 대학 입학 정원이 조정되고, 교육부 관료의 보직도 변화하고 그러다보면 우리 대학의 민원은 이리저리 치이다가 무산되고 말 가능성이 높았다. 애가 탄 나는 문홍주 장관 면담을 몇 번이나 신청했지만 허락 답변이 없었다. 오히려 문교부 차관의 결재가 난 승인 서류를 장관이 거부해 책상에 잠들어 있다는 전언을 들으니 실망이 더 클 수밖에 없었다. 문 장관을 만나야 한다는 일념으로 나는 이리저리 수소문을 하고 도움을 요청하다 서울대 사대 입학 동기의 도움으로 문홍주 장관 집을 방문하게 되었다. 나는 장관 부인의 호의로 안방에 들어갈 수 있었다. 문 장관을 보고 대뜸 큰

절을 올렸다. 그리고 말을 꺼내려 했다.

그러나 아침 식사 중이던 문 장관은 나를 보자마자 숟가락을 탁 놓으며 "당신 장 학장 아냐. 학장된 지 한 달밖에 안돼 총장 직을 하고 싶어 이 난리를 피는 거요. 국회의장님이 나에게 대구대를 종합대학으로 승격해 달라 했지만 거절한 나요. 주간부 복구한 지 1년밖에 안된 단국대가 종합대로 승격하면 다른 대학이나 청탁을 한 정치인들이 다 원수가 되는 건데 내가 단국대만 결재를 할 수 있겠소?"

그는 화를 내며 자리를 떨치고 출근을 재촉했다. 나라고 장관의 입장을 이해 못할 바는 아니었지만 그 순간은 수모를 당하는 창피함에 감정을 추스르기 힘들었다. 그래도 가만히 앉아 있을 수는 없었다. "그래, 야당 의원이지만 김상현을 만나보자. 문공위 야당 간사를 맡고 있으니 내 하소연이라도 들어주겠지." 나는 그길로 국회를 찾아가서 김상현 의원을 찾아갔다. 그는 나에게 정치학과 도강을 부탁하던 시절과는 크게 달라져 있었다. 풍모도 의젓하고 용모도 단정했다. 하지만 나를 보자 반기는 표정은 전과 다름이 없었다. 내 얘기를 들은 그는 "내가 언젠가 신세를 갚는다고 말했잖소. 내가 도울 일이 있다니 나도 기분이 좋은데요?"라며 적극적으로 나섰다. 김 의원은 "문 장관이 지금 나에게 간절히 도움을 요청할 일이 있어요. 1967년도 문교부 예산을 놓고 여야가 대립 중이거든요. 이걸 풀려고 문홍주 장관이 나에게 술자리를 갖자해서 곧 만납니다. 이 자리에 장 학장님이 동석하세요. 그러면 장 학장님의 민원을 소상히 설득할 수 있을거요."

나는 장관의 비밀스러운 술자리에 3자인 내가 들어가면 더 큰 수모를 당하지 않을까 걱정을 했다. 김 의원은 "내가 문 장관에게는 장 학장과의 저녁 식사가 마침 이 날로 선약했는데 장관의 청을 거절할 수 없어 아예 두 분을 같이 합석하게 했다고 설명하면 장관도 화를 내지는 못하겠죠."라며 "아니 이런 일이 있으면 당연히 나를 먼저 만나셨어야지 이제야 만나느냐?"며 농담을 건넸다. 나도 "야당 의원을 통해 청원을 하면 될 일도 안될 것 같아 그랬다."며 농담 섞인 진담을 하니 그는 웃으며 "그 날 만나면 내가 바람을 잡을 테니 장 학장님이 장관님을 아주 물고 늘어지라."며 대꾸를 해 서로 웃으며 헤어졌다.

약속 장소는 신당동에 있는 작은 요정이었다. 그 당시 요정에서 중요한 논의를 하는 것이 정계의 관행이었는데 이곳은 그런 요정에서도 꽤 알려진 곳이라 했다. 김 의원과 문 장관은 저녁 7시에 만나기로 했는데 나는 8시에 들어가는 것으로 각본을 짜두었다. 내가 도착해 방으로 들어가자 문홍주 장관은 크게 놀란 표정이었다.

"아니 장 학장이 여긴 무슨 일이요? 며칠 전에는 우리 집 안방에 쳐들어오더니 이젠 내가 들어온 술집마저 찾아오고. 아주 형편없는 친구구먼." 말은 그렇게 했지만 장관이 껄껄 웃었다.

김 의원이 "제가 장 학장하고 오래된 인연이 있어 친구처럼 술 마시는 사이입니다. 오늘 바로 그 약속이 있는 날인데 약속을 깰 사이가 아니라 이리로 오라했습니다."라며 나를 두둔했다.

문 장관은 "장 학장이 재주가 좋구만. 이제 김 의원까지 동원해 단국대 일로 나를 꼼짝 못하게 묶어 놓고. 기왕 왔으니 술이나 한 잔 합시다."

두 사람은 이미 술을 마시고 있는 상태였다. 종합대학 승격에 관한 대화는 일체 꺼내지 않고 따라주는 술을 마셨다. 문 장관은 그런 나에게 "장 학장이랑 오늘 담판을 져야겠소."라며 계속 잔을 주고받게 했다.

김상현 의원이 나를 대신해서 단국대학의 어려운 사정을 설명하였다.

"장 학장의 부친이자 단국대 설립자께서 모함을 받아 반혁명 인사로 몰렸고, 중앙정보부의 실수로 구속됐다가 풀려났어요. 단국대 주간부 폐교는 이런 정치적 배경이 작용을 한거죠. 그런데 지난해는 정부에서 장형 선생에게 독립운동 유공자로 훈장을 수여했습니다. 그리고 주간부도 복원되었으니 그간의 일이 올바른 처사가 아니라는 것이 밝혀진 거죠. 이번에 단국대를 종합대학으로 승격해 주셔서 억울함을 풀어 주세요."라고 사정을 했다.

문 장관은 진지하게 얘기를 듣더니 "아니, 그런데 김 의원은 단대와 무슨 관계가 있다고 이렇게 장 학장의 민원을 대변하시는 거요?"라며 되물었다.

김 의원은 껄껄 웃으며 "저는 졸업장 없는 단국대 동창입니다. 등록금 내지 않고 단대 정치학과에서 강의를 들었습니다. 학점도 없고 졸업장도 없지만 내 머릿속에는 나와 같이 강의를 들었던 학생들 못지않게 정치학 지식이 가득 차 있습니다. 그 덕으로 나는 국회의원이 되었습니다. 그 호의를 베푼 게 장 학장이고요. 저는 장 학장하고 호형호제하는 사이입니다."라며 다시 한 번 장관에게 도움을 호소했다.

문 장관은 "내가 오늘 혹 떼러 왔다가 혹 하나를 더 달고 가게 됐구만요. 좋소 이렇게 된 거 장 학장 나하고 내기합시다."라더니 조니 워커 3병을 주문했다.

위스키 3병이 들어오자 "이거 한 병씩 각자가 다 마셔야 합니다. 장 학장이 나를 술로 이기면 총장감이 되는 인물이고, 나보다 먼저 취해서 쓰러지면 종합대학 승격은 절대 불가하니 약속하겠소?" 하면서 내 술잔에 얼음도 넣지 않고 술을 가득 부어 마시라고 내밀었다.

나는 "좋습니다. 평소 술을 마시지 않지만 마시다 죽어도 좋으니 다 마실 것입니다. 그러니 다 마시면 우리 대학 종합대학 승격은 약속해 주셔야 합니다!" 하고 장관과 술을 주고받았다. 사실 나는 술을 즐기지도 않지만 체질적으로 술을 잘 마시지도 못했다. 맥주도 피하는 터에 독한 양주를 별다른 안주나 얼음도 없이 스트레이트로 다 마시고 나니 호흡이 곤란할 지경이었다. 화장실을 가고 싶지만 머리가 아프고 어지러워서 일어나면 그대로 쓰러지고 다시 일어날 수 없을 것 같아 똑바로 앉으려 최선을 다했다. 이 자리에서 문 장관의 허락을 받아내지 못하면 내가 아니라 대학이 쓰러질 수 있었기 때문에…

결국 술이 더 돌다가 문 장관은 완전히 취했다. 자리에서 스르르 옆으로 쓰러져 누워버렸다. 그러면서 혀가 풀린 목소리로 "술을 못 마신다는 사람이 진짜 한 병을 다 비웠구먼. 허허허 용기가 대단해!"라며 잠에 빠졌다. 시계를 보니 새벽 2시가 넘었다. 당시에는 12시부터 통금이니 국회의원과 장관인 두 사람은 그렇다 치고 나는 집에 가기도 어려웠다. 문 장관은 비서관이 들어와 부축해서 모시고 갔고, 김상현 의원도 만취가 되어 보좌관의 부축을 받아 귀가했다. 나는 요정에서 준비한 차를 타고 귀가했다. 얼마나 긴장을 했던지 속은 쓰리고 아팠다. 머리도 온통 돌을 얹어 놓은 듯 무겁고 아팠지만 집에 도착하기 전까지도 정신을 잃지 않았다. 차를 집 앞에 세우고 기사는 통금에 단속될까 염려되니 우리 집에서 재우라 한 뒤 그대로 정신을 잃고 말았다.

다음날 김상현 의원한테서 전화가 왔다. 내 몸을 걱정하고는 문 장관이 단국대 종합대학 승격 결재 서류를 장관실로 가져 오라고 하부에 지시했다는 소식을 알려 주었다. 진심으로 그의 도움과 일의 마무리까지 챙겨 주는 호의에 고마움을 느꼈다.

종합대학 승격의 1단계 난관을 이렇게 김상현 의원의 도움으로 풀어낼 수 있었다. 이후 2차 난관은 종합대학 승격 안건을 국무회의에 통과시키는 일이었다. 이를 위해 나는 박정희 대통령을 만나 "차라리 대학을 국가에 헌납할 테니 단국대를 국가에서 운영하시라." 호소하며 종합대 승격을 내락 받았다. 일부 국무위원들의 반대에 부딪혔을 때는 정일권 국무총리를 설득해 끝내 관철시켰다. 결국 학장 취임 한 달여 만에, 1966년이 가기 전인 12월 마지막 국무회의에서 최종 승격 인가를 받았다. 이 과정에서 여야 문공위원들의 반발이 없도록 의원들을 다독이는 데 김상현 의원의 지원이 거듭 중요한 원동력이 되었으니 '도강을 허락한' 학연이 가져온 결실치고는 실로 크다 할 것이다.

우리 대학이 종합대학으로 승격된 이후에도 후농을 자주 만났다. 그는 1967년에 전국구로 공천을 받아 재선 의원이 되었다. 후농은 테니스를 좋아했고 나 또한 테니스를 즐기는 편이라 일정이 비는 오후에 만나서 운동을 같이 했다. 술 좋아하고, 잘 마시기로 국회에서 첫 손 꼽히는 후농이었기에 운동이 끝나면 식당을 찾아 술을 즐기는 편이었다. 이런 자리에서 우리는 절대적으로 정치 얘기는 서로 피했다. 물론 회식을 하면 밥값은 내가 부담했다. 후농은 원래 가난했지만 정치인으로서도 치부를 하거나 돈을 밝히는 인물이 아니었다. 그는 집에 돈을 가져가는 법이 없었다. 후농의 아내가 이것저것 작은 장사를 해 간신히 가정 경제를 꾸려나갔다. 후농은 또한 나를 자주 만나고 술을 같이 마셔도 절대로 나에게 돈을 요구하는 일은 없었다. 다만 후농은 재일교포 문제에 관심을 많이 쏟아 연구소를 운영하기도 했는데 일본을 갈 때에 "여비가 없는데 좀 도와 달라."는 정도였다.

이렇게 교유를 하다가 정계에서 그가 차지하는 비중이 커지고 활동 범위도 커지면서 만남이 소원해졌다. 나도 대학 일로 점점 내 시간을 갖기가 힘들어졌고, 그도 김대중 총재의 최측근 보좌역으로서 나에게 신경을 쓰기 힘들었을 것이라 생각했다. 사실 내가 술을 좋아하지 않고 요정도 싫어하는 점을 그도 잘 알고 있었으니 술동무로서 내 역할도 그리 좋은 편은 아니었을 것이다. 그렇게 자연스레 연락이 뜸해지고 만남도 드물어지면서 시간이 흘렀다. 고학생 김상현과의 인연으로 뜻밖의 도움을 받았던 나는 이번에는 정치인 김상현과의 우정으로 뜻밖의 곤란한 일을 당하게 되었다.

1972년 10월 17일, 박정희 대통령은 10월 유신을 공표하면서 전국에 비상계엄을 선포했다. 국회는 해산되었다. 언론은 재갈을 물어야 했다. 동시에 1971년 대통령 선거에서 박정희 대통령에 맞선 김대중 총재와 그의 핵심 참모인 김상현 의원도 몇몇 핵심 야당 인사들과 함께 극심한 고통을 받아야 했다. 후농은 국군 보안사령부에 체포되어 서빙고 분실에서 참혹한 고문을 당했다. 물론 당시에는 은밀한 소문으로 구전되고 있었다. 그리고 나중에 안 사실이지만 고문을 당하고 당하던 후농의 입에서 내 이름이 나왔다는 것이다.

보안사 수사 요원들은 김 의원을 고문을 하면서 "너에게 금전적으로 도움을 주는 사람들을 불라."고 요구했다. 그때 김현옥 서울시장과 내 이름이 나왔다고 했다. 나중에 태풍이 지나고 그 이유를 알게 됐지만 나로서는 아닌 밤중에 홍두깨가 아닐 수 없는 문제였다. 이런 사실을 전혀 모르던 나는 비상계엄 아래 학사 운영을 논의하고자 학처장

회의를 하고 있었다. 계엄사령부에서 나를 만나러 왔다며 잠시 복도로 나와 달라는 전갈이 있었다. 나가보니 낯선 사람이 신분증을 보이며 동행을 요구했다. 계엄사령부가 발행한 임의 동행 요청서도 있었다. 빨간 줄이 두 줄로 그어 있는데 '계엄사령관 노재현'이라고 이름이 적혀 있었다. 비상계엄법에 의해서 영장 없이 임의 동행할 수 있다는 내용이 적혀 있었다. "저기 세워 놓은 검은 세단에 함께 타고 갑시다." 수사관들은 명령조로 지시를 하였다.

나는 회의를 부총장에게 넘기고 번호판도 없는 검은 세단을 두 사람과 함께 타고 갔다. 계엄사령부로 가는 줄 알았는데 서빙고에 있는 보안사령부 서빙고 분실이라고 하는 곳에 도착했다. 내 기억으로는 미8군 사령부에서 멀지 않은 언덕에 있는 2층 건물이었다. 2층인지 아래층인지 기억나지 않지만 건물 구석진 방으로 나를 데리고 들어갔다. 방은 아주 작았지만 물이 차 있는 욕조가 있었다. 방안은 사무용 책상이 놓여 있고 수사관과 마주 앉을 수 있는 의자가 두 개 있었다. 직감적으로 이곳이 소문으로 듣던 재야인사들을 잡아다 고문하는 곳임을 알아차릴 수 있었다. 물고문 한다는 소문은 들었지만 내가 무슨 큰 죄가 있다고 나를 물고문할까 하며 이런저런 생각을 했다. 잠시 뒤 계급장을 달지 않은 군복을 입고 '상고머리'를 한 삼십대 중반의 젊은이가 나를 신문하기 시작했다. 어디선가 사람의 비명소리가 들려왔다.

살기가 도는 분위기였다. 수사관은 나에게 종이를 주더니 내가 아는 정치인의 이름을 적으라 했다. 나는 "안다는 뜻이 어느 범위를 말하는 것이냐?"고 반문했다. 수사관은 "그런 것도 알려 줘야 하냐?"며 오히려 언성을 높혔다. 적당히 내가 아는 사람을 몇 명 적어 넣었다. 이를 건네받아 취조관이 명단을 읽어 보더니 갑자기 화를 내며 나를 추궁하기 시작했다.

"여기에 김상현의 이름은 왜 적지 않았냐."고 잔뜩 화난 목소리로 소리를 질렀다. "당신하고 제일 친한 사람의 이름을 적어 넣지 않은 것을 보니 뭘 숨기는 것이 있는 것이 아니냐." 하면서 서류를 꺼내더니 김상현 의원이 실토했다며 내용을 읽어 줬다. 서류는 김 의원 취조 조서였는데 그가 실토했다는 내용은 "내가 거액을 지원했다."는 것이 핵심이었다. 나는 그런 일이 없으니 당연히 부인할 수밖에 없었다. 내가 강하게 부인하면서 말도 안 되는 내용을 왜 강요하느냐고 항의하자 나를 째려보던 수사관은 한 명을 남겨두고 밖으로 나갔다.

다시 돌아온 그는 "이 양반이 총장이라고 대접해 주니 여기를 우습게 아는거요? 다 아는데 진술 거부하는거요?"

라며 으름장을 놓았다. 나는 "김상현 의원에게 밥을 사거나 술을 같이 한 적은 종종 있었고, 그가 일본에 출장 간다며 도움을 요청해서 몇 번 주었으나 그야 말로 내 월급의 반의 반도 안되는 돈이었다."라는 요지로 간곡히 설명했다. 김상현 의원이 불었다는 조서에 따르면 금액이 내가 실제로 지원한 금액의 10배도 넘는 것으로 기록되어 있었다. 잠시 후 농의 과장된 진술에 왜 이런 엉뚱한 말을 했을까 화가 났다. 그러나 이내 생각이 바뀌었다. 도대체 얼마나 맞고, 고문을 당했으면 이렇게 있지도 않은 사실을 말했을까 하는 짐작이 들었다. 내가 격한 반응을 보이며 왜곡된 사실에 계속 항의하자 그들은 물리적 고통을 가하기 시작했다. 거의 한나절을 매질에 시달렸다. 수사관의 구타는 육체적 아픔보다는 정신적 수모와 모욕감이 더 깊게 다가왔다.

자백을 강요했지만 동의할 수 없었다. 강요받는 줄거리는 내가 '김상현 의원을 통해 김대중 총재에게 자금줄 역할을 했다.'라는 것인데 그럴 만한 재력이 나에게 없었으니 인정할래도 할 수가 없는 억지였다. 맞으면서 분하기도 했지만 '이것이 바로 대한민국의 이면이구나. 암흑 세계가 이렇게 또 있구나...'라는 생각이 들어 우울했다. 군사쿠데타 직후 선친이 장면 총리 사건에 연루됐다는 무고에 휘말려 나 역시 끌려가 매를 맞은 적이 있었다. 서빙고 분실의 구타는 그때보다 더 고통스러운 아픔이었다. 취조는 하루 만에 끝났다. 대학 총장의 선을 지키며 정치에 간여하지 않은 그동안의 이력과 대학 육성을 위해 박정희 대통령과 정부 여당에 협조하며 쌓은 네트워크가 더 이상의 악화를 막은 것 같았다.

내가 보안사령부 서빙고 분실에서 풀려 나온 후에 김상현 의원 부인이 우리 집을 찾아 왔다. 부인은 "남편을 형무소로 면회 가서 만났더니 정부와 여당에 가까운 사람의 이름을 대면 재야 인사들보다는 고통을 덜 받을 것 같아서 부풀려 자백을 했다고 해요. 너무 고문이 심해 정신을 잃고 다시 고문을 받는 일을 일주일 넘게 당하니 급한 불을 피해야 했기에 폐를 끼쳤다며 미안하다 꼭 전해 달라 해서 이렇게 찾아 왔어요."라며 거듭 죄송하다 했다. 말을 전하는 부인 역시 남편의 극심한 고통과 이로 인한 결례가 어찌 쉽게 받아들여지겠는가. 후농의 아내는 말 끝에 참혹한 현실을 놓고 눈물을 참지 못했다.

후농은 그 뒤로 2년 정도 감옥 생활을 했다. 출옥을 한 뒤 나를 찾지 않았다. 나는 그런 후농의 뜻을 서운해 하거나 비난하지 않았다. 잠시 "당신의 진술로 나는 물론이고 대학과 대학 재단이 큰 봉변을 당할 뻔했다."고 항변할 생각도 들었다. 그러나 "후농이 당한 고통의 크기는 얼마나 컸을까. 나에

2002년 16대 대통령 선거에서 노무현 후보의 선거운동을 지원하는 김상현 의원

대한 미안한 마음이 나와의 재회를 피하게 하는 것이리라."하는 마음으로 이해를 했다. 그 뒤로 서로 막역한 사이를 유지하지 못하고 안부 인사를 나누는 정도의 친분만 가진 채 결국 유명을 달리하기에 이르렀다.

그러나 대학을 통해 맺은 인연으로 어느 동문보다 더 뜨겁게 나를 도와준 후농 김상현 의원의 유업이 우리나라 정치계에 좋은 자산으로 남기를 기원한다.

(2019년 1월 25일)

11

W 교수·S 교수

도움을 받고 나서 달라지는 냉담함이 주는 교훈

좋은 팔자는 무엇일까. 내가 생각하는 좋은 팔자는 '남을 도울 수 있는 지위나 경제력이 있는 것'이다. 사람들은 대체로 남을 돕는 일은 '우선 나부터 먹고 쓰고 남아야' 가능한 일이라 생각한다. 그러나 남보다 잘 먹고, 잘살고, 그러고도 여유가 남아돌아 남들을 돕는 일이야 누군들 못하랴. 남을 돕겠다는 의지와 결단이 가장 중요한 조건이다. 어렵고 힘든 환경이지만 내가 가진 힘이 남을 도울 수 있다면, 그렇게 삶을 꾸릴 수 있다면 그만한 팔자를 어찌 나쁘다 하겠는가.

다행히 나는 대학을 설립한 아버님을 만나 교육에 입신을 하고, 대학을 성장시키는 일에 매진해 왔다. 이 과정에서 생기는 여력이 다른 이들에게 삶을 개척할 기회가 된다면 기꺼이 내 힘을 보탰다. '먹고 쓰고 남아서' 돕는 것이 아니라 내 도움이 상대방의 삶을 긍정적으로 변화시킨다면 당연히 해야 할 일이라 믿었다. 팔자가 좋아서 돕는 것이 아니라 나 자신에게 "너는 이만하면 좋은 팔자가 아니냐? 그러니 스스로 만족하고 남을 돕는 데 힘을 보태라."고 스스로 결심을 해야 하는 것이다.

또 하나 중요한 마음가짐은 남을 도울 때 절대로 상대방이 은혜를 갚을 것이라는 기대를 해서는 안 된다는 점이다. 그저 내 도움을 받은 이들이 잘살고, 성공하면 그것으로 은혜를 갚은 셈치고 살아야 한다. "내 도움을 받았으니 이제 은혜를 갚으라."고 말을 하는 순간 내 삶의 평화는 흐트러진다고 생각한다. 지난 50년 간 얼추 계산해도 주례를 선 사람이 600여 명이 넘는다. 그 중에는 시장, 장관, 차관, 예체능계의 지도자, 총장이나 대학 교수들이 적지 않다. 그들 가운데 나를 찾고, 고마운 마음을 드러내는 이들은 거의 없다. 인간관계란 그런 것이다. 나는 부모님의 유산, 총장 시절의 수입, 아내의 도움 등을 바탕으로 장학재단을 만든 바 있다. 30년이 안되는 세월이지만 장학재단에서 도움을 받은 사람들이 1천500여 명이 넘고, 금액으로는 70억 원이 넘는다. 지원받는 당시에는 "은혜를 기억하겠다. 꼭 다시 갚겠다."는 말을 수없이 들었지만 이를 실천한 경우는 손으로 꼽을 만큼 적다. 그래도 서운한 생각은 들지 않는다. 그저 성공적으로 자신의 삶을 영위한다는 소식만 들으면 그것으로 나는 만족이다. 그 만족감이 나를 행복하게 한다. 그 이상으로 바랄 것도 없고, 기대하지도 않는다. 그것만이 내 삶의 행복을 키우는 일이다.

그 과정에서 부딪히는 여러 사람들 가운데 잘 잊혀지지 않는 사람들이 있다. 특별히 내가 무엇을 바라지도, 아니 돌아보아도 그 사람들에게 그릇된 일을 하지 않았는데 나와의 인연을 헌신짝처럼 버린 이들이 그렇다. 딱히 그럴 만한 이유도 없는데 "왜 그랬을까?"라고 고민도 했지만 답을 찾지 못했고, 그런 고민은 결국 나에게 아픔이 되어 남기 마련이다. 그 가운데 한 사람이 W 교수이다.

W 교수를 처음 만난 것은 1982년경이었다. 당시 우리 대학 스키부는 한국 최강자로 군림하고 있었는데 나는 이들을 알프스로 전지훈련 보낸 적이 있었다. 동계 스포츠에 대한 국가적 지원이 빈약하던 때라 나는 대학 차원에서라도 세계 수준의 여건을 갖춘 해외에서 선수들이 경험을 쌓아야 한다는 신념이 있어 이런 투자를 했다. 당시 전지훈련은 프

랑스 쪽 알프스 산에 있는 스키장에서 이뤄졌다. 나는 훈련에 앞서 프랑스 스키협회에 현지에서 우리 선수들을 가르칠 프랑스 코치와 이를 통역해 줄 한국인을 보내 달라 했다. 그래서 현지에 도착하니 바로 한국인 통역자로 나온 사람이 나중에 우리 대학 교수로 온 W 교수였다. 당시 유학생이었던 W 교수를 처음 본 순간 깜짝 놀라지 않을 수 없었다. 우리를 마중 나온 통역자는 두 발을 쓰지 못해 양쪽 모두 목발로 도보를 하는 장애인이었기 때문이었다.

나만 아니라 많은 이들이 당황했다. 가파른 언덕길, 그것도 설원을 헤매야 하는데 불편한 몸으로 어떻게 동행한단 말인가…나는 그에게 이런 일을 경험한 적이 있는지 물었다. 그는 현지에 오는 한국인들을 자주 가이드 해 줬다고 답했다. 이후 1주일 동안 그는 목발을 짚은 채 스키장을 누비고 다녔다. 물론 자주 넘어지고, 심지어 언덕을 뒹굴기도 했다. 선수들이 놀라 부축을 하려 하면 그는 손사래 치며 도움을 사양했다. 그런 W 교수의 모습이 너무 씩씩하고 의젓해 교육자로서 깊은 인상을 받았다. 일주일을 같이 보내면서 가까워지자 나는 그의 인생 여정을 물었다. 그에게 박사 학위까지 있는데 이런 스키장 가이드로 고생을 하느냐 물었다. 그의 대답은 나를 놀라게 했다.

W 교수는 어릴 적부터 대학 졸업 때까지 어머니가 업

어서 통학을 시켰다고 했다. 경희대 경영학과를 마치기까지 어렵고 힘들게 공부를 했고 신부님의 도움으로 프랑스로 유학 와 명문대인 그르노블 대학에서 경제학 박사 학위를 받았건만 모국의 대학들은 문을 열어 주지 않는다고 했다. 서울이든 지방이든, 심지어 모교에도 지원을 했지만 교직을 구할 수 없었다고 했다. 일반 기업체에도 구직을 했지만 장애인, 그것도 양쪽 목발이 없이는 이동하지 못하는 이를 받아 주는 곳이 없어 다시 프랑스로 돌아와야 했다고 고백했다. 프랑스는 그래도 장애인들에게 직업의 문호를 열어두고 이런 일이라도 해서 생계를 풀 수 있어 다행이라 말하던 그는 급기야 눈물을 감추지 못했다.

그에게 "단국대에 응모한 적은 있느냐?"물었더니 없다는 대답이 왔다. 그에게 단국대 교수 공채에 응시하라 권유했다. "우리 대학은 장애인 교육을 돕는 특수교육과도 있고, 장애인 학생들도 입학하고 있으니 장애인 교수라고 박대할 이유는 없을 것"이라 격려도 했다.

나는 이듬해 천안캠퍼스 경제학과에서 교수 선발을 한다는 얘기를 듣고 W 교수에게 응모토록 연락을 했다. 다행히 W 교수는 관문을 통과할 수 있었다. 당시 그의 나이 34~5세 정도였다.

W 교수는 이후 나와 특별한 인연이 없이 지냈다. 총장

인 내가 부담스러워서인지 그는 애써 나를 찾지 않았다. 물론 내 철학이 그러하니 따로 그를 불러 얘기를 나누기가 겸연쩍었다. 몇 년이 흐르고 그는 나를 찾았다. 결혼을 하는데 주례를 서 달라는 요청을 했다. 당연히 응낙했다. 그는 목발 대신 휠체어를 타고 입장했다. 신부에게 결혼 결심의 이유를 물었다. 그녀는 "저의 오빠도 장애인이라 그들의 아픔을 알고 있어요. 그래서 신랑을 장애인으로 구해 사회의 차별이 그릇된 인식이라는 점을 보여 주고 싶었어요."라고 했다. 나는 크게 안심을 하고 기뻐했다.

휠체어를 타거나 목발을 짚어야 하는 W 교수의 난관, 이를 감내하고 돕겠다는 신부의 갸륵한 결심을 보면서 나는 한 가지 선의를 베풀었다. 당시만 해도 천안캠퍼스에 엘리베이터가 있는 교사동이 없었기에 그가 맡은 과목의 강의실은 1층 강의실로만 배정토록 했다. 워낙 과목이 얽히고 설켜 있으니 이를 조정하는 일이 쉽지는 않았다. 같은 학과에서는 "장애인을 데려와 공연히 일을 만든다."는 볼멘소리도 들려왔다. 한바탕 목소리를 내고 싶었지만 애써 모른 척한 기억이 있다. 주례를 선 이후, 이런 일들로 설왕설래가 있는 때에도 W 교수는 연락이 없었다.

공치사를 듣고자 함이 아니라 애써 초빙한 교수가 어찌 지내는지, 가정은 어떻게 잘 이끄는지 궁금했건만 전화한 통이 없었다. 그러다가 W 교수가 교통사고로 입원했다는 소식을 들었다. 이번에도 내가 인사를 갔다. 부상을 위로하고 건강을 기원했지만 마음속으로는 학교 안팎에서 들리는 그에 관한 얘기들을 묻고 싶었다. 그리고 같은 대학인으로서 지내는 바가 어떤지도 듣고 싶었다. 퇴원하면 연락이 있겠거니 했지만 이번에도 연락이 없었다.

W 교수와는 이 만남이 끝이었다. 그와는 총 4번의 만남이 전부였다. 프랑스 현지 훈련 스키장에서 처음, 두 번째는 발령장을 줄 때, 세 번째는 결혼 주례를 서줄 때, 네 번째는 그가 교통사고로 입원했을 때. W 교수에게 무슨 은혜를 갚아 달라 한 적도 없고, 생색을 낸 적도 없다. 내가 궁금한 것은 혹 부인과의 사이에 불편하고 어려움이 없는지 그리고 자녀는 얻었는지 같은 일상의 변화를 듣고 싶었다. 하다못해 주례를 서고 나면 아이를 낳았을 때 이런저런 얘기를 듣거나 아이를 데리고 와서 인사를 올리는 것이 우리 사회의 예의이건만 그런 일도 없었다.

그렇다고 연구에 몰두해 좋은 논문을 생산한다는 얘기도 듣지 못했다. 오히려 천안시에서 건물을 소개하고, 집을 중개하느라 바쁘다는 전언이 들려왔다. 실망이었다. 정년이 되어 학교를 떠날 때도 어떤 연락이 없었다. 내가 무엇을 잘못했던 걸까? 나도 모르게 내가 그에게 무슨 몹쓸 짓을 하기라도 한 건가? W 교수를 생각하면 남 돕기를 좋아하던 나를 보고 사람들이 해 주곤 하던 충고가 생각난다.

"장 박사! 어렵고 힘든 시절을 겪은 사람이 성공을 하고나면 자기가 받았던 도움은 쉽게 잊거나 아예 모른 척하기 십상이라네. 왜냐하면 불행했던 시절을 이겨낸 동력이 남의 도움 덕분이란 걸 인정하고 싶지 않은 게 인지상정이거든. 그래서 야무진 성격의 사람들은 남에게 도움의 손길을 잘 내밀지 않는 법이야."

W 교수는 지금부터 내가 말할 사람과 비교하면 그나마 또 다른 평가를 할 여지가 있다. 때로는 이해하기 힘든 이유로 수십 년 동안 내가 보내준 후의를 물거품으로 만들고 모든 인연을 부정적으로 돌려세운 사람도 있다. 그것도 내 비서실장을 했던 사람이 그럴 때는 남모르는 마음의 상처를 달래야 할 경우도 있었다. 내 비서를 지냈고, 비서실장도 지낸 S 교수가 그런 사람이다.

나는 총장, 혹은 이사장으로 일하면서 비서 또는 비서실장을 직접 발탁한 일이 거의 없다. 총무처에 공식적으로 의뢰하여 여러 간부들이 의논해 자신들이 생각하기에 적합한 인사를 추천하면 이를 받아들였다. 나와 일한 S 교수는 서울시 공무원으로 근무하다가 아버님이 대학으로 데리고 온 사람이었다. 우리 대학 야간부를 졸업했는데 서무과, 학생과 등을 거쳐 내가 총장으로 취임하자 총장실 비서실장으로 추천되었다. 그가 가진 가장 큰 강점은 학교 관련 대외 업무나 민원 처리에 능하다는 점이었다. 공무원 생활을 했고, 70년대 식 표현으로 '풍채'가 좋아 대인관계에서 호의를 받기 쉬운 이미지를 갖고 있었다. 내가 부탁하는 대외 업무에서 좋은 결과를 거두고 있어서 나 역시 그를 믿었다. 당연히 승진도 빠르게 이뤄져 학생처장, 총무처장 등의 보직도 맡았다.

그는 한양대학교에서 도시행정을 전공하고 박사 학위를 취득하더니 교직에 뜻을 두었고 끝내 이를 달성했다. 나는 그의 능력을 인정하여 그를 교내 직원 인사 문제와 재정을 책임 맡는 부총장으로 승진 발령하였다. 가정적으로도 친해져서 그의 아들과 딸의 결혼 주례도 맡아 주었다. 그가 정년을 맞자 나는 내가 설립한 범은장학재단 이사장직에 취임토록 했다. 차량을 제공해 주고 아울러 봉급도 주었다. 내가 대한적십자사 총재직을 맡았을 적에는 그를 적십자간호대학 이사장직에 임명하였다. 말하자면 나는 우리 대학 교직원 중에서 S 교수를 가장 신임하고 그에 맞는 대우를 해 주고자 했다.

그 과정에서 나는 총장으로서 그에게만 유독 관대한 혜택을 준 것이 있다. 그가 행정 직원에서 교원으로 전환하고 싶어 할 때 이를 도와준 것이다. 도시행정 전공으로 박사 학위를 받은 뒤 해당 과목을 강의하고 싶다고 했다. 박사 학위까지 있는데 그만한 실력이 있으리라 믿었는데 불행히도 학문적 기초 체력이 부실했던 것이다. 강의실에서 그 부실함이 학생들에게 드러나면서 자주 구설수에 오르곤 했다. 뒤에서 그의 학문적 부실을 비판하는 학생들의 목소리가 나에게 들릴 정도였다. 그가 속한 학과에서는 강의 과목 배정을 놓고 언쟁이 높아졌다. 나는 이러한 불협화음을 애써 진정시키느라 교수들에게 자중을 호소하기도 했고, 자존심이 상하는 일을 당해도 인내하곤 했다. 학문은 미흡하지만 그가 학교를 위해 애쓴 일을 존중했기 때문이었다. 정년 뒤 범은장학재단 이사장으로 있게 해 기사 딸린 승용차도 배정하며 예우를 했는데 9억여 원의 기금 손실을 가져왔다. 자리를 물러나지 않을 수 없었다. 그 뒤 각별한 만남을 가질 만한 일이 별로 없었다.

그런 어느 날이었다. 천안캠퍼스 설립 30주년을 기념하는 행사장에서 일이 생겼다. 나는 그 자리에서 축사를 했다. 천안캠퍼스 설립 과정을 아는 이라면 당연히 설립 작업 과정에서 김봉구 교수와 김유혁 교수가 얼마나 고생하며 많은 일을 했는지 다 알고 있기에 거기에 걸맞은 찬사를 보냈다. 그뿐이었다. S 교수가 그 자리에 있었는지 나는 알 수 없었다.

아니, 천안캠퍼스 설립 30주년 축하의 자리에서 S 교수에게 찬사를 보내야 할 일이 아니었다. 그는 천안캠퍼스 설립 작업에 직접적인 참여를 한 적도, 업적이라 삼을 만한 일을 한 적도 없었다. 더욱이 S 교수를 의식해서 그를 무시한 것도, 천안캠퍼스 설립에 큰 기여를 했는데 그를 뺀 것도 아니었다. 연설을 하다가 노년에 들어 이제는 할아버지가 된 김유혁 교수, 김봉구 교수가 눈에 띄어 즉흥적으로 개교 당시의 역경을 이겨내던 두 노 교수의 공덕을 치하했을 뿐이었다.

그런데 행사가 끝난 후에 엉뚱한 얘기가 들렸다. S 교수가 그 자리에 있었는데 연설을 듣더니 얼굴을 붉히며 두 사람은 칭찬하면서 자신은 뺐다고 화를 냈다는 것이었다. 그리고는 자리를 박차고 나가 돌아오지 않았다고 했다. 몇 주가 지난 뒤 이번에는 정년퇴임 교수들의 모임에서 S 교수가 참석하여 당시 회장에게 말하기를 "이제부터 장충식과 인간관계를 끊겠다."는 절연을 선언했다고 했다. 당시 회장은 나에게 이를 전달하며 어쩔 줄 몰라 했지만 나는 의외로 무덤덤했다. "그러시라 하시죠." 내가 한 말의 전부였다.

겉으로는 그리 말했지만 기가 막히고 불쾌했다. 행정직원이었던 그에게 신뢰와 중책을 부여했던 사람이 누구인가. 그의 부탁을 받아 아들과 딸의 주례를 서 준 이가 누구인가. 그가 교직으로 전직시켜 달라 했을 때, 그의 강의와 연구

업적이 기준에 못 미친다고 비난이 일 때마다 이를 나의 책임으로 돌리고 교수님들이 도와 주시라 호소했던 이가 누구였던가. 사단법인인 범은장학재단에 자리를 만들어 급여와 예우를 해 준 이는 누구였단 말인가? 그를 물심양면으로 도운 내가 그를 비난한 적도 없었는데, 단지 공식 연설에서 자신을 칭찬하지 않았다는 이유로 의절을 선언하다니…

그로부터 얼마 지나지 않아 S 교수는 병원에 입원했다. 문안을 가고 싶었지만 수많은 원로 교수들 앞에서 나를 의절하겠다는 선언을 했는데 찾아가는 일도 모양이 좋지 않아 뒤로 미루고 말았다. 그 뒤 S 교수는 끝내 일어나지 못하고 별세를 했다.

그의 의절 소식을 들으며 나도 많은 생각을 하게 되었다. 열 가지, 백 가지 도움을 주고 호의를 베풀어도 단 한 가지 섭섭한 일이 생기면 그 전에 모든 일은 없던 일로 되는 것이 사람의 일이 아닌가. 남을 돕는 일이든, 장학 사업을 하든 이 점을 잘 기억하고 싶다. 선하고 좋은 일은 오래 기억되지 않는다. 사람에게 이를 기대하지 마라. '선한 의지에는 보상이 없다. 사람 자체를 돕는 일로 보람을 느낄 뿐이다.' 그것이 학연學緣을 가연佳緣으로 만드는 힘이고 내 삶을 성공시키는 길이다.

(2019년 3월 28일)

12

김학준 박사

정권과의 불화와 캠퍼스 이전의 난제를 풀어 준 은인

청년 시절에 사업가로 큰 돈을 벌겠다는 꿈을 갖고 있었다. 그 꿈을 접고 단국대학에 투신하게 된 배경에는 정치권력의 거대한 힘과 그 힘에 좌초할 수도 있는 사학의 숙명이 있다. 특히 1961년 5·16군사정변이 발생하고 우리 대학은 벼랑 끝으로 내몰리는 위기에 직면했다. 갓 출범한 군사정부는 몇몇 모리배의 모략을 믿고 선친이자 설립자인 장형 당시 이사장을 '반혁명분자'로 낙인찍어 체포령을 내렸다. 다행히 감옥을 가지는 않았지만 뒤이어 '주간부 폐쇄'라는 보복성 행정 조치를 당해야 했다.

주간부 폐쇄의 이유가 '교수 1명 부족'으로 인한 기준 미달이었다. 경고를 하거나 충원 지시를 내려 이행 조치를 하면 될 수준이었음에도 주간부 전체 학생들의 모집을 중지시켰으니 결국 대학 문을 닫으라는 암묵적 강요였다. 이 조치로 단국대학은 야간부 학생만으로 명맥을 유지해야 했다. 학생들은 대학을 등졌고 강의실은 텅 비었다. 대학의 운명이 바람 앞에 촛불 같은 신세와 다름 없었다. 이승만 정권 때는 상해 임시정부와 김구 선생을 도와 독립운동을 한 전력 때문에 '백범계열 대학'으로 찍혀 탄압을 받았다. 우리 대학 입장에서는 이승만 정권이 무너지고 민주 정부가 들어서면 살 길이 열릴 줄 알았다. 그런데 이번에는 자유당을 좋아하지 않았으니 당연히 민주당과 가까울 것이고, 장도영 장군군사정변 당시 육군참모총장, 군사정부 출범 뒤 반혁명운동의 지도자로 숙청당함의 친척이라는 혐의로 이같은 시련을 겪어야 했으니 힘없는 사학의 설움 치고는 정도가 심하다 할 것이다.

이 난국을 극복하는 과정에서 나는 박정숙 당시 이사장님의 간곡한 설득을 받아들여 미국 유학을 포기하고 단국대학에 되돌아왔고 평생을 대학과 함께 하고 있다. 대학에 내 운명을 바치기로 하고 대학 경영의 일선에 서면서 나는 한 가지 철칙을 세웠다. "정치권력에 날선 대립을 하지 않을 것이다. 그렇다고 정치권력에 영합해 권력을 갖지도 않을 것이다." 이것이 내가 정치권력을 대하는 자세였고 실천적 철학이었다.

1967년에 박정희 대통령에게 주간부 폐쇄로 단국대학이 겪은 어려움을 설명하고, 종합대학 승격을 직접 호소하여 뜻을 이뤘을 때가 내 나이 37세였다. 당시 나의 패기를 눈여겨 본 박정희 대통령은 이후 단국대학의 성장과 이를 위해 기울이는 나의 열정을 긍정적으로 살펴보았다. 국회의원 출마 권유나 문교부교육부의 전신 장관 입각과 같은 제안이나 권유가 왜 없었겠는가. 특히 박정희 대통령이 말기에 도입한 10월 유신이라는 막강한 권력 독점 체제에서 설치된 유정회의 의원으로 국회에서 활동하라는 제안은 제안이라기보다 지시에 가까웠다.

서슬퍼런 대통령의 강권을 정면으로 거부하기가 어려웠지만 내 철칙을 허물어뜨릴 수도 없었다. 대학을 발전시키려는 노력의 결과로 '친정부 총장'이라는 학생들의 비판을 받기도 했지만 이는 감내할 수 있었다. 그러나 '총장직을 팔아 권력을 얻은 교육자'로 남고 싶지는 않았다. 당시 수많은 교육자들이 대학을 떠나 관계나 국회로 가는 것이 관행으로 굳어지던 시대였다. 나는 그러고 싶지 않았다. 선친의 꿈, 박정숙 이사장님의 희망이었던 단국대 발전의 목표를 꼭 이루고 싶었다. 여러 가지 이유를 내세워 완곡하게 공식 진출이 어렵다는 설명을 해 내 철칙을 지킬 수 있었다.

이같은 나의 자세는 정치적 격변기에서 나와 우리 대학에 불어 닥칠지도 모를 태풍이나 해일을 지키는 보이지 않는 방파제 역할을 했다고 자부한다. 정치 권력에 아부를 하여 당시 최고 권력자로부터 남들이 부러워할 만한 특혜를 받아낼 수 있지만 언젠가 격변기가 되면 그 특혜는 음해와 험담의 소재가 되어 우리 대학을 해치는 독이 될 수도 있는 법이다. 그것이 세상의 이치이기도 하다. 그런데 나의 이같은 철학도 받아들이는 상대방에 따라 다시 정반대의 효과를 가져올 수 있다는 것을 나는 1993년에 온몸으로 체험했다.

1993년 2월에 김영삼 정부가 출범했다. 김영삼 대통령은 새로운 정부를 '문민정부'로 불러 달라했다. 전두환, 노태우 전임 대통령의 정권을 서울의 봄 이후 탄생한 군사정권으로 규정하면서 자신들의 정권이 5·16군사정변 이후 탄생한 최초의 민주 정부라 차별화하고 싶었던 것이리라. 이에 앞서 1992년 김영삼 씨가 민자당 대통령 후보로 지명되고 조금 지난 가을 무렵으로 기억한다. 김 후보의 인척이라는 분이 내 조카를 통해 메시지를 보내왔다. "김영삼 후보가 만나고 싶어 하는데 서울 롯데호텔 ○○○호실로 오세요."라는 전갈이었다. 이유를 물으니 대통령 선거에 도움을 달라는 뜻이라고 했다. 나는 평소 내 방침대로 면담을 사양했다. 대통령 선거를 앞둔 국가적 전환기에 대학 총장이 대통령 후보를 만나 선거 지원을 약속하고, 이를 실행하는 일이 좋지 않은 일이고, 나에게 어울리지 않는 일이라 생각했다.

그로부터 1주일쯤이 지나서였다. 비슷한 얘기가 이번에는 다른 경로를 통해 전달되었다. 우리 대학 부총장 중 한 사람, 재단 이사 그리고 원로 동창회장 등이 나를 찾아와서 김영삼 대통령 후보를 만나줄 것을 강력하게 강조하였다. 여당 후보가 당선되도록 적극 돕고 재정 지원도 하는 것이 학교 발전에 유익한 일이라고 역설했다. 나는 여야를 막론하고 대학 총장이 선거에 개입하는 일이 부당하고, 중립을 지키는 것이 옳은 길이라 고집했다. 결국 김영삼 후보와의 면담을 끝내 사양한 셈이었다.

그러던 중, 민관식 전 문교부 장관이 나를 만나자 했다. 민 장관은 대한체육회장도 지낸 교육계와 체육계의 원로로서 나를 매우 아껴 주는 각별한 사이였다. 민 장관은 당시 김영삼 캠프를 돕고 있었다. 만나서 얘기를 들어 보니 나를 걱정해 주는 내용이었다. "내가 얼마 전 김 후보를 만났는데 자기가 당선이 되면 다른 대학은 몰라도 장충식 총장은 가만두지 않겠다 하던데 무슨 일이 있었느냐?"며 걱정을 했다. 나는 사정을 설명했다. 얘기를 들은 민 장관은 "거산김영삼 대통령의 아호은 대통령이 되려고 정치에 입문했다고 밝힐 만큼 권력에 대한 집념이 강한 사람이고, '내 편'이 안 되면 반드시 대가를 치르게 하는 사람이니 오해를 풀어야 해."라고 충고를 했다.

내가 존경하는 선배 원로의 말을 듣고 보니 걱정이 없지는 않았다. 그렇다고 내가 왜 이런 식의 철학을 갖게 되었는지, 이런 자세를 지키려 어떻게 살아왔는지를 중언부언 말하고 싶지도 않았다. 한 나라의 대통령이 될 사람이 설마 중립을 지키고 싶다는 대학의 총장에게 깊은 원망을 갖기야 하겠는가 라고 생각했다. 그렇지만 내 기대 섞인 생각은 어긋났다. 우려했던 일들이 일어났다.

김영삼 정부가 문민정부의 닻을 올린 1993년부터 우리 대학의 중요 현안들은 제대로 진행되는 일이 없었다. 당시 대학종합병원 신축 공사가 진행되는 시기였다. 재정이 부족해 대출을 하려 해도 승인이 안 되었다. 부채가 많다는 지적에 부동산을 팔아 빚을 갚겠다 하면 이번에는 부동산 매각 허가가 나오지 않았다. 부속병원 공사가 지연되면서 부채가 늘고, 이자도 급증하였다. 악순환의 고리를 끊어야 하지만 이를 해결하려는 노력이 주무 관청의 인가 거부로 진척이 없었다. 결국 병원 신축 공사를 맡은 극동건설이 아예 공사 대금을 외상으로 떠맡겠다는 문서를 작성하고서야 개원 준비를 할 수 있었다.

그런 난국 속에서 여름방학이 시작되자 느닷없이 교육부에서 단국대학에 대한 종합감사를 착수했다. 우리 대학이 입학 관련 서류를 폐기한 혐의가 있다고 시작된 감사는 대학과 재단의 재정 문제도 들추려는 종합감사로 확대되었다. 결국 대학 병원 건설을 위한 재정 운용의 하자를 들어 당시 이용우 이사장과 총장이었던 나를 해임하고, 장병규 전 문교부 차관을 이사장으로 파견하는 선에서 마무리되었다.

장병규 관선 이사장은 취임 일성으로 자신이 교육부의 입장을 대변하고자 파견된 문자 그대로 '관선 이사장'임을 명백히 하면서 우리 대학 부채를 청산할 유일한 방법이 '서울캠퍼스 매각'임을 밝혔다. 동시에 서울캠퍼스는 천안캠퍼스로 통합하는 것이 관선 이사장과 관선 이사들의 복안이었다. '빚진 죄인'이라고 나를 대학 총장에서 물러나게 한 정부 방침은 수용을 하겠지만 서울캠퍼스를 천안으로 통합하는 것은 방관할 수 없었다.

우선 나는 장병규 관선 이사장을 퇴진시키는 데 팔을 걷어붙였다. 장병규 당시 이사장은 우리 대학에서 석사 학위를 받았는데 이 때 공직자로서 받은 편의가 정도를 넘어섰음을 알게 되었다. 더욱이 이사장은 상근을 해야 하고,

겸직이 안 되는데도 버젓이 이를 무시하고 다른 교육기관과 우리 대학에서 이중으로 겸직을 하며 급여도 각각 수령하고 있었다. 단국대 문제를 해결하는 것이 관선 이사들의 임무인데 이를 위해 헌신하기는커녕 대책이라고는 서울캠퍼스 매각뿐이라 주장했다. 나는 장병규 이사장을 만나 단국인들은 이런 사실서울캠퍼스 매각-천안캠퍼스로의 통합을 알면 결코 좌시하지 않을 것이고, 단국대의 역사를 망치는 일이라 반박했다.

이 문제로 당시 교육부 장관을 만나 거칠게 항의를 했다. 그리고 한걸음 더 나아가 청와대의 김정남 교육문화 수석을 만나기도 했다. 정부 책임자들을 만나 내 온 힘을 기울여 내 생각을 설득했다. 심지어 이런 무책임한 정책을 대학 개혁이랍시고 펼치는 실체를 내가 스스로 언론에 기자회견이라도 열어 공개하겠다고 강경하게 주장했다.

결국 장병규 이사장은 사직을 했다. 장병규 이사장의 파행은 막았지만 이제 진정으로 단국대의 진로를 타개할 역량 있는 인물을 찾는 일이 시급했다. 이 중요한 시기에 떠오른 분이 김학준 박사였다. 김정남 수석을 만나 관선 이사장의 퇴진을 강력히 주장한 얼마 뒤 우리 대학의 임영재 교수를 통해 전갈이 왔다. 김학준 박사와 의논을 해 보자는 내용이었다. 당시 임영재 교수는 현승일 박사와 오래된 교분을

신캠퍼스 부지 매입을 끝내고 마스터 플랜을 입안한 뒤 입지 여건 등에 맞춰 건설 추진 방향 등 세부 계획을 검토 중인 장충식 이사와 김학준 당시 이사장(1994년 11월)

갖고 있었다. 대학에 오기 전 언론사에서 같이 기자 생활을 했던 인연이 있었다. 현승일 박사는 또한 당시 청와대에서 문민정부의 패러다임을 짜고, 실행 계획을 주도하던 '6·3세대'의 핵심들과 오랫동안 같은 길을 걸어오고 있었다.

김학준 박사 역시 이들 6·3세대 학자, 정치인들과 동문으로서, 개혁적 학자로서 공감을 나누고 있었다. 김학준 박사는 나에게도 개인적으로 인연이 많았다. 김학준 박사는 노태우 정부에서 청와대 공보 수석을 지내고 있었다. 당시 나는 노태우 대통령을 자주 만나고 있었다. 나는 남북체육 회담의 수석대표로 일하기도 했고, 대학 총장으로서는 헝가리나 몽골 등 사회주의 국가의 대학들과 한국 최초로 교류의 문을 열었는데 이것이 노태우 정부의 북방정책과 상통해 대통령의 관심을 받고 있기도 했다. 이 때 업무 때문이라도 직간접적으로 김학준 수석과 논의하고, 공적인 관계를 맺어야 했었다.

공직 생활을 할 때도 김학준 박사는 대통령의 수석 비서관으로서 책임감과 활동력이 대단했다. 우리나라의 정치학계를 이끄는 석학이면서도 국회의원을 지낼 정도로 정무감각도 뛰어난 분이었다. 정치적 경계에 얽매이지 않고 합리적이고 온화한 성품으로 인적 관계도 넓은 현실론자이기도 했다.

나는 진지하게 고민을 한 끝에 김학준 박사를 만났다. 최근의 단국대가 처한 상황을 설명했다. 김 박사는 서울대 정치학과에서 25년을 교수로 생활한 교육자였다. 대학의 어려움이나 이사장이 어떤 일을 해야 하는지 잘 이해하고 있었다. 나는 김학준 박사에게 우리 대학 이사장으로 일하시면 어떻겠냐는 제안을 했다. 다만 한 가지 조건을 걸었다.

"아시다시피 단국대는 설립자께서 내건 건학 이념과 이상이 있습니다. 저는 이를 실천하는 데 나름 최선을 다했다고 생각합니다. 김 박사님이 이사장이 된다면 이를 최대한 존중하겠다는 약속을 해 주십시오. 현재의 관선 이사 체제처럼 교육부 방침대로 이사장 업무를 수행할 뜻이라면 우리는 결코 받아들일 수 없습니다."

김 박사는 나의 말에 전적으로 동의했다. 김 박사의 온화하지만 진지한 말 속에 "단국대를 돕고싶다."는 진정성이 느껴졌다. 김 박사는 이렇게 덧붙였다.

"제가 김정남 수석 등과 사적으로는 대학 친구이지만 공적으로 걸어온 길은 전혀 다릅니다. 다시 말하면 저는 김영삼 정부 사람이 아닙니다. 정부에서 저를 관선 이사장으로 선임하지도 않겠지만 저 또한 정부의 심부름을 하는 형식은 싫습니다. 하지만 장 총장님이 저를 이사장으로 요청하고, 제가 응한다면 이 정부에서 최소한 반대하지는 않을 것입니다. 오히려 단국대 문제 해결을 위해 제 등을 떠밀 가능성도 있습니다. 저는 진심으로 총장님과 단국대를 돕고 싶어서 드리는 말씀입니다."

나는 김 박사의 말에 공감했다. 자리가 탐나서가 아니라 대학인으로서 대학의 진로를 함께 고민하고 열어 가려

개교 49주년 기념식에서 회고사를 하는 김학준 당시 이사장. 1996년 11월 1일에 열린 이날 기념식에서 김학준 이사장은 당시 학내 갈등이 격심한 가운데 신캠퍼스 이전이 대학 발전 필수 사업임을 명확히 했다.

는 의지가 있었다. 1994년 5월, 김학준 박사는 우리 대학의 이사장으로 부임했다. 김 이사장은 참으로 진지하고 열정적인 분이었다. 천안으로 서울캠퍼스를 흡수 이전하는 대신에 새로운 부지를 매입하고 신축해 이전하는 대안, 즉 신캠퍼스 건설을 정부가 수용케 했다. 말이 그렇지 이를 실행하는 데 얼마나 많은 인허가 절차와 관계 부서들의 협조가 수반되어야 했겠는가. 그 모든 과정에서 김학준 이사장은

1996년 7월 16일에 가진 신캠퍼스 기공식에서 장충식 당시 신캠퍼스 설립추진위원장과 김학준 당시 이사장

기꺼이 자신이 가진 인적 자산을 공익을 해치지 않는 범위 안에서 활용을 했다.

지금의 죽전캠퍼스 부지를 매입할 때도 김 이사장은 나를 믿어 주었다. 당시 현 죽전캠퍼스 부지 소유자는 대지를 매각하는 조건으로 대금을 일시불로 달라고 전제했다. 500억 원 정도인 그 막대한 거금을 마련하는 문제는 정말 해결이 어려웠다. 급하고 어려운 상황 속에서도 그는 고민 끝에 내가 현 죽전캠퍼스 부지를 매입키로 결심했을 때 이를 선선히 받아들였다. 이때 한남동 교지를 담보로 제공하고 대금을 차입하는 일도 김학준 이사장이 풀어 나갔다. 무엇보다 "안 돼, 안 돼." 일색이던 정부 관청의 고압적 자세를 바꾸고 하나씩 인허가를 받는 일도 정말 어려운 일었다. 김학준 이사장의 역량이 없었다면 죽전캠퍼스 이전 사업은 참으로 더 큰 고난의 길을 걸어야 했다고 나는 믿는다.

그렇게 이전 사업의 기초를 닦고 김 이사장은 인천대학 총장으로 부임해 갔다. 그 뒤로도 대학과 언론 기관에서 그의 부드럽지만 과감한 리더십을 필요로 했고, 김 박사는 동분서주하며 바쁜 나날을 보냈다. 지금 김 박사는 우리 대학의 석좌교수로 재직 중이다. 평일도, 휴일도, 낮과 밤도 가리지 않고 문헌을 파헤치며 공부를 하더니 마지막 역작이라며 『남북한문전』을 간행하고 있다. 상고시대부터 현대까지 우리나라에 관한 문헌, 저서들을 하나씩 짚어 보고, 이를 주제어 별로 분류한 문헌사전이라고 한다. 권당 850페이지씩 전 12권, 약 1만 페이지가 넘는 대작을 준비하는 김학준 박사의 열정이 한국학의 큰 봉우리로 남기를 기원한다.

(2019년 5월 13일)

13

조명래·김병량·김경현 교수

발품 팔아 발굴해 장학금으로 키운 인재들의 세 가지 유형

1970년대 까지만 해도 전국의 지방 도시에는 각 지역의 내로라하는 명문 고등학교가 산재해 있었다. 고등학교 평준화 정책이 도입되기 전이라 지방의 수재들이 몰리는 고등학교가 따로 있었다. 나는 당시 총장으로 학생 선발을 책임지고 있었다. 어떻게 하면 우수한 인재를 우리 대학에 끌어올까 하는 고민을 많이 했다. '같은 값이면 다홍치마'라고 공부를 잘하는 학생들은 아무래도 세칭 명문대라 인정받는 대학에 입학을 하고 싶어 했다. 이 현실의 벽을 뚫고 인재를 단국대에 입학시키는 방법은 결국 총장이 직접 나서는 것이었다.

나는 우선 전국의 지방 명문 고등학교를 골라 학업에 열의가 있고 성적이 우수한 학생들을 추천받았다. 그들을 직접 만나거나 해당 지방 출신의 교수들을 보내 모교를 방문하도록 지원했다. 나는 당시 다른 대학들이 하지 못하던 과감하고 획기적인 장학 지원책을 마련했다. 지방의 우수 학생들에게는 4년간 숙소와 장학금을 수여할 뿐 아니라 교재와 참고 서적까지 공급해 주겠다는 약속을 했다. 당시만 해도 나라의 경제 형편이 어려워 대학 등록금은 온 집안이 힘을 모아야만 해결되는 난제였다. 그 고민을 덜어줄 테니 단국대에서 마음껏 공부를 해서 나라와 모교를 빛내는 인재가 되라는 것이 내 진심이었다. 뜻이야 컸지만 대학의 힘은 그렇지 못했다. 1970년대만 해도 우리 대학은 입학 정원이래야 2천 명도 넘지 않았고, 재정 규모나 여력이 다른 대학보다 많이 취약했다. 기숙사가 필수적인데 지을 힘이 없었다. 내가 하자고 해서 마련된 사업이니 내가 나서기로 결심했다.

우선 내가 살고 있던 집을 내놓았다. 학교 근처에 있던 한남동 소재의 내 집은 70여 평 정도였다. 이 집을 국가고시를 준비하는 학생들의 기숙사로 활용토록 대학에 기부하였다. 바로 이 집이 수많은 판검사를 배출한 '법선재'였다.

1970년대 중반 무렵의 한남동 캠퍼스 전경. 당시만해도 단국대학은 재학생이 1만 명 정도로 규모가 작았고 재정 여력도 크지 않았다.

내가 살 집이 없어서 나는 강서구 화곡동에 있는 160평의 땅을 사서 집을 짓고 이사를 했다. 지금이야 강서구가 화려하게 변모했지만 당시 화곡동은 서울 도심에서 가장 먼 변두리였다. 나는 자가용으로 출퇴근을 하니 큰 어려움이 없었지만 경기중학교와 이화여중에 다니는 내 아들과 딸들은 등하교가 보통 어려운 일이 아니었다. 한남동에서 살 때는 학교가 있는 광화문 지역까지 길어야 40분 걸리던 등교 시간이 화곡동으로 이사한 뒤로는 빨라야 90분이나 걸렸다.

하루에 3시간을 버스에 시달려야 했다. 한창 민감한 사춘기를 겪던 아이들이기에 애비 된 마음으로 왜 미안한 마음이 없었겠는가... 그래도 인재를 키우는 것이 나의 숙명이니 가족들에게 내색하지 않았다. 아이들도 내 결정으로 인해 겪어야 했던 불편을 비록 몸이 고단하고 마음이 힘들었겠지만 아빠인 나에게 일체 불평하거나 반발하지 않았다. 기특하고 고마운 일이었다.

훗날 한남동 집에서 숙식을 하던 고시반 학생들 가운데 부장검사, 차장검사, 부장판사 등 기라성 같은 인재가 속

장충식 당시 총장이 기부한 자택을 개조한 고시생 전용 기숙사인 법선재 입구

속 배출되었다. 1970년대 후반부터는 서울대, 고대, 연대 다음으로 사법시험 합격자를 많이 배출하는 대학으로 성장하였다. 우리 대학이 한때 '사시단대司試檀大'라는 찬사를 받을 만큼 사법시험에서 강세를 보인 것도 이렇게 입학한 장학생들이 낳은 결과였다.

고시생만이 아니라 많을 때는 100여 명씩 특별 장학생으로 입학을 시켰다. 나의 의도는 꽤 큰 성과를 거두었다. 우리 대학에 의과대나 치과대가 설치되기 전이어서 장학생들 가운데 과반수 이상은 사법고시나 행정고시를 준비했다. 다음은 관계로 진출했고 경제나 경영학을 공부한 학생들은 공인회계사나 은행으로 진로를 잡았다. 일일이 이름을 들추기는 뭐하지만 50대 이상의 동문들 가운데 국장, 차관급의 고위 관료나 은행장들을 종종 만나는데 이들은 대부분 이같은 특별 장학금을 받고 공부한 이들이다. 그런데 신기하게도 장학생 중 정치인이 된 사람은 거의 없는 것으로 알고 있다.

이런 장학 제도를 통해 단국대에 입학한 인재들이 많지만 나는 3명의 장학생이 살아온 내력을 특별히 기억하고 있다.

첫 번째는 경상북도 안동고등학교 출신 조명래 군이다. 결론부터 얘기하자면 조명래 군은 지금 환경부장관이 되었다. 조명래 장관은 지역개발학과 현재 도시계획부동산학부의 전신를 신설하면서 영남 지역의 대표적인 우수 학생으로 입학했다. 학부 재학 4년간 전액 장학금을 후원했는데 조명래 군 본인이 사법시험이나 행정고시보다 학문에 뜻을 두었다. 그는 서울대학교 대학원 석사과정에 진학했고, 나는 대학원 과정의 전체 장학금을 후원했다. 조명래 군은 주위의 평을 들어보면 성격이 조용하고 차분해 공부를 즐기는 편이니 학자로 성장하는 것이 좋다는 의견이었다. 좀 더 지원을 하면 모교를 빛낼 좋은 학자가 되리라는 결론을 내리고 그를 만났다. 유학을 가는 것이 어떻냐고 물었더니 본인도 영국에서 박사과정을 하고 싶다 포부를 밝혔다. 문제는 학비와 생활비를 해결하는 것이었다. 나는 그를 보내고 나서 학교 당국에 예비 전임강사로 발령하는 문제를 검토토록 했다. 다행히 교수들이 뜻을 모아 결국 좋은 결과를 얻었다.

영국에서 공부하는 동안 조명래 교수는 급여와 내 개인적 후원을 받으며 등록금과 가족 생활비를 해결할 수 있었다. 귀국한 뒤 조명래 박사는 모교의 조교수로 발령을 받았다. 그에게 대학 발전에 필요한 전문 지식을 도움 받을까 하는 마음으로 보직을 제시하기도 했지만 그는 학생 지도와 연구에 전념하기를 원했다. 만약 그에게 나의 의욕을 앞세워 '유학에서 배운 지식을 대학 행정에 연결시켜 나를 도와 달라' 강력하게 인도했다면 그는 보직을 받아 모교에 봉사하는 길을 걸었을지도 모른다. 그랬다면 아마도 학자로 성장을 못했을 것이다. 그가 성장하는 과정에서 내가 직접 그를 만난 것은 아주 드물다. 서울대 대학원으로 보낼 때, 그리고 영국에서 박사 학위를 받고 귀국해서 인사 왔을 때, 그리고 얼마 전 장관에 취임하여 전화로 인사를 받은 것이 전부였다. 물론 그의 장인되는 분이 우리 대학의 교수로 재직하고 있어서 그의 정황은 자주 들을 수 있었다. 그렇지만 마음 한 구석에 아쉬운 마음이 왜 없었겠는가. 이런저런 사는 얘기나 자녀들 성장 등을 듣는 것은 사람을 기르고 돕는 사람에게 가장 큰 선물인데… 하지만 그 아쉬움은 나의 아쉬움이고 나라에 봉사하는 인재로 잘 성장한 것은 그의 노력이고 운명이다. 자기가 후원한 사람이 성공하면 그를 자기 기억에서 잊어야 하는 것이 인재를 키우는 사람의 본분이다.

영남 출신의 장학생으로 조명래 군을 선발했다면 호남 지역 출신 장학생으로 기억나는 인물이 김병량 교수이다. 김병량 군은 호남을 대표하는 명문 전주고등학교를 다닐 때 우수 장학생으로 선발되어 나와 인연을 맺었다. 나중에 모교 교수로 봉직하여 부총장을 지냈지만 김병량 군 역시 조명래 군 못지않은 수재였다. 공부 잘하는 수재형 인물로 두 사람은 공통점이 많으나 크게 다른 점은 조명래 장관은 조용히 숨어서 일하고 연구하기를 좋아하는 편이나 김병량 부총장은 예능에도 소질 있고, 사교적이며 봉사하기를 좋아하는 유형이다. 돌아보면 내가 학교 일로 어려움에 빠진 경우가 한두 번이 아니지만 이런 때 학교를 위해서 행정적 방면에서 앞장서서 나를 도와준 졸업생 가운데 대표적인 인물이 바로 김병량 교수이다.

김병량 군은 우리 대학에서 4년간 장학금으로 공부하고 내 권유로 일본 츠쿠바대학筑波大学에 유학하여 박사 학위를 취득하였다. 일본 츠쿠바대학은 일제시대 동경대학과 경쟁 관계였던 동경고등사범학교를 모태로 하는 대학이다. 이후 1970년대에 종합대학으로 전환하면서 전후 유럽과 미국식 제도를 다양하게 받아들인 신흥 명문대학이다. 그는 일본에서 도시계획 및 지역개발을 연구하면서 특히 지역의 병원을 비롯한 공공 시설 계획으로 박사 학위를 취득하였다. 김병량 교수는 유학 초기에 일본의 도큐장학재단의 장학금으로 공부를 하였다. 그러나 지원이 여의치 않아 금전적 고생이 많았다. 나는 이 소식을 듣고 나와 친분이 깊은 일본의 유명한 저술가인 호소키 카즈코細木水子 여사를 소개시켜 줘서 그의 장학금으로 박사 학위를 받게 해 주었다. 학위를 마친 김 박사는 1991년도에 천안캠퍼스 도시행정학과 교수로 강단에 섰다.

장충식 당시 총장의 주선으로 김병량 교수(사진 오른쪽)에 장학금을 지원해 준 호소키 카즈코 여사(사진 가운데). 지난 2015년에 단국대학을 방문하고 대학 발전상에 감동받은 호소키 여사는 1천만 엔의 발전 기금을 기탁했다.

이에 앞서 김병량 군이 나를 돕게 된 계기는 천안캠퍼스에 의과대학 부속병원을 신축할 때였다. 1988년에 의과대학을 설립하고, 이듬해 의과대 교사동과 부속병원 신축 공사에 착수했는데 여러 어려움이 많았다. 나는 처음 천안캠퍼스를 세울 때 가졌던 비전대로 충남 지역을 대표하는 종합병원을 짓고 싶었다. 800병상 규모의 대형 병원, 서울을 능가하는 최신식 의료 시설을 갖춘 첨단 병원, 환자 중심의 병원을 짓자는 것이 내 목표였다. 대학 내부에서는 재정적 어려움이 크다며 반대가 심했다. 실제 공사비를 마련하기가 쉽지 않았다. 거기에 돈이 있어도 종합병원을 지으려면 설계나 공간 배치 등에서 고도의 전문 지식이 뒷받침되어야 하는데 국내 대학들의 도움을 받기가 어려운 실정이었다.

이때 김병량 군이 일본에서 병원 건축, 의료 자원 공간 배분 계획을 전공하고 있어서 매우 중요한 도움을 받을 수 있었다. 그의 박사 학위 지도 교수인 타니무라 히데히코谷村秀彦 교수는 일본의 유명한 병원 건축 설계 전문가였다. 또한 타니무라 교수의 장인되는 요시타케 야스미吉武泰水 교수도 일본 병원 건축 분야의 태두로서 당시 고베 예술대학 총장으로 재직하고 있었다. 김병량 군의 소개로 나는 이 두 분을 만날 수 있었다. 두 사람은 김병량 군을 통해 내가 가진 인재 양성에 대한 진심을 이해했고, 선뜻 도움을 주기로 결심했다. 이어서 장인과 사위를 필두로 자신들이 길러낸 제자들, 달리 보면 일본에서 활약하고 있는 최고의 전문가들을 동원해 우리 종합병원 설계를 도와주었다. 이 모든 과정은 전적으로 한 푼의 금전적 대가 없는 순전한 봉사로 이뤄졌다. 이후 공사를 진행하는 동안 어려움을 겪어야 했지만 그 결과 의과대학과 800병상의 부속 병원을 완성할 수 있었을 뿐만 아니라 거기에 최첨단 시설을 갖추어 전국의 많은 의료인들이 견학을 할 만큼 우수한 병원으로 우뚝 설 수 있었다.

김병량 교수는 이 과정에서 병원 설계를 무상으로 마치도록 한 일도 공이 컸지만 내가 천안캠퍼스를 천안의 대표적 고등교육기관으로 성장시키는 데 필요한 일들을 펼칠 때마다 내 옆에서 성실하게 보필을 해 주었다. 좋은 일은 함께 하려하지만 어렵고 힘든 일, 자칫 욕먹을 일은 슬슬 피하려는 게 사람의 속성이다. 천안캠퍼스에 대형 종합병원을 짓겠다며 설계하고 공사를 진행해 갈 당시 나는 김영삼 정부에 미운 털이 박혀 제대로 일을 할 수 없는 난국이었다. 여러 행정 수단을 통해 신축 사업을 방해했고 이런 소문을 들은 사람들은 나를 돕다가 함께 망할까 몸을 사리고 있었다. 그런데도 김병량 군은 아직 박사과정 재학 중인 수련생의 입장에서 자기 은사와 자기 은사의 제자들을 설득해 우리 병원이 완공할 수 있도록 자신의 온 힘을 쏟아부었다.

비단 병원 신축 사업만이 아니었다. 특히 죽전캠퍼스 신축 사업에서는 힘든 일을 넘어 이전을 반대하는 이들에게서 욕 먹을 일인데도 이를 마다않고 감내하였다. 죽전캠퍼스 신축 사업은 그 규모가 컸고 한남동 부지 개발에서 발생할 막대한 이권 때문에 정권의 실세들을 등에 업은 업자들이 사업권 쟁탈을 둘러싼 이전투구에 나서기도 했다. 때론 드러나는 행정 조치로, 때론 주무 관청을 통해, 때론 그늘에서 여러 압박과 압력이 전해졌다. 누구 하나 나를 도와주려고 하지 않는 험악하고 냉냉한 분위기 속에서 김병량 교수는 자칫 욕먹고 자신을 망칠 수도 있는 일에 자신을 내놓았다. 설계부터 시공에 이르는 과정에서 공개적으로 모든 구성원들이 알 수 있도록 일을 성사시켰다. 공개 입찰을 통해 설계안을 받고 한국건축가협회와 일본건축가협회가 공동으로 심사하도록 진행하여 추호의 부정이 개입할 수 없도록 하였다. 이는 다른 한편으로는 권력의 개입을 막아낸 길이기도 했다. 나중에 외환 위기로 중단된 신축 공사를 재개할 때 실타래처럼 얽힌 공공기관과 금융기관의 이해관계를 풀어내는 데도 김 교수의 인내와 분투가 큰 도움이 되었다.

내가 장학금을 주어서 공부시킨 졸업생 가운데 대부분은 입신양명형의 인물이 많았다. 공부 잘하고 출세하면 그것으로 자신의 모든 것이 해결된다는 사고방식이다. 모교에서 장학 혜택을 받았으나 모교를 위해서 헌신한다는 정신을 실천한 사례를 만나기 힘들다. 아니 나는 그동안 숱한 인재들에게 장학금을 주었지만 한 번도 드러내 놓고 모교에 그 은혜의 결실을 돌려주길 바란 적이 없다. 사회에 나가서 좋은 일꾼이 되어 주면 그것으로 나는 만족하였다.

그러나 김병량 교수는 자신을 위해서 연구만 하고 자

기 잇속을 차리는 형이 아니라 전적으로 봉사하는 것이 즐겁고 행복하게 여기는 삶의 철학을 가졌다. 20여년 전 NGO 단체를 창설해서 이사장 등을 지내면서 봉사한 공로로 몇 년 전에 홍조근정훈장을 받은 일이나, 전셋집에 살면서도 70주년 기념관 건립에 1억 원을 약정하여 완납한 일에서 김 교수의 내면을 읽을 수 있다.

경상도 안동 출신의 조명래 군, 전라도 전주 출신의 김병량 군이 자랑스러운 인재라면 서울 출신으로 김경현 군이 있다. 김경현 군은 서울 휘문고 출신이다. 김경현 군은 한마디로 '공붓벌레'라 해도 과언이 아니다. 내 모교 출신 후배이기도 해서 각별한 애정을 갖고 그를 후원했다. 우리 대학 사학과에 진학한 그에게 나는 4년간 전액 장학금을 수여했다. 학부를 졸업하고 서울대학교에서 서양사 석사 과정을 이수한다 했을 때도 기꺼이 학비를 지원했다. 석사 학위를 받은 뒤에는 내가 석사 학위를 받은 고려대에서 박사 학위를 밟으라 권유했고 김경현 군도 기꺼이 이를 따랐다. 물론 이 과정에서 학비를 지원했다.

나는 장학생을 고를 때 내 나름대로 하나의 기준을 우선 적용했다. 그것은 '학업 성적과 가정 형편' 중 가정 형편을 먼저 적용한다는 점이다. 전국에서 성적이 탁월한 학생을 추천받으면 나는 경제적으로 여유 있고, 형편이 좋은 가정의 학생에게는 관심을 기울이지 않았다. 최고의 성적은 아니더라도 경제적으로 어려운 학생, 거기에 학업에 성실한 학생을 장학생으로 선발했다. 장학금을 받지 못하면 대학을 다니지 못할 청년들이야말로 장학 제도가 꿈이요, 성공의 자극제가 될 것이라는 것이 내 믿음이었다. 그래야 우리나라의 인재가 고르게 성장할 수 있다는 나름의 철학이기도 했다.

김경현 군도 그런 사례였다. 박사 학위를 받자 나는 학과 교수들의 도움을 받아 우리 대학 사학과 전임강사 발령을 받도록 도왔다. 김경현 군은 우리 대학에서 월급을 받으며 일본 동경대학과 미국 하버드대학에서 추가로 자신의 고대 서양사 연구를 더 할 수 있었다. 마침 좋은 배필을 만났다 해서 주례를 부탁받고 기꺼이 주례를 서 주었다. 사회적으로, 또한 학자로서 성장하는 데 필요한 일, 그가 원하는 여러 가지 일을 나는 가능하면 다 들어주었다. 어려운 가정에서 공부하는 데 모든 것을 바치려는 그의 열정으로 좋은 학자로 자라도록 돕고 싶었다. 나의 기대에 부응하듯 유학을 마치고 돌아와서도 학문에 열의를 바쳤다. 학생들이나 학계의 평판도 좋았다. 공부하는 교수, 연구에 몰두하는 교수라는 좋은 평판에 좋은 논문을 많이 발표했다. 당연히 여러 대학에서 그에게 관심을 갖는 사람이 많아졌다.

그 무렵 고려대로 교수 자리를 옮길 기회가 생겼다. 나도 그 소식을 듣고 있었다. 그를 후원한 나와의 인간적 의리로는 모교에 남아 후배를 길러내야 했지만 고려대학교에서 자신을 탐내어 오라는데 이런 기회가 또 있을까 하는 것이 그의 고민이었다. 그의 고민을 다른 사람들을 통해 들은 나는 그의 마음 깊은 곳에 명예욕이 있음을 알아챌 수 있었다. 왜냐하면 그를 교수로 길러내기까지 기울인 선배이자 스승인 내 마음을 이해하고 있다면 처음부터 고민할 일이 아니었기 때문이다.

많은 동료, 선배 교수들이 그의 고민을 보며 '배신'이라는 말을 썼다. 그들이 보기에 내가 그에게 기울인 애정과 후원의 크기가 컸기에 하는 말일 것이다. 나는 김경현 교수에게 고려대로 전직해도 무방하다는 말을 건넸다. 단국대 졸업생이 고려대 교수로 가는 것이 작게는 모교 사학과의 전통을 빛내 주는 일이고 길게는 대학들의 학문적 성장을 촉진하는 일이라 덧붙였다. 그러나 그 말을 하는 내 마음은 어찌 편할 수 있었겠는가. 10여 년 동안 장학금과 연구비 등을 후원하여 길러낸 인재가 단국대를 떠난다는데 서운하고 아픈 마음이 안 든다면 그것은 거짓이다. 하지만 나마저 그를 비난하면 그는 모교의 배신자가 되고, 학계에서도 배은망덕한 인간이라 손가락질을 면치 못한다. 자칫 젊은 학자의 앞길을 매장하는 일이 될 수도 있는 위험한 일이다. 더군다나 내 마음대로 부리고, 내 뜻대로 움직이게 하려 인재를 길러내는 것은 아니지 않겠는가. 외국에서 길러낸 인재가 우리 대학에서 봉사를 할 수 있고, 우리 대학에서 길러낸 인재가 세계로 나가 봉사할 수 있어야 한다. 그것이 인재를 기르는 참뜻이기도 하다. 나는 아픈 마음을 뒤로 하고 그를 웃으며 보냈다.

시대가 바뀌고, 많은 대학들도 내가 시도한 방식의 장학생 유치를 시도하면서 특별 장학생 선발은 시대의 물결에 묻혀져 갔다. 그러나 우리 대학의 특별 장학생 제도, 나의 후원을 거쳐간 많은 인재들이 사회의 지도자로 활약하고 자주 나에게 안부를 전하곤 한다. 그들을 찬찬히 회고하면 이렇게 언급한 세 가지 부류의 인재형으로 나누어 볼 수 있을 것이다. 자신의 학문적 역량을 바탕으로 공직자가 된 인재, 모교를 위해 자신을 희생하는 봉사형 인재, 학식을 바탕으로 학문적 명예를 이루는 인재. 나는 그들을 통해 사람을 키우는 기쁨을 누렸으니 오히려 고마운 마음이다. 자신들이 어떻게 생각하든 이들은 결국 모두 우리 단국인과 같은 길을 걸었던 소중한 인재들이다. 부디 모교의 명예를 빛내주길 바라고 응원할 뿐이다.

(2019년 6월 4일)

14

김대중 전 대통령·이희호 여사 내외

선친의 인재 사랑이 맺어준 큰 정치인의 두터운 대학 사랑

지난 6월 초였다. 이제는 영면하신 이희호 여사님을 찾아갔다. 입원하셨다는 소식을 들어 문병을 하러 갔다. 마침 잠에서 깨어나신 시간이라 면회가 가능하였다. 여사님의 손을 만져 보니 온기가 없었다. 기력이 많이 떨어지셔 나에게 제대로 말씀을 하지 못하셨다. 그동안 노환을 앓은 적이 한두 번은 아니었지만 전과는 다른 병색에 마음이 편치 않았다. 여사님은 언제나 내가 찾아 뵈면 온화한 웃음으로 반겨 주셨고, 그 때마다 항상 정장 차림으로 맞이해 주셨건만 입조차 열기 힘들어하시는 여사님을 보니 울

컥 눈물이 나오는 것을 억지로 참았다.

병실을 나오며 그 따뜻했던 미소와 다정하지만 정중한 언행을 다시 볼 수 없을 것 같은 예감이 들었다. 돌아오며 더 나쁜 소식을 듣기 전에 이희호 여사와 김대중 선생, 두 부부에 대한 인연을 글로 옮기기로 결심했다. 책상에 앉아 글을 쓰고자 애를 쓰며 며칠을 보냈고 이 글을 다 마쳤을 때 바로 여사님의 별세 소식을 듣고야 말았다. 이 또한 인연이런가… 여사님은 이제 김대중 선생님과 하늘나라를 산책하고 계실 것이다.

고 이희호 여사님과 나는 서울대 사범대 선후배 사이이지만 그 인연은 내가 아닌 선친범정 장형 선생의 육영사업에 뿌리를 두고 있다. 여사님은 1950년도에 서울대 사범대를 졸업했는데 재학 당시 사범대 학생대표, 사범대 학도호국단 부단장을 지낼 만큼 활동적이었다. 이때 친했던 동료 중에 고려대 학생회장을 지낸 김기호 씨가 있는데 이 분은 우리 대학 재단에 근무하고 있었다. 대학을 졸업한 여사님이 유학을 결심하고 입학 허가를 받았지만 문제는 유학 자금이 없었던 것이다. 이 사정을 들은 김기호 씨가 여사님을 당시 우리 대학 이사장이신 범정 장형 선생께 소개시켰다고 한다. 이희호 여사님, 아니 '청년학도 이희호 양'은 선친께 자신이 배우고자 하는 사회학과 신생 독립국인 한국에서 여성 계몽의 중요성을 고백했는데 선친께서는 이에 공감을 하고 선뜻 유학 자금을 지원해 주었다고 한다. 미국가는 여비와 일정한 기간 미국에 체류할 수 있는 자금을 후원했는데 '유학생 이희호 양'에게는 큰 도움이 되었을 거란 것이 이 자리를 주선한 김기호 씨의 전언이었다. 내가 대학에 들어왔을 때 김기호 씨는 우리 대학 정치과 교수로서 사무처장 보직을 맡고 있었기에 소상한 내력을 들을 수 있었다. 물론 선친의 일인 만큼 이후 내가 이희호 여사와 특별히 교류를 할 기회도 따로 없었다.

그러다가 이번에는 내가 김대중 총재와 인연을 맺을 일이 생겼다. 그 인연은 김상현 의원과의 우정에서 시작되었다. 김상현 의원과는 호형호제를 할 만큼 깊은 우애를 쌓았던 적이 있다. 1972년 10월 김상현 의원은 10월 유신 개헌을 위해 선포된 비상계엄조치로 보안사에 끌려갔는데 나를 물고 들어갔다. 회의를 하다가 나는 '노재현 계엄사령관' 명의로 날인이 찍힌 체포 영장을 내보이는 수사관들에게 끌려갔다.

용산구에 있던 당시 주한 미8군 사령부가 있는 언덕의 제법 큰 2층 건물. 구석진 방으로 끌려가는데 복도가 꽤 긴 편이었다. 그 복도를 지나가는 동안 사람의 비명 소리, 수사관의 악쓰는 소리가 들리는데 누구라도 공포감이 커질 수밖에 없는 분위기였다.

이름도 밝히지 않는 수사관들이 험악하고 살벌한 눈초리로 나를 확인하더니 심문을 시작했다. 옆방에서는 매를 맞는지 비명 소리가 계속 들려왔다. 비명을 지르는 사람은 울다가 흐느끼기도 하고 참기 힘든 고통에 자지러지는 비명을 내기도 하였다. 듣는 내가 다 공포심에 심장이 오그라드는 느낌이 들었는데 아마도 그것이 심문하려는 이들의 의도였을 것이다. 내 마음을 읽기라도 했는지 수사관은 백지 한 장을 꺼내 주면서 내가 아는 정치인들 명단을 아는 대로 적으라 했다. 나는 나와 교분이 있는 사람들보다는 수사관들도 알 만한 인지도가 있고 별로 교류도 없는 전현직 국회의원 20명 정도를 써 냈다. 그들은 내 진술서를 받더니 서랍에서 종이를 꺼내 놓고 내가 적어낸 것과 대조를 했다. 수사관은 대뜸 "왜 김상현 이 자식 이름을 빼놓냐."고 버럭 소리를 질렀다. "김상현은 담당 수사관에게 장충식 총장하고 제일 가깝다고 실토했다."면서 "대학 총장이 빨갱이들을 잡는 데 협조해 줘야지 거짓말을 해서 수사를 망치게 하면 대학으로 돌아가지 못할 것"이라고 계속 엄포를 놓았다.

이렇게 시작된 수사관과의 말씨름을 통해 알게 된 그들의 주장은 이렇다.

"김상현은 1971년 대통령 선거 당시 박정희 대통령에게 맞선 김대중 후보의 핵심 참모실제로 김상현 의원은 김대중 후보의 비서실장, 선거대책본부장 등을 맡았다인데 이 자가 김대중의 대통령 선거운동 자금책을 맡고 있었다. 그런데 장충식 총장과 서울시장을 지낸 모씨가 선거 자금을 가장 많이 대줬다."는 것이다.

어처구니없는 혐의였다. 우리 대학 교직원들 월급 줄 돈이 없어서 사채를 빌리느라 전전긍긍하던 재정 형편으로 무슨 대선 자금을 지원할 여력이 있겠는가. "김상현 의원과는 오랜 우정이 있어서 술이나 밥을 사거나 해외 출장을 간다 하면 호감의 표시로 격려금을 보탠 적은 있지만 대통령 선거에 거금을 지원할 힘도 없고, 형편도 아니다."라고 항변했다. 수사관들은 내 말을 전혀 받아들이지 않았다. 오히려 수사관들은 내가 거짓말을 한다면서 김상현 의원의 진술 내용을 보여 줬다. 그의 진술에는 내가 그에게 4천만 원의 선거 자금을 지원한 것으로 나와 있었다. 4천만 원은 그 당시 서울에 있는 최고급 아파트 한 채를 살 수 있는 거액이었다. 내가 곰곰이 속셈을 해 보니 김상현 의원에게 십여 년 동안 지출한 금액의 10배는 넘는 돈이었다. 수사관들은 교대로 돌아가며 나를 윽박지르고 구타를 하며 김 의원의 진술에 동의할 것을 강요했다. 사실 여부가 중요한 것이 아니라 김대중 후보를 잡기 위한 구도에 대학 총장인 나를 얽

어매려는 의도였다.

밤을 새우며 나를 겁주고, 욕을 퍼붓던 수사관들은 이윽고 구타를 하며 고문을 했다. 발버둥을 치고 저항을 해도 소용이 없었다. 거리에 나돌던 "서빙고에 끌려가면 성해서 나오지 못한다."는 말이 허위가 아니었음을 몸으로 깨달았다. 철야 조사를 받고 온갖 수모를 당하면서도 나는 '4천만 원 지원' 진술을 거부했다. 내 완강한 자세 때문이었든지 나중에는 김대중 후보에 대한 정치자금 지원은 뒤로 하고 우리 대학 출신의 국회의원인 오치성 씨에 대한 뇌물을 진술하라 억지를 부렸다. 직감적으로 당시 보안사령부 최고위직에 있었지만 국회의원 자리를 노리고 있던 K 장군이 떠올랐다. 그는 오치성 의원과 국회의원 선거 지역구가 겹쳐서 출마를 못하고 군부에 있어야 했는데 이를 상당히 원통해 한다는 후문을 들은 바 있었다. 억지와 고문으로 나를 김대중이든 오치성이든 고위 정치인에게 엮어 정치자금 스캔들로 만들려는 의도를 파악할 수 있었다. 그렇다면 더욱더 강하게 저항해야 했다. 그들이 사실이 아닌 허위자백으로 음해를 하려는 의도에 굴복할 수 없었다.

밤잠을 재우지 않고 협박과 구타를 하는 등의 고문을 견뎌야 했지만 끝이 보이지 않았다. 정신이 가물가물해지던 차에 갑자기 석방이 되었다. 집으로 돌아와 내력을 들어

보니 보안사령부에서 중책을 맡고 있던 우리 동문 중 한 사람이 학교 측의 하소연을 듣고는 나를 수소문했고, 계엄사령부의 고위 인사들을 찾아가 직접 나의 결백을 호소하며 신원을 보증했다고 한다. 천만다행으로 그 동문의 호소가 힘을 발휘해 옥고를 벗어날 수 있었다.

이희호 여사와 김대중 선생과는 그 전에도 직접적으로 만나고 연락을 주고받을 만한 친분이 없었지만 이로써 더욱 그 인연은 엮어졌다. 1972년 이후 김대중 선생은 '빨갱이 정치인'으로 덧칠이 칠해져 망명과 투옥을 거듭했다. 급기야 서울의 봄 이후 선생은 '내란음모의 수괴'로 낙인찍혀 사형선고를 받았다. 이 와중에 이희호 여사라고 어떻게 편할 날이 있었겠는가. 망명자의 아내, 사형수의 아내로 도피와 옥바라지가 교차되는 험난한 삶을 살아야 했다. 그러다가 1987년 6월 민주화 항쟁이 대통령 직선제 개헌으로 연결되면서 정치인 김대중의 길도 좀 더 평탄해졌다. 동시에 우리나라는 민주화의 거센 격랑에 휩싸였다. 직선제 개헌에 이어 광주항쟁의 진상 규명과 책임자 처벌을 요구하는 함성이 거세어졌다. 그 선두는 대학생이었는데 우리 대학의 최덕수 군당시 천안캠퍼스 법학과 2학년이 자신의 몸에 불을 붙임으로써 사회적 열망의 정점을 앞당겼다. 1988년 5월 18일 최덕수 군이 천안캠퍼스 시계탑 앞에서 분신을 시도했다는 소식을 듣고 나는 다른 무엇보다 그 학생의 생명이 다치지 않기를 빌었다. 개인이 시도한 일이지만 학교가 나서서 지원에 최선을 다하도록 지시했다. 덕수 군의 어머니는 광주시에서 떡장수를 한다고 했다. 고생하며 키운 아들이 당하는 고통에 모친의 분통함이 얼마나 클지 십분 이해가 되었다. 전신에 3도 이상의 화상을 입은 덕수 군의 병실을 찾아가니 덕수 군은 고통에 몸을 비틀며 삶을 붙잡고자 했다. 그러나 26일 오후에 덕수 군은 숨을 거두었다. 진심으로 가여웠다. 이념이고 민주화에 대한 열망이고 간에 가난한 어머니의 희망이자 기둥이었을 아들이 기성세대의 파행을 규탄하느라 목숨을 바치다니. 나 역시 눈물을 감출 수 없었다.

공안 당국은 덕수 군의 장례식이 가져올 파급 효과를 두려워했다. 가능한 한 조용히 장례를 치르는 것이 그쪽의 바람이었다. 나는 그 생각에 동의하지 않았다. 교직원들에게 덕수 군의 장례식을 천안캠퍼스가 아닌 서울캠퍼스에서 치르도록 지시했다. 우리 대학 조문객들이 많을 것이고 규모도 커질 것이 확실했기 때문이었다. 그리고 교직원부터 근조 넥타이를 매고 덕수 군의 죽음을 추모하도록 했다.

그럴수록 공안 당국에서는 여러 협조 사항을 전달해 왔다. 그 중에는 장례비가 2천만 원 이상 넘지 않도록 해 달라는 것도 있었다. 말하자면 장례식 규모를 최소화하라는

고 최덕수 동문의 장례는 민주국민장으로 치러졌지만 실질적으로는 단국대학 행정 당국과 총학생회가 주관을 했다. 서울역 노제를 위해 당시 서울캠퍼스를 나오는 운구 행렬. 대학 재정 투입을 감시하는 공안 당국의 압력을 피하려 장충식 당시 총장이 5천만 원의 사재를 조달해 지원했다.

무언의 압력이었다. 내 마음이 불끈했다. 사람의 죽음을 앞에 놓고 장례비의 상한선을 정해 장례를 치르라니, 젊은이의 죽음을 어른인 우리가 그런 식으로 재단해서는 안 된다는 생각이었다. 나는 빚을 얻기로 했다. 학교 공금을 투입하면 정부 측에서 어떤 식으로 책임을 따지려 달려들지도 모를 일이었다. 이리저리 돈을 구해 사비 5천만 원을 내놓았다. 재야 단체가 나서서 '민주국민장'이라는 형식으로 장례식 규모가 커졌지만 장례식 비용을 묻고 도와주는 이는 없었다.

이렇게 해서 장례를 치르던 중 김대중 선생이 조문을 왔다. 1987년 대통령 선거에 출마했지만 뜻을 이루지 못하고 국회의원 신분이었던 상황이었다. 김대중 선생은 무엇보다 대학 당국이 얼마나 고생이 많냐며 위로를 했다. 그리고 젊은이들이 죽어 나가는 현실을 개탄했다. 그 자리에서 김대중 선생은 처음으로 이희호 여사와 우리 선친의 인연을 얘기했다. “아내가 미국 유학을 갈 때 단국대 설립자이신 범정 선생님께서 여비랑 생활비를 보태 주신 덕분에 무사히 유학을 갈 수 있었다.”는 회고담인데 “지금도 아내가 고마워 한다.”는 말로 끝을 맺었다. 나 자신도 청년시절에 듣고 까맣게 잊고 있었는데 36년 전 일을 기억하고 있다니... 듣는 내가 오히려 “기억해 줘서 고맙다.” 말하고 싶었다. 왜냐하면 나는 20년을 총장직에 근속하면서 경험을 통해 “도움 준 사람은 기억하지만 도움받은 사람은 기억하지 못하거나 모르는 척하는 게 사람의 본성”이라는 결론을 내렸기 때문이었다.

이런 만남을 통해 나는 김대중 선생이 상당히 꼼꼼하고 섬세한 성품이란 것을 알게 되었다. 그 뒤 다른 만남을 통해 나는 김대중 선생의 섬세한 성격이 넓은 지식 체계와

1988년 5월 26일, 광주항쟁 진상규명을 외치며 분신한 고 최덕수 동문이 별세했다. 이후 진행된 최 동문 장례식장에 김대중 의원(당시 평화민주당 소속)이 조문을 와서 장충식 당시 총장 집무실에서 조의를 전하고 있다.

결합해 큰 정치력을 발휘한다는 것을 목격할 수 있었다. 내가 '백범김구선생기념사업회' 회장으로 재임할 때였다. 나는 1991년부터 회장으로서 백범사업회를 8년 동안 운영한 적이 있었다. 부회장이나 고문으로 사업회 운영에 지원한 것을 포함하면 10년이 넘는다. 이 긴 시간 동안 당시 정부는 백범사업회에 어떤 재정 지원도 하지 않았고, 재계도 도움을 주지 않고 있었다. 명색이 항일전쟁을 이끈 상해 임정의 수반이자 독립운동 유공자였지만 그의 유지를 받드는 사업은 아무도 거들떠보지 않았다. 명예도, 돈도 없는 단체라서 바람 앞의 촛불처럼 존재가 위태했다. 그렇지만 독립운동 유공자들이 나에게 회장 취임을 부탁했을 때 나는 선선히 응했다. 그리고 내가 가진 모든 능력을 동원해 기념사업회를 도왔다. 『백범일지』를 중국어로 번역, 출간했고 상해 임시정부 청사 복원과 백범 동상 건립 등을 기념사업회가 주도토록 했다.

그 중에서도 백범 선생 추도식은 어찌 보면 고인의 유지를 기리는 가장 기본적인 행사이다. 그러나 추도식에 주요 인사들을 초대하면 나오는 분들이 거의 없었다. 정부 주요 인사, 정치인, 기업인, 군인 등 직업을 막론하고 추도식에 자리를 함께해 주는 분들을 찾기 힘들었다. 그러나 김대중 선생은 그렇지 않았다. 백범 선생에 대한 존경심을 갖고 추도식에 참석해 주고 독립운동 유공자들을 위로하며 격려를 했다. 독립운동 유공자 원로, 학자들과 환담을 나누다 보면 김대중 선생이 항일운동사와 관련 인물들에 대한 지식이 상당히 깊다는 것을 알 수 있었다. 우리나라 현대사에 대한 인식도 이같은 학습과 고민에 뿌리를 두고 있었다. 상해 임정을 중심으로 재해석해야 한다는 문제의식도 갖고 있었다. 정치인이 그만한 지식과 철학을 가지려면 직접 공부하지 않고서는 어려운 일이다. 그리고 기본적으로 애국

1997년 4월, 장충식 백범김구선생기념사업회 회장의 초청으로 김대중 선생이 〈월례 백범강좌 100회 기념강연회〉에서 백범 선생의 삶을 회고하며 항일운동에 대한 소견을 밝히고 있다.

심이 있어야 가능한 일이다. 그때 나는 김대중 선생에 대한 존경심이 강해졌다.

1992년 대통령 선거가 본격화되기 전이었다. 독립운동 유공자 원로, 광복군 출신 원로들께서 회장인 나에게 요청을 했다. 출마 예상자들이 백범 선생 추도식에 와서 독립운동사에 대한 식견을 담아 정견을 발표하는 자리를 만들어 달라는 것이었다. 그래서 김대중, 김영삼, 정주영, 세 분의 후보자들에게 원로분들의 의견을 대신 전달하고 가능한지 문의하였다. 김대중 후보는 긍정적인 답변을 주었지만 김영삼 후보 측은 어렵다는 응답을 했다. 그런데 얼마 뒤 참석하겠다는 응답이 왔다. 참모들이 설득했다는 후문을 들었다. 참석하겠는데 나에게 와서 추도식에 대한 사전 설명을 해 달라는 요구를 했다. 이 때 김영삼 후보를 공식적으로 대면한 첫 번째 자리가 되었다.

정주영 후보도 만나게 되었는데 두 분 모두 독립운동에 대한 식견은 물론이고 기본적인 애정이 부족하다는 인상을 받았다. 특히 백범 김구 선생에 대해서는 몰라도 너무 모른다는 결론을 내렸다. 돌아오는 길에 저절로 탄식이 나올 정도였다. 자연스럽게 김대중 후보와 대비가 되었다. 권력에 대한 열망은 크지만 역사를 알려는 진지한 노력은 부족했다. 김대중 선생을 만나고 나니 이런 차이가 저절로 느껴졌다.

김대중 선생이 1993년 선거에서 뜻을 이루지 못한 뒤 세월이 흘렀다. 그 5년 동안 나는 김영삼 대통령에게 미운 털이라도 박혔는지 온갖 불이익을 당해야 했다. 천안캠퍼스에 종합병원을 세울 때는 모든 인허가권을 이용해 우리 대학이 취할 수 있는 재정적 자구 조치를 막아서 위기가 깊어지도록 했다. 재정난이 심각해지자 이번에는 불과 대통령 임기가 4, 50일 정도가 남은 시점에서 교육부를 통해 메시지를 전했다. 모 국장이 당시 대학법인의 김강웅 사무처장과 나를 부르더니 대학 운영이 위기 상황에 처해 있다는 것을 안다면서 1개월 이내에 해결하지 못하면 대학 경영권을 놓고 물러나라는 요구를 했다. 누구의 지시냐 물었더니 교육부 장관이 서명한 공문을 내밀었다.

이에 앞서 나는 1997년 대통령 선거에서 당선된 김대중 당선자 내외를 만날 수 있었다. 김대중 선생이 초청을 한 것이다. 만나보니 이희호 여사가 자리를 함께하고 있었다. 이 여사는 다정한 미소로 "저를 도와준 분이 단국대 설립자이신데 장 박사님이 그 후손이시냐?"고 물었다. 나는 내가 그 분의 막내 아들로 대학에 몸담아 지금까지 대학을 운영해 왔다고 밝혔다. 이것이 이희호 여사와 첫 만남인 셈이다. 47년 만에 그 인연의 당사자를 만난 것이다. 그것도 대통령 영부인이 되어서.

그 자리에서 김대중 선생은 또 하나의 인연을 밝혔다. 바로 1972년에 내가 보안사 서빙고 분실로 끌려갔던 일이었다. 김대중 선생은 내가 고초를 당했다는 것도 잘 알고 있었다며 비록 김상현 의원의 허위 자백에서 비롯된 일이지만 결국 자신을 잡으려는 독재 정권의 횡포에 당한 셈이니 미안한 일이라고 위로를 해 주었다. 그러면서 남북체육회담을 통해 단일팀과 단기團旗를 성사시킨 일, 당시 회담의 진행과 오간 대화 내용 등을 자세히 물어보았다. 그 속에서 당신이 대통령에 취임하면 남북교류와 민족화해 작업에 앞장서겠다는 의욕도 보였다.

이같은 만남을 가진 뒤 나는 대학 경영권을 내놓으라는 통첩을 놓고 고민에 빠졌다. 내가 겪고 있는 위기의 저변에 김영삼 정부와의 불화가 작용하고 있는 것이 사실 아닌가. 나는 당시 김대중 대통령 당선자의 대변인으로 있던 박지원 동문상학과 졸업, 문화관광부장관, 대통령 비서실장, 국민의당 대표 역임을 만났다. 그에게 지난 5년 간의 과정을 설명하고 새로운 정부가 출범하여 단국대의 신캠퍼스 신축 사업과 재정난 해결을 관리한다는 방침을 정해 교육부에 통보해 줄 것을 청원했다. 박지원 대변인도 적극적으로 모교의 위기를 풀고자 노력했고 다행히 우리 대학의 어려움이 대통령 당선자에게 받아들여졌다. 결국 정권인수위원회를 통해 '향후 단국대의 이전 사업 정상화 문제는 차기 정부에서 풀어간다.'는 입장이 교육부 장관에게 전달되었다. 그렇게 해서 우리 대학은 법인 부도의 위기 속에서 정부의 협조를 받아 문제를 해결할 수 있었다.

2000년 6월에 김대중 대통령은 북한의 김정일을 만나 역사적인 6·15선언을 발표했다. 이 선언을 통해 남북이산

가족 상봉 사업이 부활할 수 있었다. 가족 상봉 사업은 남한과 북한의 적십자가 진행하기로 했는데 뜻밖에도 대한적십자사 총재로 나를 선임했다. 아마도 당선자 내외를 만났을 때 나에게 남북체육회담에 대해 소상히 묻고, 어떻게 회담을 이끌었는지 물었던 일들이 모두 이런 일과 연관이 있었구나 하는 짐작이 들었다. 더욱 중요한 것은 이희호 여사가 나의 적십자사 총재 추천에 깊은 연관이 있다는 점이다. 다른 쪽에서는 경희대의 조영식 총장을 천거하기도 했으나 이희호 여사가 분단 이후 최초로 남북단일팀을 성공시킨 장 총장이 적격이라며 강하게 주장을 해 이를 관철시켰다는 후문을 듣기도 했다.

김대중 대통령과 이희호 여사, 두 분의 후의에 힘입어 대학의 재정적 위기도 차분히 해결할 수 있었다. 비록 우여곡절이 있었고 시간이 더 많이 걸렸지만 2007년에는 신캠퍼스로 이전을 할 수 있었다. 내 개인의 안위를 떠나 1998년 1월에 김대중 선생의 결단이 없었다면 우리 대학은 깊고 깊은 혼란과 침체의 늪에 빠졌을 것이다. 그래서 신캠퍼스 준공과 입주 기념식을 할 때 나는 김대중 선생과 이희호 여사의 참석을 간곡히 부탁했다. 두 분의 도움이 맺은 결실을 보여드리고 싶었다. 불행히도 김대중 선생은 당시 폐렴이 악화되어 외출이 불가능했다. 이희호 여사가 참석하여 선

2007년 8월 30일 열린 단국대학 죽전캠퍼스 이전 기념식에 참석한 이희호 여사가 김대중 선생을 대신해 행사에 참석하고 기념식수를 했다. 김대중 선생은 기념식 참석을 약속했으나 폐렴이 악화되어 동석하지 못하고 기념수를 보내왔다. 사진 왼쪽부터 안응모 당시 총동창회장, 장충식 범은장학재단 이사장, 박석무 당시 이사장, 정진석 추기경, 이희호 여사, 권기홍 당시 총장, 오른쪽 끝 박지원 당시 김대중평화센터 이사장 비서실장.

생을 대신해 신캠퍼스 평화의 공원에 나무를 심어 주었다. 지금도 푸르름을 자랑하고 있다. 다른 대통령들도 여러 대학에 나무나 기념물을 증정, 기탁했지만 정권이 바뀌면 사라지거나 훼손되거나 욕을 먹거나 없어지기까지 한다. 하지만 두 분이 심은 나무는 지금도 우리 캠퍼스에서 정정하게 빛을 펼치고 있다.

돌아보면 두 분의 앞길을 여는 데 내가 기여한 일은 거의 없다. 있다면 선친의 덕이고, 김상현 의원과의 우정이었을 뿐이다. 내게 베푼 은혜가 너무 크다고 생각할 뿐 따로 갚을 길이 없었다. 그러다가 김대중 선생은 2009년 8월에 세상을 달리하고 말았다. 선생에 대한 미안함을 갚고자 이희호 여사를 뵙고 도울 일을 알려 달라 했다. 사양하던 여사는 북한에 대한 의료 지원 사업을 하고 싶다고 했다. 나는 기꺼이 동행을 약속했다. 2015년 박근혜 정부 시절이었다.

북한이 보청기를 생산 못한다는 얘기를 듣고 보청기 200개, 링거액 2,000개, 진통제 등 다양한 약을 준비했다. 구급차도 준비해 따로 배편으로 실어 보냈다. 모두 이희호 여사께서 국내외 독지가들의 도움을 받아 준비한 일이다. 이희호 여사를 모시고 평양에 도착하자 우리 일행이 가지고 간 그 많은 의약품에 북한 당국도 감탄하고 또한 진심으로 고마운 마음을 표시하였다. 그런데 남한 정부에서 북한에 대한 형식적인 메시지라도 보내올 줄 알았는데 대통령이건 총리이건 아무런 의사 표시가 없으니 북한이 오히려 당황하는 듯했다. 정치적인 교류 재개 제안이나 아니면 하다못해 이희호 여사의 방북에 많은 편의를 봐 달라는 정도의 인사말이라도 보내는 것이 상식 아니냐는 듯했다. 정치

2015년 12월에 열린 김대중 대통령 노벨평화상 수상 15주년 기념식이 열렸다. 이희호 여사와 장충식 이사장, 정의화 당시 국회의장이 이날 장학금을 받은 장학생 등과 자리를 함께하며 격려했다.

적인 문제는 별도로 이 방북은 여사님의 박애정신, 동포에 대한 사랑이 잘 드러난 사업이었다.

이후에도 나는 6·15선언 기념 행사, 김대중 대통령 노벨평화상 수상 기념 행사 등에 빠짐없이 참가했다. 김대중 선생이 돌아가신 뒤로는 더욱 열심히 참가했다. 더 나아가 이들 행사에 우리 대학 음악대 교수님들, 무용이나 음악 전공 학생들의 공연을 준비해 행사를 빛내 주었다. 그때마다 이희호 여사는 "단대 식구들이 참석해서 행사를 빛나게 해 줬다."며 큰 칭찬과 감사의 뜻을 전했다.

이렇게 고마운 마음을 담아 글을 쓰는데 여사님의 별세 소식이 도착했다. 선친께서 펼친 육영 의지가 맺은 인연은 얼마나 큰 결실로 돌아왔던가. 한국 여성학의 문을 열었고, 여성운동의 씨앗을 뿌렸다. 시대를 앞서가는 정치인에게 따뜻한 가정을 만들어 주었고, 민주화의 결기를 죽음 앞에서도 잃지 않도록 독려하는 동반자가 되었다. 그로 인해 정치인 김대중이 한국을 이끌어 외환 위기를 이겨내고, 북한과 새로운 동반자의 길을 열었다.

나 역시 잊지 못할 은혜를 입었다. '회자정리會者定離'라 하지만 슬픔을 어찌 몇 마디의 글로 다 풀 수 있겠는가. 부디 영면하소서, 어진 웃음으로 반겨줄 남편의 손을 잡고 서로 환하게 웃으며 천국에서 영생하시길…

(2019년 6월 18일)

15

노태우 전 대통령

럭비 선수로 만나 북방정책, 남북단일팀, 한중수교로 이어진 인연

노태우 전 대통령과 대학생 때부터 알고 지냈다. 그 분과 나는 1932년 생으로 같은 나이이기도 하지만 대학 시절 럭비 선수로 활동한 공통점을 갖고 있다. 나는 서울대 사범대, 그 분은 육군사관학교의 럭비부 선수였다. 당시 육군사관학교를 비롯한 공사, 해사는 모두 스포츠를 통해 군인 정신을 기른다는 교육 방침을 갖고 있어서 서로 경쟁심이 대단했다. 럭비 경기는 개인은 막강한 체력이 필요하고, 단체로는 빈틈없는 단합이 필수적인 종목이다. 공격과 수비의 역할이 분명하고, 과감한 전진과 후퇴하지 않는 감투 정신이 럭비의 강점인데 이는 군인의 필수 덕목이기도 하다. 그러니 사관학교로서는 럭비를 교기처럼 떠받들 수밖에 없었고 럭비 선수는 사관학교의 주목을 받았다.

나는 중학교 시절부터 문예반과 송구부에서 많은 활동을 했다. 한국전쟁 때 학도의용군으로 전쟁을 겪으면서 '건강한 육신에 건강한 정신이 깃든다.'는 격언을 몸으로 깨달았기에 대학에 진학해서는 럭비부에 입단했다. 서울대 사범대 럭비부는 일제시대부터 유지된 전통 있는 럭비팀이었다. 평균 성적을 B학점 이상 유지해야 선수 생활이 허용되어서 선후배 모두 엘리트라는 자부심도 있었다. 사범대 럭비부는 또한 내 기억으로는 전쟁 중에 서울대가 공인한 운동부로는 유일했다. 그만큼 자부심이 강했다. 전쟁 통에 서울대 운동장을 군부대가 점령하고 있어서 운동 여건은 좋지 않았다. 따라서 그나마 멀쩡한 운동장을 가진 육군사관학교에 가서 연습을 하게 되었다. 당연히 육사 럭비부와 연습 경기가 잦을 수밖에 없었다. 중요한 대회를 앞두면 오전 수업을 마치고 오후에는 육사 럭비부와 만나는 일이 매일이다시피 했다. 그렇게 4년을 보내니 육사 선수들과 우정도 가볍지 않았는데 노태우 전 대통령은 럭비부 주장이었으니 더 자주 만난 셈이었다. 특히 나는 스포츠만이 아니라 공부에서도 노태우 전 대통령과 인연이 있다. 노 전 대통령

(좌)1925년 경, 서울 사범대 재학시절 럭비부 팀원들과 함께 한 장충식 이사장(왼쪽에서 두 번째)
(우) 노태우 전 대통령(뒷줄 왼쪽에서 세 번째) 역시 육사 재학 시절 럭비부 창단 멤버였다.

의 육사 시절에 법학을 가르쳤던 이광신 교수님이 계시는데 이 교수님은 내가 휘문고등학교를 다닐 때 담임 선생님이셨다. 한국전쟁이 나자 이 교수님은 군복무를 치르느라 육군사관학교의 교관으로 가셨고, 거기에서 노태우 대통령을 가르치게 되었다. 이광신 교수님은 그 뒤에 내가 우리 대학으로 초빙했고, 부총장을 지내시며 정년을 하셨다. 서울대나 단국대 교정에서는 아니었지만 나와는 또 다른 '학연'을 갖고 있는 셈이었다. 이같은 각별한 인연으로 그 분은 나를 변함없이 신뢰했고 올림픽 유치부터 북방정책, 남북

단일팀 협상 같은 중대사에서 좋은 결실을 거둘 수 있었다.

노태우 전 대통령과 서울올림픽 유치 캠페인에 나서게 된 첫 발자국은 전두환 전 대통령 때문이었다. 나는 스포츠를 통해 우리 대학의 젊은이들을 스포츠 정신을 갖춘 지도자로 키우고 싶었다. 총장 재임 시절에 럭비, 씨름, 스키, 스케이트, 조정 등의 비인기 종목을 키운 것도 스포츠가 가진 교육적 기능을 인기 종목에만 의존할 수 없다는 내 소신 때문이었다. 그런 활동이 이어져 대한체육회 이사 겸 대학체육위원회 위원장1977년~1983년을 맡고 있었다. 제5공화국이 출범한 지 얼마 안된 1981년 봄이었다. 전두환 정부가 출범하고 나서 얼마 되지 않은 때에 전두환 당시 대통령의 동생이자 최측근이라 할 수 있는 전경환 씨로부터 연락이 왔다.

"형님께서 문교부교육부 전신 장관을 맡기고 싶어 하십니다."

박정희 전 대통령 시절에도 비슷한 제안을 받은 바 있었다. 거기에 5공화국 출범에 공을 쌓은 여러 지인, 원로들이 나를 천거했다는 풍문도 들은 바 있었다. 물론 나는 받아들일 수 없었다. 정계나 관계에 발을 내딛지 않는다는 철학과 교육자가 권력을 가지면 결국 자신도 권력에 망가진다는 소신이 있었기 때문이었다. 그렇다고 내 철학을 설파할 수는 없어서 "제가 허물이 많은 데 문교부 장관이 되면 다른 대학 총장들이 내 말을 듣지 않는다."면서 사양을 했다. 그랬더니 이번에는 대한체육회장을 맡으라는 것이다.

"나를 높게 평가하시는 건 고맙지만 대한체육회장은 상근직입니다. 대학 총장 일을 하기도 벅찬데 체육회장으로 상근하면 단국대학에 누를 미치는 일이니 양해해 주세요."

이렇게 설명했더니 다음에 한국올림픽위원회KIOC 부위원장으로 일해 달라는 요구가 왔다. KIOC 위원장은 대한체육회장이 겸직하도록 되어 있으니 부위원장이라도 맡으라는데 이를 거절하면 정부에 반대하는 총장으로 비칠까 염려해 수용했다. 당시 대한체육회는 유신정권 당시에 임명된 주요 인사들이 물러나면서 신군부 인사들이 빈자리를 채워나가던 일종의 과도기였다. 이 때 가장 큰 화두가 박정희 전 대통령이 대한체육회를 중심으로 선언한 '올림픽 유치 사업'이었다.

사실 올림픽을 '대한민국 서울'로 유치한다고 세계 스포츠계에 선언했지만 박정희 전 대통령이 암살을 당하면서 스포츠계는 혼란 속에 손을 놓고 있었다. 거기에 더해 박정희 정부 시절에 우리나라는 1970년 아시안게임을 서울로 유치했다가 파기한 경력도 있었다. 아시안게임 유치는 성공했지만 경제개발 우선론과 무장 간첩 사건 등이 겹치면서 벌금 25만 달러를 물어내며 개최권을 반납했다. 세계 스포츠계에서 큰 비난을 받았고 신용을 잃어버린 계기가 되었다. 국내 상황이 어렵다고 기껏 올림픽 유치를 세계인에게 공언하고 나선 마당에 아무런 노력도 하지 않는다는 것은 국가적 자존심과 신뢰성의 문제가 될 판이었다.

그러나 내부적으로 올림픽 유치 캠페인을 제대로 전개할 형편도 아니긴 했다. 우선 중심이 될 대한체육회가 흔들리고 있었다. 박정희 전 대통령 생존 당시 그의 측근이었던 박종규 경호실장이 육영수 피격 사건으로 낙마를 해 앉은 자리가 대한체육회장이었다. 올림픽 유치 사업은 박 회장이 박정희 대통령에게 건의해 결정된 사업이었다. 나는 당시 대한체육회 이사로 있었는데 박종규 회장이 검토하던 서울올림픽 유치에 적극적으로 지원을 했었다. 올림픽이 단순히 '달러를 소비하는 일회성 행사'가 아니라 '경제와 문화 수준을 한 단계 끌어올리는 국가 개발의 계기'라는 점을 역설했다. 박종규 회장은 "그렇다면 당신이 나랑 같이 박 대통령께 가서 올림픽 유치 필요성을 설명하자."는 그의 지시 아닌 지시를 받고 이사 자격으로 동참해 박 대통령에게 논리를 설명한 적이 있었다. 그 뒤 당시 중앙정보부가 분석에 나서서 서울올림픽 유치 가능성이 적지 않고, 경제개발에도 이롭다는 보고서가 나와서 올림픽 유치를 공언하기에 이른 것이다.

올림픽 유치 선언이 1979년 3월에 있었는데 바로 그해 10·26이 발생해 서울의 봄을 거쳐 전두환 정부가 들어서면서 일단 박종규 대한체육회장이 사퇴를 했고, 조상호 전 청와대 의전실장이 후임으로 와 있었다. 올림픽 유치 사업을 하자던 주역이 없어졌으니 사업의 추진력이 약해질 수밖에 없었다. 더군다나 전두환 당시 대통령은 아예 서울올림픽 자체를 반대하는 쪽이었다. 전두환 대통령은 정권을 잡은 직후 측근들에게 서울올림픽 유치 활동를 중단시키고 새마을운동 역시 계승하지 않겠다고 공언했다.

전두환 정권은 유신정권의 후계자가 아닌 제5공화국이라는 점을 강조하고 싶어 했다. 따라서 박정희 정권의 상징인 새마을운동을 이어받으면 새로운 정부의 권위가 서지 않는다는 정치적 계산이 있었다. 서울올림픽 유치는 정치적 문제라기보다는 올림픽을 유치하면 도로, 경기 시설 등에 엄청난 돈이 들어가는데 당시 극심한 불경기인 만큼 국가 재정에 무리를 주는 사업에 돈을 쓰지 않겠다는 경제적 계산이 앞섰기 때문이었다. 1979년 12월에 IOC로부터 1988년 올림픽 유치 후보 도시로 공인받았음에도 1981년 2월, 제5공화국 출범 뒤에는 경제개발에 부담이 된다는 논리를 앞세운 고위 관료들의 반발로 유치 신청 철회라는 결론이 내려진 것이다.

그래서인지 대한체육회 부회장직을 맡은 지 한 달도 안 된 시간에 청와대 교육문화수석으로 있던 이상주 수석이 나를 불렀다. 이 수석은 “전두환 대통령의 지시입니다. 서울올림픽 유치 사업을 포기한다는 결의를 해 주십시오.” 라는 부탁 아닌 부탁을 했다. 대한체육회와 한국올림픽위원회가 공동 이사회를 열어 박정희 정부에서 공표한 서울올림픽 유치를 포기한다는 결의를 통과시키고 공식화해 달라는 것이다. 서울올림픽을 하지 않겠다는 대통령의 뜻임을 강조했지만 나는 따르지 못한다는 의지를 명확히 밝혔다.

“정권이 바뀌었지만 이는 세계 스포츠 무대에서 한 공언입니다. 지금 어려운 경제 현실을 들어 올림픽이 국가 재정을 파탄시킬 수 있다며 경제 관료나 정치인들이 대통령께 여러 부정적 건의를 하는 걸 알고 있습니다. 그러나 일본만 해도 도쿄올림픽을 하고 나서 일본 상품에 대한 세계인의 인식이 확 달라졌고 그래서 수출도 더 살아났습니다. 그러니까 지금 일본 경제인들이 앞장서서 1988년 나고야 올림픽을 유치한다고 저 난리를 치는 것 아니겠어요. 이코노믹 애니멀이라는 비판을 받을 만큼 본능적인 장사 감각을 가진 일본이 손해를 본다면 저렇게 관료, 기업, 정치인들이 하나로 뭉쳐서 나고야 올림픽을 열게 해 달라고 인심을 얻으려 전 세계를 누비고 있겠습니까?"

이상주 수석은 내 말의 취지를 이해는 하면서도 대통령의 지시이니 수용해 달라며 헤어졌다. 나는 가만히 있을 수 없었다. 조상호 대한체육회장을 만났다.

"회장님은 돌아가신 박정희 대통령의 의전실장을 지내신 분이잖습니까. 정권이 바뀌어도 박 대통령이 국제 무대에 공언한 바를 이제 대통령이 바뀌었다고 손바닥 뒤집듯 바꿀 수는 없는 일입니다. 회장님이 나서서 청와대를 설득하셔야 합니다."

조상호 회장도 나와 같은 생각이었다. 일단 올림픽 유치 포기를 위한 이사회 결의는 지연시키면서 전두환 대통령의 인식을 바꾸는 설득 작업에 들어갔다.

이 때 노태우 당시 정무 제2장관의 도움이 컸다. 조상호 회장과 나는 대한체육회를 통해 올림픽이 국가 발전에 미치는 긍정적 영향을 역대 올림픽의 사례를 중심으로 분석하여 보고서를 만들어 청와대에 제공했다. 노태우 장관도 이에 찬동해 전두환 대통령의 가까운 거리에서 서울올림픽의 중요성과 효과를 설명해 나갔다. 자신의 소관 분야인 외교와 안보 쪽의 논리로 서울올림픽이 세계인의 축제인 만큼 이를 준비하고 개최하는 7년 동안 북한의 대남 침략 위협을 감소시킨다는 주장이 힘을 얻었다. 전두환 대통령은 이같은 안보 논리에 적극 동감했다.

전 대통령은 다시 마음을 바꿔 서울올림픽 개최를 결심했다. 우리보다 국력이 앞선 일본1980년 당시 일본의 GNP는 우리나라의 16배였음보다 유치 캠페인도 늦게 시작했으니 유리한 점이 하나도 없었다. 우리 쪽에서는 중앙정보부가 뒤에서 뛰고, 정주영 현대그룹 회장 같은 기업 총수, 서울시장 등 민간인이 전면에 나서도록 했다. 나고야 올림픽 유치위원들은 한국을 우습게 보고 자신들이 승리한 듯이 기세를 과시했다.

노태우 장관은 나를 불러 면담을 하며 상황이 매우 좋지 않다는 소식을 전했다. 이제 한국과 일본의 국가적 자존심을 건 싸움이 됐다며 자신을 도와 IOC 위원들의 마음을 돌리는 득표 활동에 전력을 기울여 달라고 부탁했다. 나는 1981년 7월 루마니아에서 열린 하계 유니버시아드의 한국 선수단 단장으로 임명되었다. 대회 기간 내내 나는 선수단의 성적보다도 해외 스포츠계 인사들에게 우리나라가 올림픽 유치에 진정성을 갖고 있으며 얼마든지 좋은 대회를 치를 자신이 있다고 역설하고 다녔다. 힘있는 국제 스포츠계 인사들은 아시안게임 반납 등의 과거를 예로 들며 한국이 과연 진짜로 올림픽을 유치하겠다는 각오가 있는지를 의문시하고 있었다. 유치 활동에 확실한 전망이 보이지 않아 안

절부절하고 있던 1981년 여름이었다. KOC의 김운용 부회장이 나에게 정보를 주면서 지원을 요청했다.

"장 총장님, 제가 5월부터 유럽, 아시아 지역의 IOC 위원들을 만나고 돌아왔잖아요. 어느 정도 한국의 올림픽 유치에 대한 진정성은 믿게 되었는데, 중동 지역 아랍 국가들은 대부분 일본 나고야에 마음이 기울어 있더라구요. 이대로 가면 투표단이 82명인데 한국을 지지하는 위원들은 25명 안팎일 겁니다. 지지자를 더 늘려야 하는데 제가 알아보니 쿠웨이트의 쉐이크 파하드 NOC 위원장이 핵심입니다. 이 양반에게 장 총장님이 단국대 명예박사학위를 수여하시면 어떨까요? 그러면 본인에게도 영예로운 일이고 방한 기간 중에 우리가 잘 설득하면 한국에 친근감을 가질 테고 마음을 돌릴 수 있을 것 같은데..."

나는 흔쾌히 응낙했다. 쉐이크 파하드 위원장은 쿠웨이트 왕의 막내 동생이었다. 아시안 올림픽위원회를 관장하는 책임자이고 막강한 권력과 경제력을 갖춘 아시아 스포츠계의 리더였다. 아시아 IOC 위원들, 특히 중동 국가에 대한 지배력이 절대적이었다. 하지만 우리 정부가 전통적으로 미국의 영향을 받아 친이스라엘 정책을 유지한 데 큰 불만을 갖고 있었다. 그들에게는 오히려 반이스라엘, 친아랍 정책을 지켜온 북한이 더 가까운 우방인 셈이었다. 그를 한국 지지로 돌리면 15표 안팎은 쉽게 일본 지지에서 이탈할 것이고 이는 한국의 득세를 의미하는 일이다. 나는 김운용 부회장에게 교섭을 해 달라 부탁했다. 결국 성사되어 방한을 했다. 자신의 전세기를 띄워 가족, 친지, 참모들을 다 데리고 왔다. 나는 최선을 다해 명예박사학위를 정중하게 수여했다. 특히 우리 대학의 학생들을 통해 한국의 젊은이들이 올림픽을 계기로 남북 평화를 기원한다는 점을 역설했다. 효과는 만점이었다. 귀국 이후 그는 서울 개최 지지로 방향을 틀었다.

김운용 KOC 부회장과 손을 잡고 국제 스포츠 리더들을 친한파로 돌리는 일은 또 있었다. IOC 부위원장을 지내고 있던 코트디부아르 영어식은 아이보리코스트의 루이스 귀란도 응디아예 위원에게도 같은 방식으로 뜻을 돌리게 했다. 귀란도 위원은 주 캐나다 대사로 일하던 이였다. 서부아프리카 IOC 위원들을 리드한다는 귀띔을 받고 초청을 해서 명예법학박사학위를 수여했다. 이런 일들은 주로 김운용 부회장, 노태우 장관과 손을 잡고 이뤄졌다. 그들을 한국으로 불러내어 섭외를 할 때 체육 단체나 국가 기관의 초청장을 내밀 수는 없지만 대학은 그렇지 않았다. 대학은 교육기관이라 이념이나 정치적 로비의 의혹에서 벗어나 있기 때문이다.

특히 북한은 한국이 올림픽을 개최하면 체제 경쟁에서 뒤떨어진다는 경계심에서 한국의 유치 캠페인을 적극적으로 방해했다. 자신들이 갖고 있는 비동맹 국가나 중동과 아프리카 국가에 대한 우호적 영향력을 이용해 일본 나고야가 올림픽 개최지로 결정되도록 주력했다. 냉전시대의 경쟁은 민족도 뒤로 돌리는 힘이 있었다. 아랍과 아프리카에 대한 북한의 외교력이 적지 않았던 상황에서 두 스포츠 지도자를 돌려세우는 데 단국대의 명예박사학위 수여는 큰 동기가 된 셈이다. 그리고 이런 노력들이 쌓이고 쌓여 결국 1981년 9월 바덴바덴 총회에서 서울올림픽 개최라는 기적이 탄생했다.

서울올림픽을 유치하고 나자 줄이어 서울아시안게임 개최권도 한국에게 굴러 들어왔다. 서울올림픽에서 보여 준 우리의 추진력을 보고 경쟁 국가가 나서지 않은 결과였다. 노태우 장관은 국제 스포츠 행사를 착실히 준비하자는 취지에서 새로이 설치된 체육부의 초대 장관으로 임명되고 이어 내무부 장관을 지내더니 1984년에 대한체육회장과 KOC 위원장에 올랐다. 관계와 민간 단체를 거치며 서울올림픽, 서울아시안게임을 총괄하는 자리를 역임하고 있었다.

나는 유니버시아드 선수단 단장과 아시안게임 및 올림

픽을 개최하는 나라가 의무적으로 시행하는 세계 스포츠과학학술회를 주관하는 대학의 총장으로 분주히 민간 스포츠 외교 활동에 공을 들이고 있었다.

그러던 중 1985년 들어 IOC의 주선으로 서울올림픽 단일팀 구성을 위한 남북체육협상이 열렸다. 10월부터 이듬해 1월까지 열린 회담은 결국 실패로 돌아갔다. 이 회담에서 김종하 KOC 위원장이 수석을 맡았고 KOC 부위원장인 나는 차석으로 회담에 참여했다. 결실을 맺지 못한 회담이었지만 북한의 논리와 회담 진행 방식, 우리 측의 전략이 가진 장단점을 숙지하는 좋은 경험이 되었다.

서울아시안게임과 서울올림픽을 준비하는 과정에서 또 하나의 좋은 경험을 한 것이 있다. 우리나라 에스페란토협회 회장으로 중국에 들어갈 수 있게 되면서, 공산권 국가와의 교류에 단초를 마련했다는 점이다. 에스페란토어는 1887년에 폴란드 안과 의사 라자로 루드비코 자멘호프가 창안한 국제 공용어이다. 언어적 구성을 단순화시켜 세계인이 배우고 쓰기 쉽게 만든 인공어이다. 나는 언어를 통해 다른 나라 사람들과 격의 없이 언어를 습득하고 소통할 수 있다는 점에 매력을 느껴 1980년쯤부터 학습을 시작했다. 한창 활동을 펼칠 때는 우리 대학에 에스페란토어를 정식 교과목으로 만들어 보급에 앞장서기도 했다. 이 과정에서 한국에스페란토협회가 내부 갈등을 겪다가 나를 회장으로 추대해 1982년부터 한국협회장을 맡고 있었다.

에스페란토협회는 1년에 한 번씩 세계 대회를 열어 관련 사업들을 논의하는데 1984년 총회는 중국에서 열렸다. 당시 미국과 소련을 중심으로 한 냉전이 가열하던 시대였다. 그러나 에스페란토어는 인종, 이념, 국경을 초월해 인류애와 평화를 지향하자고 생긴 언어여서 총회 역시 서구권, 동구권을 가리지 않고 돌아가며 열렸다. 즉 엄격한 비자나 입국 심사가 일상화된 사회주의 국가에 입국할 수 있다는 의미이기도 하다.

나는 한국 대표로 자연스럽게 중국의 비자를 받고 북경에 들어갈 수 있었다. 지금은 중국과 내왕하는 일이 하나도 이상한 일이 아니지만 중국은 우리와 비수교 국가이고, 친북한 국가이며 한국의 적성 국가였다. 당연히 북한의 주재 요원들이 나를 주목할 수밖에 없었다. 정보 요원인지, 외교관인지 정체를 알 수 없는 북한 요원들은 내가 머무는 호텔까지 찾아와 우리에게 온갖 욕설과 협박을 하기도 했다. 한마디로 "여기가 어딘지 알고 왔느냐, 죽고 싶냐."는 논지였고, 대회장도 가지 못하게 하려는 술책이었다. 그러거나 말거나 나는 중국 공안 당국에 항의 겸 신변 보호를 요청하여 대회장에 나갔고 에스페란토어로 연설을 하였다.

사실 이렇게 대회 참가에 애를 쓴 이유는 에스페란토어에 대한 애정도 있었지만 이 대회를 통해 동구권 국가에 대한 교류의 실마리를 만들고픈 희망 때문이었다. 중국이라는 거대 공산국가에 당연히 동구권의 다양한 인사들이 참가할 것이 확실했다. 노태우 전 대통령은 당시 대한체육회장으로 서울올림픽의 성공적 개최 준비를 주도하고 있었다. 1984년 LA올림픽에 동구권 국가들이 불참했으니 서울올림픽에는 반드시 참여토록하는 것도 중요한 성공 요인이었다. 나는 이 점에 착안했다. 정치적인 색채를 띠지 않고 순수하게 한국의 산업 발전 상황, 문화 수준을 홍보할 브로슈어를 에스페란토어로 만들어 북경총회에서 배포하고, 회원 국가의 지도자들에게 발송하자는 생각이었다.

내 제안을 들은 노태우 회장은 대환영을 했다. 많은 돈이 드는 일이었지만 노태우 회장의 지원으로 문제를 해결했다. 나는 에스페란토어를 이용해 우리나라의 문화, 산업 시설, 아름다운 도시 풍경, 교육 시설과 산업 제품 등을 컬러로 인쇄해 갖고 갔다. 물론 동구권에 중점적으로 발송하기도 했다.

엄혹한 냉전시대에 남한의 발전상을 적성 국가인 중국의 북경 한복판에서 홍보할 수 있었으니 북한 요원들이 나를 죽이겠다고 협박할 만하지 않았는가. 과연 한국 홍보책자는 바라던 결과를 가져왔다. 대회에 참가한 헝가리 대표단 가운데 부다페스트 공과대의 부총장으로 재직 중이던 야노쉬 긴스트러Janos Ginsztler 박사님이 있었다. 이 분이 홍보 책자를 보고는 한국과 우리 대학에 호감을 갖게 되어 귀국 뒤에도 편지를 보내와 교류를 하게 되었다. 우정 어린 서신이 오고 가면서 점차 양국간 수교 관계는 아니지만 우선 양 쪽 대학이라도 자매결연을 맺고 학생들을 교류하자는 데 합의가 되었다.

그때 노태우 대한체육회장이 국회의원으로 정치에 입문하고 1987년 12월 직선제 개헌과 대통령 선거를 거쳐 이듬해 2월 대통령으로 취임했다. 노태우 대통령은 취임 5개월 만에 〈민족자존과 통일번영을 위한 특별선언〉을 공표했다. 7·7선언으로 불리는 이 선언은 '북방정책'으로 가시화되면서 기존 관념을 넘어선 대담한 외교 관계를 열어갔다. 그 첫 관문이 헝가리였다. 나는 노태우 대통령에게 헝가리 부다페스트공대와 자매결연을 맺고 학생들을 교류하기로 했다는 소식을 알렸다. 이윽고 7·7선언 이후 첫 결실인 주 헝가리 한국 상주 대표부를 부다페스트에 설치했다. 이듬해 1989년 2월 1일 정식으로 대사급 관계를 수립하고, 같은 날 상주 대표부를 대사관으로 승격시켰다. 분단 이후 최초의 동구권 국가와의 수교였다.

나는 1989년 2월에 부다페스트 공과대를 방문했다. 부다페스트 공대는 외형으로 봐서는 규모가 컸지만 자세히 보면 재정적인 어려움을 겪고 있음을 실감할 수 있었다. 대부분의 기자재는 많이 낡았고 새로 도입한 것이 눈에 띄지 않았다. 공산화 이전에는 노벨상을 수상한 학자들을 배출하고 유럽의 명문대라 자부할 만한 대학이라는 전통이 담겨진 캠퍼스였다. 지금 이름을 기억하지 못하지만 나와 교류한 부총장은 매우 인자하면서 실용적인 분이라는 것을 대화에서 엿볼 수 있었다. 그는 우리 대학의 홍보물과 한국을 알리는 잡지를 보고 고민을 털어놓았다.

"우리 대학에는 원자로가 있는데 몇 년 전에 고장이 났지만 고칠 돈이 없어 사용하지 못하고 있어요. 이걸 고치면 헝가리만이 아니라 동유럽의 이공계 학생들을 위한 재교육 기관을 설치해서 공학 교육을 진일보시킬 수 있을 텐데..."

현실을 안타까워 하던 그는 내가 공감을 하자 1백만 달러만 지원해 달라는 말을 꺼냈다. 난감할 수밖에 없었다. 'No'라고 하자니 선량한 학자에게 실망을 주는 것 같고, 'Yes'라고 하자니 우리 대학도 여의치 않은 형편이 떠올랐다. 일단 나는 우리 대학도 사립이라 학부형의 등록금에 의존하고 있으니 교비 지원은 어렵다고 솔직히 말했다. 대신에 귀국해서 여러 가지 방법을 찾아서 꼭 도움이 되는 길을 마련하겠다는 약속을 했다. 또한 이런 지원 사업을 하려면 우선 양교가 자매결연을 맺고 서로 학생도 교환하면서 한국의 지원을 유도하자고 제안했다. 결국 자매결연을 맺고 돌아왔다.

나는 귀국하는 즉시 이상희 과학기술처 장관을 만났다. 부다페스트 공대를 후원하여 두 나라가 국교를 맺을 수 있는 계기를 만들자고 역설했다. 헝가리에 한국 기업과 상품이 진출하면 동구권으로 문호가 더 열리지 않겠냐고 지원을 호소했다. 이상희 장관은 나의 논리에 공감했다. 지원 가능 자금을 검토한다 하더니 300만 달러 정도 가능하다고 답을 줬다. 그러면서 대통령도 보고를 듣고 궁금해 한다며 직접 면담을 하며 여러 얘기를 나누자고 제안했다. 노 대통령과 오랜만에 면담을 했다. 대학 간의 민간 교류가 확대되어야 헝가리나 동구권 지식인들에게 반공 국가라는 고정관념을 말끔히 털어내어 마음을 사고, 이를 통해 대기업들이 진출하여 경제 교류로 확산시키는 방안을 강조했다. 노 대통령은 오랜 인연이 있어서인지 나를 전적으로 믿어 주었다. 면담 뒤에 지원 액수가 300만 달러에서 500만 달러로 증액되었다.

주선을 하는 나로서는 부다페스트 공과대가 이렇게 좋은 기회를 갖게 되었다고 알릴 수 있어서 기쁘고 감사했다.

이 지원금으로 부다페스트 공대는 원자로를 고치는 숙원 사업을 해결했다. 또한 주변 동구권 국가의 인재들을 불러들여 기획했던 공학생 재교육 과정을 신설했다. 그리고 단국대의 학생들을 부다페스트 공과대에 교환 학생으로 파견하게 되었다. 이 때 파견한 3명의 학생 가운데 한 명인 현준원 현 단국대학 자연과학대학 교수 군은 자연과학대 물리학과를 졸업한 상태였다. 현준원 군은 석사 학위 과정에 입학해 열심히 공부하여 부다페스트 공대에서 성실한 학생으로 좋은 평가를 받았다. 현준원 군은 1994년 물리학 박사 학위를 받았는데 이는 한국 최초의 동구권 유학생인 동시에 사회주의 국가에서 한국인 최초로 박사 학위를 받은 기록으로 남아 있다. 또한 당시 내가 삼성문화재단의 이사로 있었던 인연으로 이건희 회장에게 삼성그룹의 헝가리 진출을 권유해 현실화했는데 이 때 현준원 학생이 통역을 맡아 맹활약을 하기도 했다.

우리 학생들이 헝가리로 나간 이후 헝가리에서도 5명의 학생들이 우리 대학에 들어왔다. 동구 국가에서 온 최초의 교환 학생이었다. 어찌보면 귀한 손님 같은 학생들인데 막상 그들이 머물 숙소가 마땅치 않았다. 우리 대학 서울캠퍼스에 운동부 기숙사는 있지만 유학생을 위한 기숙사는 없었던 탓이다. 한국어나 영어가 익숙치 않은 학생들이라 아무데나 의탁시킬 수도 없었다. 화곡동에 있던 내 집을 그들의 기숙사로 내놓았다. 나는 아파트로 전세를 얻어 이사를 갔다. 화곡동 집은 자연스럽게 대학에 기부를 한 셈이 되었다. 화곡동 집은 대지가 160평, 건평이 180평인 큰 집이었다. 두세 명이 잘 수 있는 방이 7개나 있었다. 이 집은 선친이 물려주신 유산과 내 아내가 저축한 돈으로 지은 것이다. 한남동에 있던 집도 법선재로 기부한 뒤여서 평생 산다는 각오로 내 딴에는 든든하고 고급스럽게 짓겠다는 결심으로 공사를 직접 감독하며 마련한 집이다. 이역에서 고생하는 헝가리 유학생들이 집이 따뜻해서 좋다는 말을 들으면 스스로 더 기쁜 마음이 들었다.

그렇게 내놓은 집이지만 애정이 왜 없었겠는가. 그러나 내가 이사장에서 물러난 뒤 지금의 죽전캠퍼스를 신축하는 과정에서 건설 감리비가 급히 필요하다는 이유로 기부자인 나와는 상의도 없이 매각이 결정되었다. 이윽고 번갯불에 콩 볶아 먹듯이 하루아침에, 그것도 헐값에 팔리고 보니 마음이 좋지가 않았다. 북방정책을 성사시키느라 뛰어다니면서 정작 내 집이 남의 손에 넘어가는 모습까지 봐야 했으니 인간사 새옹지마塞翁之馬라는 옛말이 실감된다.

헝가리와 교류를 시작하며 북방정책의 실마리를 푸는 과정에서 노태우 대통령은 나의 추진력이나 이념을 넘어서

1989년 10월 20일에 열린 남북체육회담 제3차 회의. 이 회의에서 남북단일팀의 단기와 단가 등이 결정되었다. 남측 수석대표 장충식 당시 총장(사진 오른쪽)이 북측 김형진 단장과 단일팀 단기(한반도기)를 취재진에게 선보이고 있다.

는 실용주의에 더 큰 신뢰를 받은 듯했다. 바로 1989년 3월에 시작되는 〈북경 아시안게임 단일팀 구성을 위한 회담〉의 남측 수석대표로 나를 임명했다. 나는 한양대 체육대 교수로 재직 중이던 이학래 교수당시 KOC 상임위원를 차석대표로 앉히고 회담을 개시했다. 북경아시안게임이 2년도 안 남은 상태에서 북한이 제의해 열린 회담은 1989년 3월 9일부터

1990년 2월까지 진행되었다.

이 과정에서 본회담 9차례, 실무대표 접촉이 6차례 이뤄졌다. 남북한 모두 굉장한 관심을 받으며 회담을 진행했다. 나는 체력의 한계를 느낄 정도로 신경과 에너지를 기울이지 않을 수 없었다. 그러나 남북단일팀의 호칭, 단기, 단가, 공동단장제, 선수단 구성 및 실무 사무국 설치 등의 구체적 합의를 끌어낸 것은 남북 양측 모두 자부할 만한 성과였다. 회담을 통해 단일팀의 얼개를 완성했지만 최종 협상의 마무리를 지어야 하는 시점에서 북측은 더 이상의 용기를 내지 못했다. 남측도 원로 체육인들은 해당 경기 종목이 단일팀 구성으로 메달을 못 따면 뒤따를 불이익을 두려워하는 기색이 역력했다. 정부 쪽에서는 북경아시안게임에서 종합 순위 2위를 지켜야 한다는 주장, 일본에 질 수 없다는 주장이 힘을 받고 있었다.

이 자리에서 소상하게 밝히기 어려운 여러 가지 정치적 셈법, 우여곡절이 얽히면서 결국 회담은 그대로 주저앉고 말았다. 하지만 협상을 통해 많은 문제가 풀렸고, 그 성과는 북경 아시안게임으로 이어졌다.

노태우 대통령의 지시를 받고 정동성 당시 체육부 장관이 나를 만났다. 세 가지 지침을 받았다. 하나, 북경 아시안게임의 선수단장을 맡아 달라. 둘, 북경 아시안게임이 성공적으로 진행되도록 중국과 우호 관계를 구축해 달라. 셋, 아시안 게임이 끝나면 이어지는 국제대회에서 남북한이 단일팀으로 참가하도록 비밀리에 성사시키라는 것이었다.

정동성 체육부 장관은 유도부 출신으로 기백이 씩씩하고 성격이 활달했다. 스스로 대통령의 지시라면서 "장충식 총장님이 좋은 성과를 거두도록 도울 수 있는 한 지원을 아끼지 않겠다."는 의지도 밝혔다. 나는 이미 유니버시아드 단장을 네 번이나 역임을 했다. 그 당시 헝가리, 몽골, 남북 체육협상 등을 연이어 치르면서 육체적으로 지치고, 정신적으로도 힘들었다. 그러나 거절할 수 없었다. 좌절한 남북 체육협상의 불씨를 되살리고 싶었다. 노태우 대통령의 북방정책이 결국은 남북간의 화해로 이어져야 그 가치가 살고, 우리 민족에도 도움이 된다는 생각을 떨칠 수 없었다. 다섯 번째 선수단장직을 수락하기로 했다.

1990년 9월, 한국선수단장으로 북경에 입성하고 나니 김우중 대우그룹 회장의 집무실이 준비되어 있었다. 겉은 김우중 회장의 집무실이지만 남북한 협상 관계자들이 여기에서 비밀 회담을 할 수 있도록 배려를 해 놓았다. 언론의 이목을 피해 조용히 협상을 할 수 있어 얘기가 빠르게 진행되었다.

북경 아시안게임의 개막식 다음날인 9월 23일 남북 체

1990년 제11회 북경 아시안 게임 개막식에서 한국선수단을 이끌고 입장하는 장충식 단장과 이학래 부단장(장충식 단장 왼쪽). 이학래 부단장은 남북체육협상에서 남측 협상단 차석대표로 만나 경평통일 축구, 축구 및 탁구 단일팀 협상을 보좌했다.

육장관 회담이 열렸다. 양측 장관은 단일팀을 구성한다는 문제에 합의했다. 원칙은 정하고 각론은 다시 "남측은 장충식 수석과 이학래 차석이, 북측은 김형진 수석과 박시남 차석이 만나 타결키로 했다."는 결론을 공유했다. 우리 대표단은 이미 지난 회담에서 상당한 합의를 이뤘기에 이번 회담은 더욱 빠르게 진행할 수 있었다. 결국 9월 29일 나와 김형진 수석이 공동 기자회견을 통해 〈남북통일축구경기〉를 갖기로 했음을 선언했다. 협상 가운데 어려운 점은 취재 언론인의 규모를 제한하는 일이었다. 북측은 취재단을 7명으로 제한하자고 했지만 나는 그들의 강력한 주장을 성의껏 설득해 12개 언론사 20명으로 확대했다.

모든 일이 끝났다고 생각하며 안도의 한숨을 쉴 때 청와대에서 긴급 훈령이 왔다. 정동성 체육부 장관이 우리 선수단과 평양에 같이 참석할 수 있도록 교섭하라는 지시였다. 원래는 선수단장인 내가 선수단을 이끌고 방북하기로 합의한 문제였다. 북측 대표와 얘기하니 난색을 보였다. 협상이 끝난 사안이라 정치적 문제로 비화될 수 있고, 이를 번복할 결심은 '최고 수령 동지'만이 할 수 있다고 했다. 결국 북경에 주재하는 북한 대사를 면담하고 사정을 설명했다. 물론 거절을 당했다. 그러나 간절히 호소를 하자 김정일 위원장의 재가를 받았다며 정 장관의 참가로 변경할 수 있었다.

나 역시 해방 후 최초로 열리는 통일축구 경평전에 왜 가고 싶지 않았겠는가. 그러나 나는 나의 입장을 단 한 번도 내세우지 않았다. 나는 협상을 성사시키는 사명을 받았으니 정부의 뜻을 이뤄내는 것이 우선이었다. 일이 마무리되자 노태우 대통령은 축하의 전문을 보내 주고 격려해 주

북경 아시안게임 폐막을 얼마 남기지 않은 1990년 9월 29일, 장충식 단장은 북측 김형진 대표를 만나 해방 후 최초로 통일축구대회를 서울과 평양에서 시행키로 합의하고 이를 공동 발표했다.

었다.

노태우 대통령이 준 지침 가운데 또 하나가 중국과의 우호 관계, 즉 한중 수교의 실마리를 마련하자는 것이었다. 중국과의 수교를 현실화하려면 중국에 남한이 가진 힘과 우호 관계를 맺으려는 진정성을 전달하는 일이 중요했다. 북경 아시안게임은 달리보면 해방 이후 단절된 남한의 젊은이, 그 배경이 되는 한국 사회의 역량을 중국의 심장에서 펼쳐 보이는 기회의 장이기도 했다. 그것이 나에게 주어진 임무이기도 했다.

마침 북경 아시안게임 조직위원회의 부위원장으로 있었던 장백발張百發 체육위원회 부위원장우리나라 차관급은 나와 오랜 인연이 있었다. 그는 86서울아시안게임, 88서울올림픽에 맞춰 열린 스포츠과학 학술회의에 중국 대표단을 인솔하고 참석하여 많은 활동을 펼쳤다. 이 회의의 조직위원장인 나와는 각별히 자주 만났는데 성姓이 같은 장 씨에다 나이도 나보다 훨씬 위라 사석에서는 나를 동생이라고 호칭하면서 가깝게 지냈다.

그와 만나다 보니 북경 아시안게임이 눈앞에 왔는데 가장 큰 걱정은 자동차 문제라는 고백을 들었다. 각국 선수단 단장과 임원들이 사용해야 할 차량이 500여 대 정도 필요한데 예산 형편이 감당키 어려워 택시를 활용할 실정이라 했다. 당시만 해도 중국은 자동차를 생산하기 힘들었고, 아시아에서는 한국과 일본이 자동차 생산 국가였으니 이를 수입하는 일이 만만치 않았다. 장 부위원장은 한국에서 자동차를 생산하니 협조를 부탁한다고 통사정하였다. 나는 정주영 현대그룹 회장을 찾아가 이 문제를 전달했다. 정주영 회장은 도량이 큰 기업가였다. 현대차 500대를 북경대회에 기증하겠다는 의사를 전해 왔다. 조직위원회는 대단히 기뻐하고 진심으로 고맙다는 뜻을 나와 정주영 회장에게 전해 왔다.

내가 북경대회에 선수단장으로 참석하였을 때 장백발 위원장이 가장 크게 기뻐했다. 한국선수단에 관련된 일이라면 조직위원회는 내 요구를 대부분 다 들어주었다. 우선 선수촌에 입촌하려고 남북한 선수단의 숙소 위치를 알아보니 동과 서, 양쪽 끝으로 배치되어 있었다. 혹시나 가까이 배치했다가 불상사가 일어날까 염려해 격리하다시피 떨어뜨려 놓은 것이다. 같은 민족인데 이렇게 떨어져 있으면 젊은이들의 마음이 어떻겠느냐 설득했다. 그들은 선선히 나의 요구를 들어줬다. 대회 기간 중에 남북한 선수들은 조금씩 마음을 열었고 나중에는 반가운 인사를 나눌 정도로 가까워지기도 했다.

또한 선수촌 가까이 한식 식당을 차리도록 허가를 내달라 부탁을 했다. 대회 기간 중 한국 손님들이 많이 올 텐데 식당이 멀리 있으면 귀빈들과 관광객들이 불편할 거라며 협조를 구했다. 이 역시 허가를 받아내 많은 이들이 한국 음식을 먹으며 임무를 수행할 수 있었다.

1990년 10월 7일 북경 아시안게임은 막을 내렸다. 한국은 중국에 이어 종합 순위 2위를 차지했다. 나는 처음 선수단장을 맡으며 부여받은 노태우 대통령의 지침을 모두 마쳤다는 안도감을 느꼈다. 곧 다가올 한중 수교를 예감하면서 중국 정부 관계자들과 정치 지도자들에게 대회 기간 중 한국을 도와 줘 감사하다는 인사를 나눴다. 그 때마다 중국 측에서는 한국이 500대의 차량을 지원해 준 것을 사례로 들며 한국 측의 지원에 거듭 감사의 뜻을 전해 왔다. 이에 앞서 9월 29일 남북 통일 축구를 공표하면서 남북한 대표단이 기자회견 후 서로를 포옹했을 때의 감격을 나는 잊을 수가 없었다. 가슴 밑바닥에서 북받쳐 오르는 찡한 격정이 서로에게 전달되면서 눈물을 감출 수 없었다.

그렇게 북경을 떠난 뒤 나는 노태우 대통령의 초청으로 청와대를 방문했다. 여러 가지 수고를 했다며 오찬을 대접받는 식사 자리였다. 2시간의 시간을 같이 보냈는데 노태우 대통령과 나, 단 둘만 있는 편안한 자리였다. 북경 아시안게임을 치르면서 진행된 여러 가지 일들, 남북협상의 향후 전망, 중국 인사들의 한국에 대한 생각 등을 부담 없이 전하고 듣는 자리였다. 나는 마음속에 오랫동안 품어 왔던 얘기를 꺼냈다.

"노 대통령님, 우리나라 대통령이 임기를 마치시고 물러나 편안한 세월을 보내지 못하고 있습니다. 전두환 대통령님을 보면 더욱 걱정이 되고 안타깝습니다. 대통령 임기를 끝내면 정치나 권력에 연연해 하시지 말아야 합니다. 노

북경 아시안게임을 마치고 노태우 대통령의 초청으로 청와대를 방문한 장충식 단장과 선수단. 장충식 단장(마이크를 든 이)이 북경 아시안게임의 성과를 설명하고 있다.

대통령님이 새로운 길을 열어 보이세요. 제가 단국대 총장직을 물러날 테니 대통령께서 우리 대학의 총장으로 오세요. 그래서 대통령 재임 때 쌓은 인덕으로 단국대를 발전시켜주세요. 대통령님이 총장으로 오시면 대학에 발전기금을 내려는 이들도 많아질 겁니다. 대통령님도 정계나 기업계가 아닌 대학의 교육자로 계시는데 누가 사시로 볼 수 있겠습니까."

내 진지한 주장이 통했을까. 노 대통령은 심각한 표정으로 내 말을 듣더니 이윽고 대답을 했다. "장 총장님 말씀이 맞아요. 나는 전두환 대통령처럼 일해재단을 만든다거나 참모들과 어울려 다닐 뜻이 없어요. 아내랑 조용히 살고 싶습니다. 제가 퇴임하면 단국대 총장으로 갈께요. 장 총장님 약속 지키시는 겁니다."

이렇게 언약을 주고받으며 오찬 자리는 즐겁게 끝이 났다.

1992년 8월 24일 우리나라와 중국은 정식 외교 관계를 수립했다. 그리고 한 달 뒤인 9월 27일 노태우 대통령은 한국 대통령으로는 최초로 중국 북경에 발을 내딛었다. 그때 한중 교류가 활발해지는 것을 상징하듯 북경 한복판에 서라벌이라는 한식당이 문을 열었다. 나는 그 자리에서 노태우 대통령을 만났다. 내가 느끼는 남다른 감회를 노태우 대통령도 공감하고 있음을 알 수 있었다. 그 자리에서 노 대통령은 그동안 수고하셨다는 치하를 주었다. 그러면서 이제는 체육부 장관으로 다른 일을 해 보지 않겠냐는 말을 건넸다. 물론 나는 대학에 있고 싶다고 했다. 그것이 나로서는 최선의 길이니까.

임기가 1년을 채 남기지 않았을 때도 노 대통령은 나

에게 총리직을 제의했다. 무엇이 그 분으로 하여금 나에 대한 믿음을 그리 크게 만들었는지 모르지만 나는 그 제안 역시 거절했다. 대신에 내가 고려대 대학원을 다닐 때 학생처장을 역임하신 현승종 박사님을 추천하였다. 그 분이 가진 담백한 인품과 제자를 아끼는 마음, 소탈한 자세라면 정권 과도기를 무난히 이끌 것이라는 생각을 했다. 현 박사님은 노태우 정권 말기의 화두였던 중립 내각의 총리로 좋은 평

북경 아시안게임에서 장충식 단장은 남북 교류 외에 스포츠 분야에서 중국과의 우정을 다지는 역할을 했다. 대회 2년 뒤 한국은 중국과 수교를 했다. 수교 한 달 뒤 중국을 방문한 노태우 당시 대통령이 장쩌민 중국 공산당 서기와 악수를 나눴다.

가를 받았다. 이는 나와 노태우 대통령만이 아는 비밀이었는데 나중에 현 박사님이 대통령에게 자신을 어떻게 총리로 임명하실 생각을 했냐고 묻자 이를 알려 줬다고 한다.

나는 노 대통령이 단국대 총장으로 오라는 내 제안을 받아들였고 이를 실천한다는 약속을 믿었다. 럭비 선수로 함께 땀 흘렸던 남자로서 그는 분명히 대학의 문을 두드릴 것이라는 게 내 생각이었다. 그러나 퇴임 이후 노 대통령은 단국대로 온다는 약속을 미루었다. 아니 갓 출범한 김영삼 정부가 그를 가만두지 않았다. 부는 바람은 점점 강해지더니 수천억 원에 이르는 정치 비자금 사건이 터졌다. 노 전 대통령은 철창 안 신세로 전락했고 단국대 총장 부임의 약속도 흐려졌다. 대학 시절 럭비 선수로 시작해 대통령과 체육인으로 통일을 위한 일을 함께 했으니 보통 인연이 아니지 않을까.

이후로 노 대통령은 수감 생활을 하고나서 바깥출입을 하지 않고 은둔을 하고 있다. 뇌질환을 앓고 있다는 소식도 들었다. 권력의 속성은 늘 우리 같은 범상한 사람의 마음에 날카로운 상처를 남기기 마련인가보다. 부디 건강하고 복된 나날이 돌아오길 기원한다.

(2019년 7월 11일)

16

박원순 전 서울시장

'총장 사퇴'의 배수진을 치면서 시국 사범 신입생을 보호한 까닭

이 글은 고 박원순 씨가 별세하기 전에 작성한 글입니다. 이후 공직자로서 사회적 물의를 빚으면서 끝내 세상을 버리기에 이르렀습니다.

고인에 대한 사회적 기대가 컸던 만큼 급작스런 그의 행적은 지금까지도 논란이 되고 있습니다. 이에 따라 이 글의 게재 여부에 대한 고민도 적지 않았습니다. 신중한 고민 끝에 게재를 결정하였습니다.

고인의 행적과 평가는 여전히 진행 중이지만 필자와 고인이 대학에서 맺은 인연과 사제지간의 정은 다른 문제이기 때문입니다.

고인을 아끼고 믿었던 필자의 마음속 아픔도 적지 않지만 후학들에게 교훈을 남긴다는 뜻에서 이 글을 싣습니다. 고인의 명복을 기원합니다.

- 편집실 주 -

박정희 대통령이 1972년, 10월 유신을 선포하면서 정치 상황은 한겨울의 호수처럼 얼어붙었다. 비상계엄시대나 마찬가지인 현실이었지만 대학생들의 항거는 끊이지 않았다. 1975년 5월이었던 일로 기억한다. 서울대에서 큰 시위가 있었다. 앞서 4월에 서울대 학생 김상진 군이 10월 유신을 철회하라는 주장을 외치며 할복자살을 하는 불행한 일이 일어났다. 이 사건에 충격을 받은 학생들이 5월 22일 김상진 군 추모 행사를 하다가 대대적인 항의 시위를 벌인 것이다.

4천여 명이 넘는 학생들이 시위에 참여했는데 10월 유신 발동 이후 최대 규모의 시위였고 투석전까지 벌어졌다. 이 시위로 서울대 총장이 사임을 하고, 치안본부장 현 경찰청장과 남부서장이 경질되었다. 70명이 넘는 서울대 학생들도 무더기로 구속되어 징역형을 살거나 제적이 되었다. 여기에 박원순 군 당시 서울대 사회계열 재학이 있었다.

이 시위가 있던 해인 1975년은 박원순 군이 입학을 한 해였다. 입학한 지 두 달도 안 된 신입생이 알면 무엇을 얼마나 알았겠는가? 나중에 들어 보니 운동권 조직에 속해서 시위를 한 것이 아니라 했다. 도서관에서 공부를 하다 진압 경찰들이 시위 학생들을 잔인하게 진압하는 장면을 보고 시위에 참가했다고 했다. 동기는 단순했지만 결과는 엄혹했다.

박원순 군은 긴급조치 9호를 위반한 시국 사범으로 전락했다. 19살의 미성년자로 구속되어 재판을 받은 박 군은 4개월 동안 감옥살이를 하고 집행유예로 풀려나왔다. 물론 대학에서 제적을 당했다. 법학과 진학당시는 계열별 입시였고 2학년 때 학과를 선택했음을 꿈꾸는 시골 수재에서 국가 안보를 훼손한 위험 인물로 전락하면서 박 군과 나의 인연은 시작되었다.

1979년도 입시전형이 막 시작하던 무렵이었다. 우리 대학을 담당하는 정보기관의 출입자가 나를 면담하고자 했다. 만나보니 박원순 군에 대한 일이었다. 정보기관 출입자의 주장은 이랬다.

"박원순이란 학생이 단국대에 입학 지원서를 제출했습니다. 박원순을 합격시켜서는 안된다는 것을 장 총장님께 꼭 전달하라는 상부의 특별한 지시가 있었습니다."

나는 기관원의 말이 나의 원칙을 거스르는 말이라 반박을 할 수밖에 없었다.

"특별 지시를 받았다지만 대학이 학생을 입학시키고 말고는 담당 학과 교수와 총장인 나에게 있는 것이지 어찌 정보기관의 책임자가 입학 시켜라 말라 하는 거요. 법적인 하자가 없으면 입학을 하겠다고 원서를 넣은 학생을 놓고 합격 여부를 미리 정하는 것은 교육기관이 할 일이 아니니 상관에게 내 방침을 잘 전해줘요."

담당 기관원을 돌려보내고 교무처당시는 입학 업무도 담당했음에 박원순 이라는 학생이 입학원서를 제출했는지 알아봤다. 박원순 학생 입학원서가 접수되어 있다는 답이 돌아왔다. 학생처장, 교무처장과 업무 담당자들을 불러 현황을 파악토록하고 입장을 피력하라 했다.

"박원순 학생은 이미 서울대에서 제적당하고 교도소도 복역하고 나온 학생입니다. 타 대학에서 형사 처벌받고 제적된 학생을 입학시켜서는 안 됩니다. 유신정부의 방침이 시위 학생은 대학에 적을 두어서는 안 된다는 것인데 우리 대학에 재학했다가 제적된 학생도 아니고 다른 대학의 제적생을 받아줄 수 없습니다."

처장들이나 직원들 모두 학생보다는 정권에 밉보일 때 당할 대학과 나의 안위를 걱정해 박원순 군의 입학을 불허하자는 의견을 제시하였다. 이들에게 내 생각을 밝혔다.

"박원순 군은 서울대 학생 신분으로 데모를 주동했다고 해서 이미 제적을 당한 학생입니다. 지금 박원순 학생은 편입생이 아니라 신입생으로 입학하는 겁니다. 일반 고등학교 졸업장하고 예비고사 성적표를 갖고 입학 허가를 요청한 겁니다. 단국대 입시생으로 자격을 갖추었는데 서울대에서 있었던 일을 가지고 우리 대학이 서울대의 처사를 따라가라는 법은 없어요. 우리는 우리의 철학과 입장이 있는 겁니다. 교육 당국이나 정보기관의 입장은 제가 책임지겠습니다."

나는 결론을 내리면서 "다른 학생과 동등하게 입시를 치르도록 해 주라."고 거듭 지시하였다. 총장 재직을 하면서 나는 반정부 데모에 참가한 학생들을 처벌하지 않았다. 시위에 참여하여 집회 및 시위에 관한 법률 등을 위반해 실형을 받으면 제적 처분을 받기는 하지만 법적 책임을 다 지고 나오면 전원 복학을 허락했다. 또한 그들이 졸업해서 사회인으로 활동할 수 있도록 내가 도움이 될 일이 있으면 편의를 제공했다. 학생들은 정부가 독재라고 생각하면 반대 의사를 밝힐 권리가 있고 그런 시위의 정당성을 인정하는 것이 우리 교수들의 자세여야 한다고 믿었다.

이제와 하는 얘기지만 나는 박원순 학생이 단국대학에 지원한다는 것을 사전에 알고 있었다. 이 부분에 대해서는 박원순 군이 직접 밝힌 얘기를 인용하는 것이 좋을 것이다.

> "총장님박원순 씨가 쓰는 장충식 이사장의 명칭을 처음 뵌 것은 내가 서울대에서 제적되어 감옥에 갔다 온 후 어느 대학에서도 받아주지 않던 때였다. 당시 유신 정권 아래에서는 시위 사건으로 학교에서 제적되고 감옥까지 갔다 온 사람은 어느 대학도 갈 수가 없었다. 천형과도 같은 것이었다. (중략) 장충식 총장님을 만나 뵙게 되었다.

총장님은 예상과는 달리 젊은 시절에 데모한 것은 자랑이면 자랑이지 결코 흠이 될 수 없다면서 오히려 격려를 해 주셨다. 시대의 굴절 때문에 상처 입은 젊은이에게 그것은 새로운 인간상이기도 했다. 사회에 대한 좌절과 고민이 어려 있을 때 이런 총장님도 계시는구나 하는 생각으로 몸 둘 바를 몰랐다. 그 후 단국대학교를 거쳐간 많은 사람들에게서 총장님에 대해 내가 느꼈던 동일한 이미지를 가지고 있는 것을 보고 그런 모습이 누구에게나 여의하다는 것을 알게 되었다. (중략) 그 후 박정희 전 대통령이 시해되고 민주화의 봄바람이 잠시 불었던 1980년 초, 서울대학교에서 복학하라는 통지가 왔다. 나는 한 번 내쫓긴 대학을 어떻게 다시 다니겠는가 하고 그 복학 통지서를 휴지통에 버렸다. 그리고 단국대 사학과를 야간에까지 수강하여 간신히 졸업할 수 있었다. 정말 주경야독인 셈이었다." 『빈 들에 씨를 뿌리며』, '비범한 정신력의 중재中齋' 중 발췌

박원순 군의 말처럼 나는 학생운동을 하는 젊은이들을 이데올로기나 정권의 이해관계로 가늠하지 않았다. 오히려 그들이 가진 정의감, 공동체에 대한 책임감이나 역사 의식을 잘 가르쳐서 사회 발전에 이바지하도록 대학이 책임져야 한다는 생각을 갖고 있다. 박원순 군은 우리 대학에 입학할 만한 좋은 성적을 얻었고 결국 입학했다. 그러나 합격자 발표를 앞두고도 중앙정보부, 보안사령부, 경찰 공안 담

당 부서에서는 박 군이 입학하면 다시 소요를 일으켜 대학과 사회를 어지럽힐 거라 근거 없는 예단을 하며 여러 가지 협박을 했다. 나중에는 학원 담당 고위 간부들도 나에게 여러 가지 안 좋은 얘기를 하며 입학 철회를 압박했다.

심지어 학교 안에서도 박원순 학생을 합격시키기 전에 그로 하여금 입학하면 시위를 하지 않겠다는 서약서를 제출케 해야 한다는 건의를 하기도 했다. 교육자로서 어떻게 그런 생각을 해내는지 화가 났지만 웃는 낯으로 자제를 시켰다.

결국 나는 그들에게 언약을 주었다. "박원순 학생은 사법시험을 준비한다 했어요. 공부하기도 바쁠 겁니다. 만약에 당신들이 우려하는 일이 벌어지면 내가 총장의 직을 걸

박원순 시장은 제22회 사법시험을 통과해 검사로 임용되면서 법조 생활을 시작했다. 1980년 사법연수를 마치고 동기인 문재인 대통령과 연수원 수료를 기념하며 찍은 사진.

겠소!" 물론 박원순 학생은 입학 뒤로 정말 열심히 공부를 했다. 내가 기증한 집을 기반으로 고시 준비 학생들을 위해 설립된 법선재에서 후배들과 같이 공부를 하며 사법시험을 준비했다. 이윽고 재학생 시절에 법원 사무관 시험에 합격해 등기소 소장을 지내더니 1980년에는 22회 사법시험에 합격해 검사로 임용되었다.

검사에 임용된 지 6개월인가 지나서 박원순 검사는 스스로 검찰을 떠났다. 사람에게 벌을 주는 직업을 견디기 힘들다고 했고 변호사로 인권을 지키는 일을 하고 싶다고 했다. 1982년 소중한 배필을 만나 혼례를 치르는데 나에게 주례를 부탁했다. 물론 쾌히 승낙을 했다. 나중에 박 변호사는 "신원보증인이 되어 대학 입학을 허락한 인연으로 평생에 한 번 있는 결혼식의 주례로 모셨는데 신랑의 넥타이 색깔이 무엇인지 물어보신 후 당신이 넥타이 색깔까지 거기에 맞추어 매고 나오셨다."며 감사 인사를 했다.

그의 결혼식에는 많은 하객들로 북적였는데 그들 가운데는 정보기관 사람들도 많았다. 내가 주례를 서려 식장에 들어가려는데 정보과 형사가 "아니 이제 총장님께서 데모꾼 주례도 서주시냐?"며 나에게 인사를 건네는데 그 말 속에 심한 비아냥거림이 느껴져 지금도 불쾌한 기분이 추억으로 남아 있다. 정보기관의 비뚤어진 감시가 있든 없든 박원순 군은 가정에도 충실하면서 자신의 활동에도 최선을 다하는 모습을 보여 줬다. 학업에도 시간이 허락하는 최선을 다한 끝에 1985년 사학과를 졸업했다.

인권 변호사로 맹활약하던 박원순 변호사는 법률적 성과에 그치지 않고 본격적인 시민운동에 나섰다. 나는 먼발치에서 박 변호사를 응원했다. 그는 1995년 참여연대를 창립하고 사무처장에 취임했다. 하루는 나를 찾아와 도움을 요청했다. 내용인 즉 우리 대학 병원이 업무 상 보험회사와 보험을 많이 계약하는데 이 알선 업무를 자신이 이끄는 참여연대에 위임해 주면 좋겠다는 것이었다. 시민운동 단체이다 보니 활동의 자율성을 지키는 것이 핵심 원칙인데 대기업의 기부금, 정부의 지원금을 함부로 받아들일 수 없고, 시민들의 후원금도 미약해 재정이 어렵다는 고충을 밝혔다. 물론 나는 이를 받아들였다. 개인이 아니라 시민운동의 정의를 지키려는 박 변호사의 노력을 믿었기 때문이다.

참여연대를 안정적 기반에 올려놓은 박원순 변호사는 이번에는 '아름다운 가게'라는 새로운 사업 모델을 갖고 나를 찾아왔다. 처음 듣는 사업이라 내용을 물었다.

"생활 형편에 여유가 있는 가정에서 쓰지 않는 의류, 가정용 비품 등을 기부하면 이를 수집, 정리하고 수선하여 필요한 사람들이 구입하도록 하는 사업입니다. 자원도 절

2003년 5월, 단국대학은 대학으로는 처음으로 아름다운 가게에 대한 협력 협정을 체결했다. 장호성 당시 기획부총장이 박원순 당시 아름다운가게 상임이사와 협정을 맺었다. 장호성 전 총장과 박원순 서울시장은 경기고 동기 동창이기도 하다.

약하고, 환경도 보호하고, 중산층이 서민들의 가계에 보탬도 되면서 수익금은 다시 시민운동단체에 환원되는 구조를 갖고 있습니다. 단국대 교직원도 참여하고 총장님께서 나서 주시면 이 운동을 확산시키는 데 큰 도움이 될 겁니다."

나는 대외 협력 관계 업무를 맡고 있던 장호성 당시 부총장으로 하여금 대학 차원에서 이를 돕는 방안을 찾도록 했다. 장호성 당시 부총장은 박원순 변호사와 경기고등학교 동기 동창이어서 친분이 두터워 이내 '후원 기관 협정식'을 맺었다. 기증용 물품을 수집하는 시설도 설치하고, 홍보 활동에도 적극적으로 나섰다. 개인적으로는 아내와 함께 내가 사는 아파트 단지의 가까운 이웃들에게 이를 소개하고 여러 물품들을 기부하도록 했다. 내가 사는 아파트는 젊은이들보다는 나이 든 분들이 많이 살거니와 소득 수준도 낮지 않은 세대가 많아서 그만큼 도움 될 만한 물품들이 많았다.

아내는 아파트 단지 안에 있는 600 가구 가운데 알고 지내는 집을 일일이 찾아다니며 기부를 설득했다. 나중에는 친구들까지 참가토록 했고 며느리장호성 전 총장의 부인 조기정씨도 힘을 보탰다.

여러 물품을 모으고 거두어 아름다운 가게에 보내다 보니 수집한 분량이 좀 아쉽다 싶을 때는 아예 철이 바뀌면 입어야 할 옷들도 꺼내서 기증품에 넣기도 했다. 많이 기부해서 이름을 과시하려는 욕심이 아니라 마음속에 있는 애정이 그런 행동으로 표출된 것이다. 새로운 시민운동의 실마리를 열려는 박원순 변호사의 노력을 격려하고픈 마음의 표현이었다. 이 때 활동을 열심히 한 며느리는 〈아름다운 가게 서초점〉 점장을 맡기도 했다. 2003년 당시 내 며느리는 모 대학교의 영문과 교수로 출강하고 있었다. 남편의 동창이 하는 일이라 관심을 갖고 참가했는데 아름다운 가게의 가치를 마음에 들어 하더니 급기야 기존의 직업은 뒤로

장충식 이사장은 박원순 변호사가 인권 변호사로 활약하면서 사회 봉사를 조직화하는 일에 적극적으로 동참을 했다.
조기정 여사(장호성 전 총장 부인) 역시 아름다운 가게 서초점 점장을 맡아 열성적으로 봉사 활동에 동참했다. 개점 기념식에서 박원순 당시 아름다운 가게 상임이사와 서초점장으로 자리를 함께한 조기정 여사(사진 가운데).

하고 이 일에 전념했다. 일체의 보수도 받지 않고 개인의 이익보다 시민 공동체의 발전에 애정을 기울이는 며느리가 한결 지혜롭게 느껴졌다.

박원순 변호사가 하는 아름다운 가게에 대한 주위의 좋은 평가를 듣고는 내 일처럼 기뻐했다. 정치계 입문에 대한 얘기가 돌 때 나는 그가 서민을 위한 자선사업과 인권 변호사로서 활동을 하리라 기대했다. 어느 날 갑자기 서울시장에 출마를 한다고 해서 깜짝 놀랐다. 진심으로 나는 그가 정치적 권력을 잡지 않기를 희망했다. 박 변호사는 정의를 위해 권력을 비판하면서 겪는 고초는 감수할 수 있지만 권력을 행사하면서 부딪힐 갈등은 매우 힘들어 할 성격으로 보였다. 1천만 명을 대표하는 서울시장이 된다면 얼마나 많은 갈등을 감당해야 하겠는가…

그래도 선거를 시작하자 나는 처음 생각과 달리 박원순 후보를 돕고 있었다. 이왕 출마했는데 낙선을 하면 또 상처를 받을까 염려되었다. 내가 그의 결혼의 주례자였다는 사실을 알고 어느 잡지사 기자가 인터뷰를 요청했다. 나는 잡지사와의 인터뷰에서 분명히 그가 서울시장에 출마하지 않기를 원한다고 내 생각을 밝혔다. 그러나 막상 그가 최종적으로 서울시장 입후보로 등록을 하자 내 생각은 바뀌었다.

휴대폰을 한 대 더 마련했다. 기존의 휴대폰은 업무용으로 겸용을 하니 전화가 수시로 오고 사용이 번거로웠다. 서울시에 거주하는 친지들을 찾아보고 전화를 돌렸다. 내가 있는 단국대를 나온 인재이니 시장으로 활약할 기회를 주라는 부탁을 했다. 그런데 내 얘기를 듣는 상대편은 "박 후보가 무슨 단국대 출신이냐, 언론에는 서울대로 나온다."

아름다운 가게이 이어 공정 무역을 지향하는 아름다운 커피 전문점도 단국대학에 설치되었다. 장호성 당시 총장이 박원순 당시 상임이사와 기부 협정서를 선보이고 있다.

며 나를 당황하게 했다. 많은 미디어에서 그를 단국대가 아닌 서울대 출신으로 소개하고 있었다. 나중에는 박 후보가 학력을 속이는 것이 아니냐는 비난도 나왔다. 언론의 속성에 실망했지만 그러거나 말거나 열심히 박 후보를 도와 달라며 전화를 돌렸다. 얼핏 추산해 보니 전화만 1천 통을 넘긴 것 같았다.

그래도 박원순 후보에게는 일체의 연락을 하지 않았

다. 그저 이왕 시작한 일이니 동문이 잘되면 좋겠다는 바람으로 한 일이었을 뿐이다. 나중에 선거에서 당선되고 박원순 시장은 나와 아내, 그리고 아들 내외를 저녁 식사에 초대했다. 헤아려 보니 그의 주례를 서고 나서 처음으로 만나는 자리였다. 저녁 자리보다 우리 동문 20만 명 가운데 처음으로 서울시장이 나왔다는 그 사실이 기뻤고, 나에게 이런 기쁨을 준 박 시장이 고마웠다. 나와 박원순 시장의 이런 저런 인연이 알려지면서 여기저기에서 많은 부탁이 들어왔다. 세상 인심이란 그런 것이고 애써 그런 일에 휘말리지 않으려 연락을 않고 지낸다.

우리는 '대학大學'이라는 단어를 '크고 심오한 학문'을 배우는 곳으로 이해하고 있다. 물론 맞는 말이다. 그러나 한편으로 보면 '대학'에는 그 정신적 터전, 사람에 대한 이해를 넓게 가지라는 뜻도 담겨 있다고 생각한다. 젊은이에게 시국사범의 굴레를 씌우고 삶을 송두리째 흔들면서 이를 당연시하던 시대가 있었다. 지금도 우리 기성세대는 그런 잘못을 저지르고 있을 수도 있다. 젊은이에게 더 넓고 관대한 문호를 열어 주려는 노력이 대학의 본분일 것이다. 그 인간적 풍토에서 미래를 열어갈 인재가 성장하지 않겠는가.

(2019년 7월 31일)

17

이시가와 다카오(石川堯雄) 선생

국경을 넘은 인간애가 담긴 단국대 치과병원의 탄생

한국과 일본의 관계가 빠르게 나빠지고 있다. 양국의 역사 해석을 둘러싼 갈등이 확대되면서 경제와 안보 문제로 불이 번지더니 급기야 혐한이니 혐일이니 다투다가 양국 민간 부문도 정치적 분쟁에 휘말려 들어가고 있다. 전쟁과 한일병탄이라는 아픈 역사를 가진 양국에 그나마 60여 년에 걸쳐 쌓은 친선 관계가 뿌리째 흔들리는 것은 아닌지 걱정이 된다.

나는 중국에서 초등학교를 다니기도 했지만 서울 종로구 사직동에 있는 매동소학교 현 매동초등학교에서 교육과정을 마쳤다. 당시 총독부는 일본어를 국어로 정하여 학교에서 일상 언어로 사용토록 강제하고 있었다. 나는 독립운동을 하는 아버지와 만주에서 생활하며 유년기를 보냈기에 본능적으로 이를 받아들이기 어려웠다. 일본어는 어색하기도 했거니와 이미 유년기부터 일제에 대한 반항심을 몸으로 길러왔기 때문이었다. 그래서인지 나는 '조선어'당시 국어는 일본어였다가 입밖으로 불쑥불쑥 튀어나오곤 했다. 그럴 때 선생님이 계시면 그 날은 치도곤을 당하는 날이 되었다.

국어일본어를 안 쓰고 조선어를 쓴다는 이유만으로 손바닥을 맞거나 뺨을 맞고 걷어 차이는 폭력을 당했다. 그런 폭력에도 불구하고 진심으로 잘못했다는 생각을 해본 적이 없었다. 분하고 화가 나는 심정이었다. 그것이 지금도 80년 가까이 내 기억 속에 선명히 남아 있다. 힘이 센 선생님이 힘 약한 어린이를, 나라말을 안 쓴다는 이유로 구타를 할 만큼 제국주의 통치는 무섭고 비인간적 체제였다. 피식민 국가의 국민은 서러운 운명이었다. 내가 학연가연에서 밝히듯 내 힘이 닿는 한 사람들을 돕고 청년 인재를 아끼는 이유도 바로 이 어린 시절에 겪은 설움을 통해 '억강부약抑强扶弱'의 뜻을 체득했기 때문이다.

아버지는 만주로 망명을 하고, 어린 아들은 식민지에서 매를 맞으며 아동기 시절을 보냈으니 나 역시 일본에 대해 좋은 감정을 갖기가 어려웠다. 그러나 대학과 대학원에서 역사를 전공하면서 이 문제에 대한 진지한 고민도 했고, 좀 더 넓은 시야를 갖게 되어서 한일 관계를 미움과 갈등의 맥락에서만 해석하지 않을 안목을 기를 수 있었다. 거기에 대학을 경영하면서 만나 인연을 맺은 많은 일본인들과의 우의도 큰 역할을 했다.

그 중에 내가 영원히 잊지 못할 일본인으로 이시가와 다카오石川堯雄 선생을 꼽을 수 있다. 이시가와 선생은 1916년 생으로 동경대에서 치의학을 배운 치과 의사이다. 츠루미대학學見大學에 치학부齒學部, 우리의 치과대학에 해당를 설치하는 개설 위원으로 초빙되어 교수 생활을 시작한 분이다. 츠루미대학은 일본의 치의학 분야에서 최상위권의 성과를 거두고 있는데 이같은 경쟁력의 기반이 바로 이시가와 선생이 쌓은 학덕의 소산이라 할 수 있다. 우리 대학은 이 분과의 인연으로 1987년 츠루미대학과 자매결연을 맺었고, 지금도 양쪽 대학이 활발히 교류하고 있다. 내가 이시가와 선생과 맺은 인연은 자매결연에 앞선 치과대 설립을 위한 준비 작업에서 시작했고, 치과대 병원을 설립하는 결실로 이어졌다. 이시가와 선생은 단국대 치과병원 설립의 가장 중요한 조력자이자 안내자였다. 어찌보면 오늘날 한강 이남에서 최고 수준이라는 천안캠퍼스 치과병원을 있게 한 동반자라

1984년 9월에 열린 치과대학 교사동 및 부속병원 개원식 전경

고 해도 과언이 아니다.

내가 이시가와 다카오 선생을 만난 것은 1977년이었다. 나는 마음속으로 천안캠퍼스를 종합대학으로 성장시킨다는 비전을 갖고 있었다. 당시 대학의 풍토는 지방에 설치한 제2캠퍼스를 '분교'로 여기고 서울에 있는 본교의 부속기관으로 취급하는 정도였다. 나는 미국의 대학처럼 천안캠퍼스를 문자 그대로 하나의 완결된 교육, 연구 체계를 갖춘 명실상부한 종합대학으로 만들고 싶었다. 왜냐하면 그

것이 내가 당초 천안캠퍼스를 설립할 때 천안시에 제시한 미래상이고 약속이었기 때문이다.

인구가 갓 10만여 명을 넘은 천안시에 내가 대학을 세우겠다며 나설 때 천안시장을 비롯한 지역 유지들은 내 의지와 포부를 반신반의했다. 나는 그들에게 천안을 한국 최고의 교육 도시로 만들겠다는 비전을 제시했다. 우리가 성공하면 다른 대학들이 몰려올 것이라 확신했고 그렇게 설득했다. 당시만 해도 천안시는 경부고속도로에 인접한 교통 요충지임을 내세워 관광업을 미래 발전 목표로 갖고 있었다. 이에 근거해 지금 천안캠퍼스가 위치한 부지도 관광호텔을 세울 부지로 설정하고 있었다. 나는 천안시장에게 그 부지를 대학캠퍼스 부지로 활용하자고 했다. 부지 매입을 위한 자금이 들어 있는 통장을 천안 지역 유지들의 공동체인 천안시번영회에 맡겨 놓고 일을 시작했다. 엉뚱한 부동산 투자가 아니냐는 지역 사회의 의구심을 처음부터 불식시키려는 단호한 의지를 보였고 그들의 마음을 얻었다.

그렇게 시작한 천안캠퍼스를 처음 약속대로 발전시키려면 치과대나 의과대를 세우고 병원을 세워야 천안시와 충남 지역의 의료 복지도 증진시키면서 천안캠퍼스의 성장 기반도 확고하게 만들 수 있다고 생각했다. 우리가 한 번도 해 보지 않은 의학 관련 교육·연구 시설을 세우는 일이니

쉬울 리가 없었다. 자금력도 없었고, 쌓아 놓은 노하우도 없었다. 당연히 다른 대학의 선례를 알아보고 여러 가지 도움을 받아야 했다.

우선 국내 최고라는 서울대와 연세대 치과대에 도움을 요청했다. 결과는 외면이었다. 아니 사실상의 거절이었다. 지금도 그렇지만 우리나라 의학계는 자신들의 영역에 높은 울타리를 쌓길 원한다. 진입 장벽을 높히면 치과·의과 대학 설립, 병원 건설부터 의료 장비 확보 등의 노하우를 공유하기 힘들지 않겠는가. 거기에 천안시에 치과대와 병원을 세운다니, 그들 생각에는 단국대가 되지도 않을 일에 헛된 꿈을 꾼다고 결론 내렸을 것이다. 시간이 흘러도 이렇다 저렇다 답이 없었다.

나는 일본에 가보자는 결심을 했다. 한국에서 안 되니 외국에서 병원 설립 자문도 받고 뭔가 돌파구를 찾자고 생각했다. 상대 국가로 일본을 정했다. 가깝고, 대학의 운영 체제도 비슷하면서 의학이 발달한 곳이 일본이니 멀리 생각할 수도 없었다. 마침 일본에는 '일본사립치과대학협회'가 있었다. 이를 알고서 나는 바로 일본으로 출장을 갔다. 이름은 기억이 안 나지만 협회의 사무총장에게 우리의 의사를 전달했다. 이내 응답이 왔다. 추천해 준 대학과 병원은 두 개였다. 하나는 동경에 있는 니혼대학교의 마츠도치과대학松戶齒科大學이었고, 다른 하나가 요코하마에 있는 츠루미대학鶴見大學 치과학부였다. 나는 거기에 한 가지를 덧붙였다. 일본 치의학계에서 학덕이 높고 인품이 좋은 교수님을 추천해 달라고 했다. 한국의 치의학자들한테 들을 수 없었던 병원 설립에 대한 자문을 듣고 싶었다. 내 말을 들은 그 사무총장은 망설이지 않고 학자 한 분을 추천해 줬다. 그 분이 바로 이시가와 다카오 선생이었다. 더군다나 그 분은 바로 우리가 방문할 츠루미대학 치과학부장으로 재직 중이었다. 뭔가 좋은 방향으로 일이 풀릴 것 같은 예감이 들었다. 만남을 주선해 달라 부탁하고 바로 요코하마에 있는 츠루미대학으로 서둘러 발길을 돌렸다.

1977년 8월로 기억한다. 일본의 여름은 우리나라의 무더위를 능가한다. 앉아 있어도 짜증이 나는 더위 속에서 캠퍼스를 찾아가 만난 이시가와 선생은 생김새부터 호인의 기질이 보였다. 둥근 턱선과 인자한 눈빛이 누구라도 포용할 인상이었다. 인사를 나누고 자리에 앉자마자 나는 내 생각을 전했다.

"자그마한 지방 도시인 천안시에 치과병원을 세우고 싶습니다. 우리나라가 공업화는 빠르게 진행하지만 의료복지는 그렇지 못합니다. 좋은 의료 시설은 서울에 편중되어 지방 농촌 도시는 그 혜택을 받기가 힘듭니다. 더군다나 치과 병원은 보건소가 고작이고 있더라도 작은 개인 병원에 의존하고 있습니다. 지방 도시에도 서울 못지않은 치과 전문 병원을 세워 농민들의 구강보건을 돌보고 싶군요. 제가 그 일을 하고 싶은데 뜻은 있지만 처음 하는 일이라 여러모로 도움이 필요합니다."

이시가와 선생은 내 말을 진지하게 경청했다. 그러면서 나에게 되물었다.

"장 총장님은 의사 출신 총장이신가요?"

"아뇨, 저는 역사학을 전공했습니다. 문과 출신이죠."

내 답변을 듣고는 이시가와 선생은 약간 놀란 듯한 표정을 짓더니 이렇게 말했다.

"의외로군요. 의사 출신도 아니신데 시골 사람들의 의료 복지에 이처럼 강한 소신을 갖고 계시다뇨. 제가 오늘 정말 훌륭한 총장님을 만났습니다. 제가 힘닿는 데로 돕겠습니다."

강한 어조로 이시가와 선생은 처음 만난 나에게 병원 설립에 협력할 것을 약속했다. 이시가와 선생은 거기에서 한 발 더 나아갔다. 나를 만난 날 저녁에 만찬을 대접한다는 의사를 전하더니 그 자리에 쓰루미대학 치의학부 보직 교수 전체를 불러 동석케 했다. 나를 비롯해 출장에 동행한 우리 대학의 병원 설립 관계자들과 보직 교수들이 상견례를 하도록 주선하겠다는 취지였다. 이 자리에서 이시가와 선생은 저녁 식사의 목적을 밝히며 직접 "장충식 총장님과 단국대학이 하려는 훌륭한 일들이 성취되도록 우리 츠루미대 치의학부 교수들이 최선을 다해 달라."고 당부했다. 같은 동포인 한국의 치과대 의사들이 외면하고 거절했던 일을 일본인들이 나서서 팔을 걷어 부친 것이다.

의사로서 가장 기본인 박애주의博愛主義를 발휘해 국경을 넘어 도움을 주려는 이시가와 선생의 소신은 단순히 감사한 정도가 아니라 마음을 울리는 일이었다. 나는 천군만마를 얻은 기분으로 귀국을 해서 치과대 부속병원 건축에 착수했다.

이시가와 선생의 지원을 약속받고 치과대학과 치과대학 부속병원 설립 작업을 본격화했다. 천안캠퍼스 신축 작업이 선행되어야 해서 이를 준공한 뒤 치과대학 신설을 허가받았다. 여기에 4년의 세월이 들어갔다. 천안캠퍼스가 안착되었다는 확신이 든 1981년 가을에 이시가와 선생, 그리고 당시 츠루미대학 치과병원 원장이었던 와타나베 선생 등 3명을 초청했다. 우리 대학의 현황을 직접 시찰하고 난 그들은 "단국대가 이렇게 크고 한창 발전하는 대학인 걸 미처 몰랐다."며 "이런 저력이 있으니 치과병원을 충분히 성공시킬 힘이 있다."고 용기를 북돋아 주었다.

이후 우리 대학의 관계자들을 츠루미대학에 보내 병원 설계, 교육과정 등을 자문받게 했다. 그들 역시 실무자들을 파견해 병원 부지, 입지, 원하는 기자재의 배치 등을 자세히 조사했다. 구체적 건축 계획이 잡히자 그들은 아예 자기들이 병원 건축 설계도 해 주기로 했다. 사실 국내에 병원 건물을 설계할 전문가들은 그리 많지도 않았고, 설계비도 큰 돈이 필요로 하는 난제였다. 국내에 맡기면 당시 돈으로 쳐도 수억 원을 상회하는 거액이 필요했다. 감당하지 못할 금액을 요구하면 어쩌나 하는 염려가 있었는데 이시가와 선생을 비롯한 츠루미대학의 전문가들은 이를 무상으로 제공하겠다는 의사를 밝혔다. 나는 이시가와 선생의 도량에 또 한 번 감탄하지 않을 수 없었다.

나중에 설계도 및 시방서를 완성해 이를 제출했는데 더 크게 놀라지 않을 수 없었다. 병원 건설 사업을 시작하면서 입수한 우리나라 대학의 치과병원 신축 공사 설계도 및 자료는 1권으로 매듭되어 있었다. 그러나 그들이 제출한 설계도는 그 분량이 10배를 상회하고 있었다. 대단히 정밀하고 꼼꼼한 설계도였다. 더욱이 그 설계도는 일본어가 아니라 모두 영어로 작성해 놓았다. 그들은 이 설계도를 만들기 위해 한번은 츠루미 치과대의 교수 및 치과 진료 장비 제작 회사인 모리타제작소의 관계자 15명이 천안캠퍼스 병원 부지와 우리나라 치과병원을 시찰, 조사하고 가기도 했다. 이 때도 출장비를 부담하겠다는 내 제의를 거절하고 전액을 츠루미대학이 부담했다. 그들은 이렇게 정성을 들여 만든 병원 설계도를 우리 대학에 선선히 기증을 했다. 나중에 이만한 규모의 병원 설계비는 얼마나 필요한지 알아봤더니 달러 기준으로 약 40~50만 달러가 필요하다고 했다. 그들의 진정성에 감복하지 않을 수 없었다.

1983년 4월 치과병원을 착공하고 나니 역시 재정 문제가 걸림돌로 다가왔다. 병원 공사비는 어찌 어찌 꾸리겠지만 그 안에 들어갈 치과 의료 장비를 수입해야 하는데 이를 해결하기가 막막했다. 사실 나는 치과대 설립과 치대병원 신축을 기획하면서 우리나라 치의학계에 대한 조사를 했다. 국내 치의학은 의과대의 산하에 부속된 일개 전공으로 취급되고 있었다. 그러다보니 의료 시설도 종합병원의 진료 과목에 병합되어 있는 현실이었고, 치과 의사를 낮춰 보는 편견이 있었다. 종합병원 내에서 치의학에 대한 인식이 그러니 진료 시설 투자도 제대로 이뤄지지 않았다.

나는 이를 바로잡고 싶었다. 독립된 치과대를 세웠으니 병원도 종합병원 규모의 독립적 시설과 시스템을 마련하겠다는 생각이었다. 우리를 돕는 일본 측 교수들도 내 생각에 전적으로 동감했다. 독립 병원을 세운다고 나섰으니 그 큰 규모의 병원에 들어갈 의료 장비도 이에 걸맞게 채워줘야 하지 않겠는가.

병원 착공 당시 우리 대학은 대대적인 교육 시설 투자를 진행하고 있었다. 대학 본관, 천안캠퍼스 학생회관, 체육관, 과학관 등 건설 공사가 줄을 잇고 있었다. 이 상황에 치대 부속병원에 설치해야 할 기자재 구입비를 산출해 보니 미화 80만 달러가 필요한 것으로 나왔다. 당시 원화로 환산하면 6억4천여만 원 안팎의 거금이었다. 당시 등록금이 1인당 40만 원 정도였으니 1천6백여 명의 학생이 내는 등록금을 합쳐야 의료 장비를 들여올 수 있는 규모였다. 대학 수입으로 감당이 어려운 대형 투자였다. 지금이라도 하기 힘든 투자였다.

산업은행을 찾아가 대출이 가능한지 설득했지만 교육기관에 뭘 믿고 그 큰 돈을 대출하냐는 논리로 거절당했다. 고민 끝에 나는 다시 이시가와 선생을 찾아가 이를 털어 놓았다. 이시가와 선생은 이 문제를 들고 유수의 의료 장비 전문 회사인 모리타제작소, 모리타 상회를 찾았다. 이 회사의 CEO인 모리타 대표가 직접 나서기로 했다. 모리타 대표는 구입 대금을 일본수출입은행에서 우리 대학에 대출해 주어 대금을 충당토록 주선했다. 혹자는 모리타 대표가 자기네 회사 장비를 팔려는 욕심에 대출을 주선하지 않았냐는 생각을 할 수 있다. 그러나 사실 우리가 사야 할 기자재는 모리타 회사만이 아니라 독일 제품도 상당히 많았다. 이 장비들을 포함한 구입 대금 대출만이 아니라 대출 상환을 보증할 보증인이 필요했는데 이 보증 문제도 모리타 상회가 서주기로 했다. 처음 보는 외국의 대학에 이같은 호의를 베풀기가 과연 쉬었을까? 설계도를 작성해 무상 기부하고, 장비 구입비를 보증까지 서면서 대출하도록 도와주는 이 호의의 참뜻은 무엇일까?

1984년 9월 17일 치대병원 개원식에서 장충식 총장은 병원 설립에 결정적 기여를 한 이시가와 츠루미대학 치과학부장에게 공로패와 선물을 증정하며 사의를 전했다.

우리나라 치과병원, 치의학계에 새로운 기원을 열어 달라는 대학인으로서의 동료애, 국경을 넘어 사회적 약자들에게 좋은 의료 서비스를 하자는 인간애의 결실이라고 생각한다.

건물을 짓자 츠루미대학의 교수, 모리타 상회의 기술자들이 와서 꼼꼼히 장비를 설치하고, 점검했다. 의료 기자재를 설치하는 데 1년이 필요했다. 이 기간 동안 이시가와 선생은 츠루미 치과대의 시설 담당 간부를 우리 치대병원이 개원할 때까지 한국에 상주시키며 자문, 기술 감독을 하도록 했다. 우리 대학에서 채재비 부담을 하려고 해도 절대 받아들이지 않고 자신들의 비용으로 다 감당해 주었다.

단국인의 도전 정신, 일본 전문가들의 우의로 치과대 병원을 준공할 수 있었다. 그 때가 1984년 9월 17일이었다. 개원 이후 단대 치과병원의 위용을 본 국내 치의학 관계자, 병원 관계자들은 시설과 규모에 감탄을 했고 입소문을 탔다. 견학 신청이 줄이어 병원 운영에 방해가 된다는 보고도 들어왔다. 다른 대학은 우리 치과대의 시설을 보고 자기들의 현실을 성찰했다. 국내 치과대와 치과병원들도 시설 현대화 사업을 앞 다퉈 개시했다. 우리 대학 치과대 부속병원이 한국 치의학계에 가져온 작은 성과인 셈이다.

다행히 처음 약속한 일본수출입은행의 대출 조건대

로 10년 간 분할을 해서 전액 상환을 했다. 사실 일본의 전문가들도 인구 13만 명의 소도시에 이만한 설비를 갖춘 치과병원을 세워 기대만큼 운영 수익을 거둘 수 있을지 염려하는 의견도 있었다. 인구가 50만 명은 되어야 안정적 운영이 가능하다고 전망했다. 개원 초기에는 약간의 시련이 있었다. 그러나 개원할 때 최고의 의료진을 초빙했고, 교직원

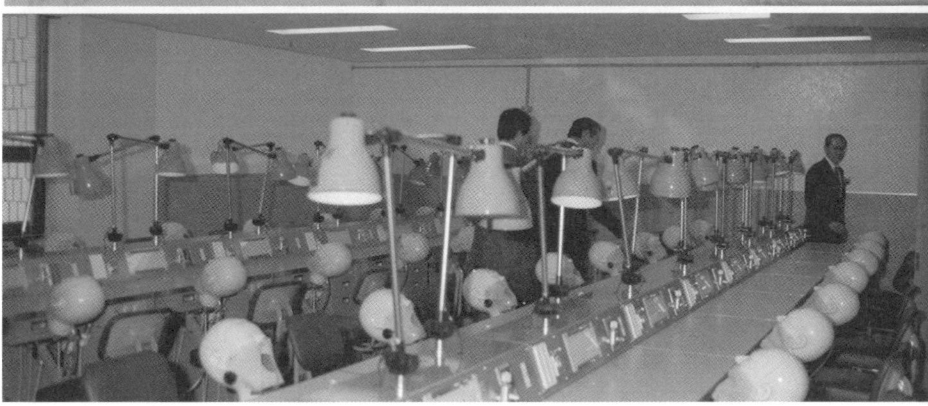

1984년 문을 연 치과대 부속병원은 당시 한국의 치과병원 수준을 뛰어넘는 최고의 진료 설비, 실습 시설을 갖추어 다른 대학에 충격을 주었다.

1984년에 세워진 치과대 부속병원은 30년 간 충남 및 경기 남부 지역의 치과병원을 선도했다. 단국대학은 천안시의 발전과 치의학 역량의 축적에 상응하는 대형 전문 병원을 신축하는 데 착수해 2013년 3월에 새로운 치대 교사동과 병원을 신축했다.

모두가 힘을 합쳐 무사히 대출금을 상환할 수 있었다.

나는 이시가와 선생에 대한 고마움을 잊지 않았다. 어떤 대가도 없이 큰 호의를 베푼 이시가와 선생에게 내 우정의 뜻을 전하고 싶었다. 1989년 3월 그가 오랜 교직 생활을 접고 정년퇴임을 했다는 소식을 들었다. 나는 개교 42주년을 맞아 선생과 부인을 초청했다. 그리고 선생에게 명예박사학위를 증정했다. 총장인 내가 바치는 최고의 헌사인 셈이었다.

현재 우리는 일본과 역사, 경제, 국제정치 등 여러 면에서 근 60년 만의 큰 갈등을 겪고 있다. 나 역시 일제강점기에 나고 자란 세대로 마음속에 여한이 왜 없겠는가. 그러나 나는 일본의 역사적 책임과 아울러 이시가와 선생 같은 휴머니즘과 박애정신을 갖춘 의인이 많다는 점을 기억해야 한다고 생각한다. 일본은 우리의 이웃이다. 이웃과 싸울 수는 있지만 그를 적으로 내몰고 서로 회복하기 힘든 상처를 새롭게 주고받는 일은 피해야 한다.

특히 젊은이들에게 당부하고 싶다. 역사를 평가하고 자성하는 일은 언제나 필요하다. 동시에 미래를 향해 마음을 열고 우정을 공유하며 인간의 보편적 가치를 한국과 일본이 함께 증진하는 데 앞장서야 한다. 이것이 진정으로 일본을 이기는 길이고 조국을 발전시키는 길이다. 끝으로 이시가와 다카오 선생의 명복을 기원합니다.

(2019년 9월 4일)

18

박유철 전 국가보훈처 장관

독립운동가 후손으로 시작된 인연이 맺은 반백 년의 믿음

우리 대학을 설립하신 범정 장형 선생은 독립운동을 하셨다. 젊은 시절부터 내 부친의 공적을 함부로 드러내지 않으며 살아왔지만 후손으로서 어찌 자랑스럽지 않겠는가. 하지만 그 자부심에 앞서 명예로운 정신적 유산을 우리 대학 발전과 교육에 제대로 반영해야 한다는 책임감을 마음속에 품고 살아왔다. 그런 소명의식을 바탕으로 대학을 운영하며 얻은 인연 가운데 소중하면서 보람찬 경우가 있다. 우리 대학 법인의 22대 이사장을 지낸 박유철 전 국가보훈처 장관과의 인연이 그렇다. 박유철 전 장관과 교례를 하게 된 배경에는 동양학연구소 설립과 연구 활동이 자리하고 있다.

나는 단과대학이었던 단국대학의 학장으로 취임하면서 '우리 대학을 종합대학으로 승격시키겠다'는 약속을 했다. 고군분투 끝에 이를 단기간에 실현하고 총장에 취임했는데 이 때가 1967년이었다. 총장으로 취임하고 내가 가장 역점을 둔 일이 동양학연구소 설립이었다. 민족사학을 자부하는 우리 대학에 한국 최고의 한국학 전문 연구소를 만들겠다는 것이 내 포부였다. 당대의 석학이신 일석 이희승 선생님을 모시고 연구소의 기틀을 잡아갔는데 이때 가장 중요한 일이 〈동양학총서〉를 펴내는 일이었다. 한국학 연구의 기본이 되는 명저, 고서적 가운데 국내에서 원본을 찾기 힘든 원전을 찾아 이를 영인본으로 간행, 보급하자는 사업이었다.

동양학연구소의 노력에 학계도 뜨거운 찬사를 보내기도 했는데 그 네 번째 편찬 작업이 『박은식전서朴殷植全書』였다. 백암白巖 박은식 선생은 유학자로서 《황성신문》, 《대한매일신문》 등 애국 언론을 통해 독립운동을 펼치다가 중국으로 망명했다. 1925년, 대한민국임시정부 제2대 대통령에 선임된 원로 독립운동가이다. 박은식 선생은 항일애국운동만이 아니라 역사학자로서도 뚜렷한 업적을 쌓은 분이었

學界의 關心·환영받으며

「朴殷植全書」 出版

13日、東洋學研究所 주최

독립운동의 元老이며, 韓國의 近·現代史에 빛나는업적을 남긴 民族史學者이며 改革思想家인 白巖 朴殷植先生의 著述와 遺筆을 한데 모은 「朴殷植全書」 出版기념회가 지난13日東洋學研究所주최로 개최되었다。

동양학연구소가 東洋學叢書 第四輯으로 刊行한 이 朴殷植全書는 上·中·下三卷으로 菊版 총1천3백40여面 양장본으로 影印 組版印刷되었다。

이날 師範大學 계단강의실에서 개최된 출판기념회는 朴正激理事長, 張忠植總長 그리고 李殷相선생 등 言論界, 學界의 여러 人士들과 本大學教授 2백여명이 참석했으며 遺族으로는 朴殷植선생의 長男인 朴始昌장군과 그 가족이 자리를 같이했다。

鄭永鎬박물관장의 사회로 시작된 紀念式은 먼저 所長 李熙昇박사님의 간행의 말씀이 있었는데 李所長은 「學界學者들이 열망하던本全書를 펴내게돼서 기쁘며 8백여만원의 예산을 제공하여주신 總長께 감사드린다」고 말하고 「이 지극히 어려운 과업을 수행해 나가는데 적극적이고 헌신적으로 협력하여 준 金泳鎬慶北大교수및 研究所 연구원의 노고에 그마음을 금치못한다」고 말했다。

이어 金泳鎬교수의 朴殷植全書에 대한 간단한 解題(본보3面참조)와 車文燮교수의 刊行하기까지의 경위 설명 朴天圭교수의 年譜가 소개되었다。(본보三面참조) 이어 朴殷植선생의 유족인, 朴始昌將軍의 人事말과 東洋學研究所長에게 감사패를 전달했다。

紀念式에 이어 師大로비에서는 紀念칵테일 파아티가 있었는데, 이자리에 모인 學界人士들은 異口同聲으로 「국가적인 사업으로도 어려운 全書刊行을 단행한 檀大의 저력과 學問하는자세에 놀라움과 축하를보낸다」고 말하였다。

그런데 東洋學研究所는 「朴殷植全書」이외에도 第一輯으로는 「韻學字會」(71년) 第二輯 「新增類合」(72년

◇「朴殷植全書」 출판기념식…지난13일 學界·言論界의중진人士200여명이 모인 자리에서 성대히 거행되었다。

단국대학 동양학연구소는 지난 1975년에 백암 박은식 선생의 저서, 논문, 논설 등을 집대성한 『박은식전서』(전3권)를 간행했다. 전집 발간을 기념하여 열린 기념식과 책의 의미 등을 보도한 《단대신문》 기사(1975년 9월 18일자). 단국대학 법인 이사장을 지낸 박유철 전 국가보훈처 장관은 박은식 선생의 손자이다.

다. 특히, 『한국통사』는 일제의 침략과 민족운동의 전개 과정을 실증적으로 체계화한 명저였다. 이 밖에도 구한말이나 망명 시절에 각종 신문이나 잡지를 통해 많은 글을 발표하며 항일 의식을 고취했는데 이런 글들이 일제강점기에 유실되고 불온서적으로 취급되어 제대로 전해지지 않았다.

약 4년여의 시간을 들여 이 자료와 서적들을 집대성하고, 교정과 해제를 거쳐 마침내 1975년에 『박은식전서朴殷植全書』를 사회에 봉정할 수 있었다. 이 전집이 나오자 가장 먼

저 구입을 신청한 대학이 서울대학이었는데 그 중에서도 사범대 역사과가 뜨거운 찬사를 보내왔다. 왜냐하면 서울대 사범대 역사과는 박은식 선생의 역사관이나 한국사를 바라보는 인식을 자신들의 정신적 뿌리로 존중하는 전통이 있었기 때문이다.

나는 큰 감격 속에 학계 원로들을 모시고 출판 기념식을 갖도록 했고 이 자리에 박은식 선생의 유족들도 초대해 애국지사를 조상으로 둔 자부심도 높여 드리고자 했다. 내 기억 속에는 아마도 1975년 2학기를 시작한 지 얼마 안 된 9월이었다. 기념식 자리에서 나는 처음으로 박은식 선생의 유족을 만났는데 박은식 선생의 아드님이신 박시창 장군, 나중에 우리 대학 법인 이사장으로 초빙한 박유철 전 보훈장관도 만날 수 있었다.

박유철 전 장관은 박은식 선생의 손자이다. 그의 집안은 조부와 부친이 모두 항일운동에 투신한 독립운동가의 집안이었다. 부친이신 박시창 장군朴始昌, 1903~1986은 황포군관학교, 중국 육군대학을 나온 엘리트 군인으로 국민당 정부군에서 항일 전쟁에 참전하고, 상해 임정의 광복군 참모부 참모로 일하다가 해방이 되자 상해의 광복군 수호지대장으로 중국에 망명했던 동포, 광복군들의 귀국을 지휘했던 독립투사였다. 나중에 귀국 뒤에는 국군 창설에 몸담았고, 한국전쟁에 종군해 군단장을 지내고 육군 소장으로 예편했다.

박 장군이 해방 직후 상해지대장으로 있을 때 비슷한 경력을 가진 김홍일 장군은 광복군 총참모장을 지내며 만주 심양시에서 교포들의 환국을 도왔다. 이 분이 평북 용천 출신이고 나의 부친 범정 장형 선생과 막역한 사이여서 나도 모친의 손에 이끌려 인사를 드린 적이 있었다. 박유철 전 장관과는 처음 만났지만 김홍일 장군과 부친이 만주 망명 시절에 가진 교유 관계, 그리고 김홍일 장군과 박시창 장군이 중국 대륙을 종횡하며 광복군으로 항일전쟁을 치른 전우 관계를 더하면 간접적으로 적잖은 인연이 있는 셈이었다. 그렇다고 출판 기념회에서 이를 언급하고 교분을 만들 일은 아니어서 『박은식전서朴殷植全書』를 박시창 장군께 정중히 헌정하고 행사를 마쳤다. 책을 받고 박시창 장군은 감격에 겨워했다.

"선친의 논문, 저서를 수집해 책을 만들어야 한다고 평생 생각을 했지만 작업이 너무 힘들어 손을 놓고 있었습니다. 오늘 책을 접하니 내 가슴에 맺힌 한이 풀리는 느낌입니다."

박 장군은 몇 번이나 동양학연구소장으로 이 작업을 이끄신 일석 이희승 선생께 감사를 드리고 나에게도 과분한 치하를 주었다. 당시 박유철 전 장관은 국방과학연구소에서 책임 연구원으로 일하고 있었다. 미국의 조지아텍에서 학사 과정을 마치고 MIT에서 석사 학위를 받은 뒤 미국 유수 기업에서 일하다 박정희 대통령의 '해외 인재 유치' 정책에 따라 귀국을 했다. 이런 경력은 나중에 한참 시간이 흐른 뒤 알게 된 사실이다. 출판 기념식에서 부친 옆에 서 있는 박유철 청년은 내 눈에는 과묵하면서 강인한 의지와 명석한 두뇌를 가진 젊은이로 보였다.

그 뒤로 별다른 일을 함께할 기회는 없었다. 다만 독립유공자 후손들의 공식적 모임에서 인사를 나누곤 했었다. 박유철 전 장관은 나를 처음 만났을 때는 국방과학연구소에서 일하고 있었는데, 뒤에 건설부 공무원 교육을 총괄하는 교육원장으로 전직했다. 그러다가 내가 백범김구선생기념사업회 회장을 맡아 일을 하다보니 박유철 전 장관과 직간접적으로 만날 일이 생겼다. 특히 박유철 전 장관은 백범선생기념관 건립위원회 위원장을 맡아 좋은 성과를 거두었는데 이 때 서로 힘을 모을 일이 자주 생겼다. 박유철 전 장관은 이 일을 계기로 독립 유공자 추모 사업에 관계를 맺게 되었다. 그 중에서도 괄목할 만한 사업이 자신의 조부이신 박은식 선생의 유해를 고국으로 봉환하는 사업에 참여한 일이었다. 1993년 문민정부가 들어서면서 박은식 임시정부 대통령, 신규식 선생 등 중국 상해에 있던 독립운동가의 유해를 고국으로 모셔야 한다는 여론이 높아졌고, 정부 차원에서 이를 추진해 봉환이 성공적으로 이뤄졌다. 이 과정에서 박유철 전 장관의 진중한 품성이 유가족들을 화합하는 데 기여를 했고 김영삼 당시 대통령의 뜻에 부합되어 독립기념관 관장으로도 봉직하였다.

이렇게 일을 하다가 나와 박유철 전 장관은 새로운 사실을 알게 되었다. 박 전 장관의 부인되는 분이 우강雩岡 양기탁梁起鐸 선생1871~1938의 손녀라는 것이다. 양기탁 선생은 《대한매일신보》를 창간하고 신민회를 창설한 뒤 고려혁명당을 세워 무장투쟁을 이끈 독립운동가이다. 그 분의 경력을 떠나 선친인 범정 장형 선생은 생전에 양기탁 선생에게 독립운동 자금을 조달해 준 일을 자주 말씀하셨다. 만주에서 귀국한 뒤 대학 설립을 추진하면서 주위 사람들과 정담을 나눌 때면 빠짐없이 양기탁 선생의 용감한 투쟁 행적을 얘기하고, 당신께서 이에 감동해 은밀히 모금한 많은 자금을 독립운동에 지원했음을 자랑스러워하셨다.

선친이 그토록 존경하고, 뜻을 같이했던 분의 손녀가 박은식 선생의 손자와 혼인을 맺어 해방된 조국에서 자녀들을 기르고 살다니… 박유철 전 장관은 자신의 집안 내력에 대해 별 말이 없었고, 나 역시 그런 성격이니 1975년에 처음 만난 뒤 이런저런 공식적인 일로 만남을 가지면서도 이런 인연을 털어놓은 적도 없었다. 하지만 100년이 넘는 시간을 관통하는 현대사 속에서 가시밭길을 함께 걸었던 선열의 자식으로서 어찌 공감하는 바가 없겠는가. 신비한 인연이 아닐 수 없었다.

그 뒤로 나는 박유철 전 장관을 마음속으로 믿고, 그의 가정에 좋은 일이 있기를 바라는 편이 되었다. 그래서일까, 박 전 장관은 문민정부에서 독립기념관 관장의 중책을 맡았다. 1995년부터 2001년까지 4대, 5대 관장을 6년간 봉직하며 열심히 소임을 수행하는 모습을 보며 진심으로 응원을 했다. 이윽고 노무현 정부에서 장관급으로 격상된 국가보훈처 장관으로 발탁되었다.* 우리나라의 국가유공자들을 숭모하면서 유가족들을 돌보는 국가행정의 총본산을 책임지는 자리이니 박 장관으로서도 선조에게 자랑스럽고 보람찬 자리인 셈이다. 그런데 독립운동가의 후손으로 공감은 하며 지냈지만 박유철 당시 장관은 참으로 우리 대학에 고마운 일을 많이 해 주었다.

첫 번째는 범정 장형 선생의 묘소를 한남동 캠퍼스에서 죽전캠퍼스로 이전하는 과정에서 생긴 문제를 해결해

* 국가보훈처장은 노무현 정부에서 장관급으로 격상되었다가 이명박 정부에서 차관급으로 격하되었으나 문재인 정부 들어 다시 장관급으로 격상되었다.

준 일이다. 한남캠퍼스 시대에도 범정 선생의 묘소는 학교 안에 있었다. 오래 전부터 독립유공자 묘역으로 인정받아 교정 안에 설치가 가능했다. 면적이 비좁아 학생들의 휴식 공간이 많지 않던 한남캠퍼스에서 설립자 묘역 근처는 분위기가 호젓한 숲속에 있어 학생들이 독서를 하고 사색을 할 수 있어 좋아했다. 그런데 죽전캠퍼스를 이전하면서 허가 신청을 하니 용인시에서 난색을 보이는 것이었다. 독립유공자인 건 인정하겠지만 대학 설립자인 것도 사실이니 교정에 새로이 묘역을 꾸미는 것은 안된다는 입장이었다. 법령이 바뀌어서 캠퍼스 안에 묘지를 설치하는 일이 금지되었다는 것이다. 난감한 일이었다. 대학을 새로 설립하는 것도 아니고 이사를 온 것인데 다른 시설물의 진입은 되지만 묘소는 안된다니…

나로서는 대학의 창학 정신과 무형의 전통을 담고 있는 교육적 상징으로 설립자 묘소를 전승시키는 일이 당연했지만, 내 부친의 묘소이기도 해 자칫 공과 사를 혼돈한다는 뒷얘기를 들을 수 있기에 오히려 나서지 못하며 냉가슴을 앓고 있었다. 이때 박유철 당시 국가보훈처 장관이 나서서 묘역 설치 허가를 하도록 용인시를 설득해 주었다.

범정 선생 묘역은 단순히 대학 관계자 묘소가 아니고, 범정 선생은 국가유공자로서 자신의 독립운동 정신을 대학

교육에 투신하려 모든 것을 바치고 삶을 마감했으니 당연히 그가 세운 대학에 안장해야 한다는 주장을 펼쳤다. 국립현충원 독립유공자 묘역의 연장으로 인정하는 공식 문건을 전달해 관계 기관이 잘 보전하라는 당부도 있었다. 국가 중앙 관청으로서 독립유공자의 예우와 관련된 일이니 지방자치단체가 막을 일이 아니라는 설득도 주효했다. 다행히 용인시도 이를 받아들여 무사히 설립자 묘역을 유지할 수 있었다.

두 번째는 독립기념관에 범정 선생의 어록비語錄碑를 세워 준 일이다. 독립기념관은 2004년부터 독립운동에 헌신한 주요 지사들의 시, 어록, 경구를 비석으로 만들어 전시하기로 했다. 현재까지 모두 애국지사 103명의 어록비를 세웠는데 여기에 범정 장형 선생이 포함되어 있다. 유가족인 나에게나 우리 단국인에게 자랑스러운 일인데 이를 대학에서 요청하거나 하지 않았음에도 독립기념관 측에서 기꺼이 어록비 설치를 감당했다.

어찌된 일인지 경위를 알아보니 박유철 전 장관이 1975년에 우리 대학이 펴낸 『박은식전서朴殷植全書』의 발간에서 받은 감동을 되갚겠다는 뜻에서 베푼 후의였다는 것이다. 어록비 설치는 독립기념관장이나 국가보훈처 장관의 결재가 있다고 되는 일이 아니다. 심의위원회의 토론과 비

독립기념관 경내에 설치된 대학 설립자 범정 장형 선생의 어록비. 독립기념관은 독립운동에 앞장선 애국 선열의 의지가 담긴 경구와 유훈, 시 등을 비석으로 남기는 작업을 하고 있다.
박유철 전 장관은 범정 선생의 어록비를 설치하는 데 여론을 환기하고 필요성을 설득하는 데 많은 공을 기울였다.

준을 거쳐야 했다. 관계 부서에 필요성을 설득하고, 위원들의 비준을 호소하는 일이 쉽지 않았을 텐데 박 전 장관은 기꺼이 이를 감수했다. 독립기념관장으로 6년 간 재직하고, 국가보훈처 장관으로 재임하던 박유철 전 장관의 경륜과 선의 덕분에 가능했다고 생각한다. 2009년에 세워진 범정 선생의 어록비에는 "독립은 남이 갖다 주는 것이 아니고 오직 자신만의 힘으로 쟁취해야 한다."는 경구가 실려 있다.

해마다 우리 대학의 젊은이들이 국토 순례를 하거나 기념식을 가질 때 이 어록비를 탐방하며 단국인의 자부심과 애국심을 다짐한다. 이처럼 좋은 교육 시설, 애교심의 상징을 독립기념관에 둘 수 있게 된 것이 박유철 전 장관과의 인연에서 비롯된 일이니 참으로 감사한 일이다.

세 번째는 대학 이전 사업 과정에서 불거진 정부와의 갈등을 완화시킨 일이다. 노무현 정부가 들어선 이후 이전 사업 시행권을 둘러싼 사업자들의 분쟁이 커지더니 정부의 개입을 불러들이는 지경에 이르렀다. 결국 대학 이전 사업의 지연이 1998년 외환 위기 당시 금융기관에 투입한 구제금융 상환을 지체하는 원인이 된다는 논리를 씌우고, 예금보험공사의 조사를 받게 되었다. 이로 인해 나는 검찰에 기소를 당하고 이사장직까지 물러나야 했다. 이런 불상사가 일어난 배경에는 내가 아끼던 직원과 그를 통해 추천받은 변호사, 그리고 이를 비호하여 이권에 동참하려던 정치인들의 야심이 적잖게 작용을 했다. 당시 이전 사업의 법적 분쟁을 교육부 장관까지 나서서 나에게 책임을 지도록 강압하는 분위기였다. 결국 나는 어마어마한 국고를 마음대로 유용한 사람으로 몰려 법정에 서야 했다. 그 분노와 실망감도 컸지만 나를 쳐다보는 지인들의 눈길도 자존심 상

2017년 7월 단국대학은 개교 70주년을 기념해 범정 선생의 독립운동 발자취를 답사, 순례하는 대대적 이벤트를 가졌다. 범정 선생의 애국 계몽 연설 현장, 애국 활동 현장을 도보로 답사한 학생, 교직원들이 마지막 행선지인 독립기념관 범정 선생 어록비 앞에서 뜨거운 애교심과 자부심을 함께 나누고 있다.

하는 일이었다.

그런데 2005년 8월에 카자흐스탄 알마티에서 열리는 광복절 축하 행사에 대통령을 대신해 정부 대표로 참가해 달라는 공식 제의가 왔다. 광복 60주년을 기념해 열리는 해외동포의 중요 행사에 대통령 특사 자격으로 참가하는 것은 나에 대한 인식을 바꾸는 일이 되었다. 이어서 2년 뒤에는 중국 중경에서 열리는 임시정부 수립 88주년 기념식에도 역시 대통령을 대신하는 정부 대표로 참가했다. 이 일은 나를 음해하던 정치인이나 그들의 청탁에 따라 이전 사업을 흔들려 하던 관료, 사업자들에게 큰 시사를 주는 일이 되었다. 대통령을 대신해, 정부를 대표해 정부 차원의 행사를 주도한다는 것은 역설적으로 나에 대한 신원보증을 상징하기 때문이다.

사실 나는 이런 일을 만들 의지도 없고, 이런 식으로 문제를 해결하는 걸 좋아하는 성격도 아니었다. 그런데 나도 모르게 이런 일을 한 사람이 박유철 당시 국가보훈처 장관이라는 것을 나중에 알게 되었다. 시간이 많이 흐른 뒤에 다른 사람을 통해 들은 얘기지만 박 전 장관은 "내가 존경하는 분인데 그런 불상사를 당한 게 너무 마음이 아팠다."면서 "독립유공자의 후손이고 평생을 교육사업에 헌신한 분이니 얼마든지 광복절 기념 행사를 주관할 자격이 있는 분이라 믿었다."고 했다. 그래도 대통령의 결재를 받아야 하는 일인데 자신 있게 나의 결백을 믿고, 남들에게도 이를 설득하려면 적잖은 용기가 필요한 일이었을 것이다. 내가 믿고 길러 준 비서와 이전 사업이 잘되도록 단국대 편에서서 나쁜 사람들을 막아 달라고 교수로 초빙한 이가 나를 수렁에 빠트렸는데 정작 별다른 친분도 없고, 30여 년 전에 책을 출판하며 맺은 인연을 이렇게 은혜로 생각하고 되갚아 주는 박 전 장관에게 새로운 신뢰가 생겼다.

어렵고 긴 시간이 흐른 뒤에야 죽전캠퍼스는 무사히 문을 열었다. 그러나 그 이면에는 처리해야 할 문제가 산처럼 쌓여 있었다. 과거 시행사들이 제기한 소송, 복잡하게 얽힌 공사비 등의 정산과 이를 통한 부채 청산…신중하면서도 확고한 신념, 이권에 흔들리지 않는 정직한 성품을 가진 분을 이사장으로 모셔야 했다. 나는 공직에서 물러나 있던 박유철 전 장관을 떠올렸다. "그 분이라면 이사장직을

2008년 10월, 박유철 전 장관은 단국대학 법인 이사장으로 취임했다. 박 전 이사장은 취임 뒤 죽전캠퍼스 신축 사업의 추진 과정에서 남겨진 재정 정상화와 법적 마무리를 하는 데 전력을 기울였다.

맡아 이전 사업의 마무리를 지을 것이다." 나는 결론을 내리고 박유철 전 장관을 만났다. 이사장직을 맡아 달라는 것은 그에게 내가 처음으로 한 청탁인 셈이다.

박 전 장관은 고민 끝에 내 제의를 수용했다. 2008년부터 3년 간 이사장직에 있으면서 박 전 장관은 연일 격무와 다양한 난제에 시달려야 했다. 하나씩 하나씩 쌓인 문제들을 해결하던 그는 다시 광복회 회장으로 불려갔다. 독립지사를 조상으로 둔 박 전 장관에게는 애국지사를 추모하면서 그 후손들에게 도움을 주는 일이 가장 기쁘고 보람찬 소명이리라.

살다보면 여러 인연을 만난다. 나는 선의를 다해 은혜를 베풀지만 그 대가가 항상 좋은 것은 아니다. 아니, 나를 이용해 자신의 앞길을 여는 데 만족하지 않고 대학을 위험하게 만들고, 파탄 내려는 이들도 있다. 그 험난한 여정에서 박유철 전 장관 같은 분을 만났다는 것은 나에게도 큰 행운이다. 기울어져 가던 조국을 위해 구국계몽에 앞장서고, 투쟁의 횃불을 들었던 박은식 선생을 추모하려 펴낸 책을 통해 그 후손들을 만나 주고받은 우의는 늘 내 마음을 따뜻하게 한다. 평소에는 피차 나누지 못한 말이지만 이렇게 글로나마 고마운 마음을 남기고 싶다.

(2019년 10월 23일)

19

박정희 전 대통령

날선 권력 앞에서 사립대 총장이 걸어온 길(상)

단국대학이 설립할 때부터 오늘에 이르기까지 70여 년의 여정을 지켜봤다. 흐르는 시간 속에서 만난 여러 사람들과 좋든, 그렇지 않든 많은 인연을 맺었다. 그 짧지 않은 시간 속에서 우리 대학에 가장 혹독한 시련과 고통을 주었던 사건이 무엇이냐고 묻는다면 '5·16 군사정변'과 '주간부 폐교'를 꼽고 싶다. 단국대학에도 힘들었지만 내 인생에 가장 큰 전기가 되었던 시간 역시 그 무렵이었다. 그리고 그 시간의 중심에 박정희 대통령이 있다.

주간부 폐교 사건이 나던 해는 1961년이었고, 나는 30

세로 우리 대학에 입교해 학생과장 보직을 맡고 있었다. 선친이신 범정 선생은 당시 우리 대학 이사장직에 계셨다. 군사정부가 들어선 지 얼마 안 된 1961년 7월에 '장도영 장군 반혁명 사건'이 터졌다. 군사정변의 핵심들이 쿠데타를 일으킬 때 수반으로 모셨던 장도영 장군을 불과 2개월 만에 '반혁명 주모자'로 몰아세운 정변은 한국 사회를 얼어붙게 했다. 이 사건은 사실 '장도영 장군으로 대변되는 군부 내 비육사 이북 출신 세력과 장면이 이끄는 민주당 정치 세력'을 추방시키려는 군사정부 주체 세력의 의지가 빚어낸 일이다. 그러나 이 여파가 말 그대로 뜬금없이 범정 장형 선생에게 영향을 미칠 줄이야 누가 알았겠는가.

선친과 장도영 장군은 같은 인동仁同 장張 씨였으니 먼 친척이었다. 고향도 이북이라는 공통점은 있었지만 그것이 막 들어선 군사정부를 전복시키는 '반혁명음모'를 공유할 만한 사이는 아니었다. 그럼에도 선친은 악연을 맺었던 정상배들의 음모로 반혁명 운동에 자금을 대줬다는 혐의를 받아 전국에 수배령이 떨어졌다. 선친의 도피를 돕던 나는 중앙정보부에 아버지 대신 끌려가 3일 동안 고문과 심문을 당해야 했다. 그것도 모자라 어머니와 아내를 끌고와 고문으로 일그러진 내 얼굴을 보여 주며 선친의 행방을 대라는 협박을 받아야 했다. 결국 풀려나기는 했지만 마음에 남

張都暎中將등將校44名問招

東亞日報

革命政府에意識的派閥造成 主體勢力의暗殺除去도謀議

九日下午 中央情報部에서發表

革命沮止企圖

七月初擧事計劃

陰謀主謀者名單

5·16 군사정변이 일어나고 100일도 안돼 일어난 장도영 반혁명 사건의 첫 보도 기사. 범정 선생은 이 사건의 자금을 지원했다는 무고를 받고 전국 수배를 당하게 되었으며 대학 운영에 큰 타격을 받기에 이른다.

은 상처가 아물기 전에 우리 대학에 더 큰 충격이 닥쳤다. 1961년 11월에 군사정부가 발표한 '대학정비령'에 의해 우리 대학 주간부가 폐교를 당한 것이다. 당시 전국 대학들이 실태조사를 받았는데 우리 대학은 학생 대비 정교수 확보가 기준에 1명 부족하다는 결과가 나왔고 이로 인해 주간부 폐교 조치가 내려졌다좀 더 상세한 내용은 『시대를 넘어 미래를 열다』, 2011, 노스보스, pp.15~36 참조.

이런 충격을 받은 후 선친께서는 건강을 잃으셨다. 그 전에는 나의 유학을 허락하지 않던 범정 선생은 중앙정보부에 끌려가 심한 고문에 시달린 일을 무척 가슴 아프게 생

(좌) 1962년 3월 1일, 서울운동장(현재 DDP의 옛터)에서 열린 삼일절 43주년 기념식에서 단국대학 설립자 범정 장형 선생이 건국공로훈장을 수훈했다. 기념식을 끝내고 발길을 옮기는 범정 선생 가슴에 메달이 선명하다.
(우) 이날 기념식에서 훈포장을 받은 공로자는 모두 205명에 이른다. 행사장에서 수훈자를 치하하기 위해 방문을 한 박정희 당시 최고회의 의장(군인 모자 쓴 이)과 악수를 나누고 헤어지는 범정 장형 선생.

각했다. 또한 군사정부의 난폭함과 현실에 좌절하셨는지 나에게 미국 유학을 허락했다. 나는 브리검영 대학교Brigham Young University에 유학을 갔다. 한국에서 몰몬교 목회 활동을 한 스펜서 파머Spencer J. Palmer, 1927-2001라는 분이 귀국을 해서 박사 학위 연구를 하는데 한국에 대한 기독교 선교의 전개 과정이 주제였다. 이를 수행하려면 한국, 중국, 일본의 관련 자료를 영어로 번역해야 했다. 파머 교수는 한중일 3개 국어를 구사하면서 영어도 할 줄 아는 연구 조교가 필요했다. 나는 이 공채 공고를 접했고 응시를 해 합격을 했다.

미국 왕복 항공편, 브리검영 대학 전액 장학금 및 생활비를 지원해 주는 좋은 조건이었다.

1963년 9월부터 대학원에 입학해 파머 교수의 연구를 돕고, 박사 학위 공부를 하느라 두 배의 노력을 해야 했지만 정말 보람찬 면학의 시간이었다. 파머 교수는 내 도움으로 훌륭한 박사 논문을 완성했다. 내 능력을 인정한 파머 교수

중재 선생은 1963년 9월 미국 유타 주에 있는 브리검 영 대학으로 박사과정 유학을 갔다. 해당 대학의 스펜서 파머 교수가 진행하는 박사 학위 논문 연구를 도우면 장학금, 생활비를 해결해 준다는 제안을 받아서였다. 파머 교수의 논문 연구가 끝날 무렵 중재 선생은 부친의 병세가 위중하다는 연락을 받고 귀국했다가 종합대학 승격을 추진하면서 끝내 유학을 마치지 못하게 된다.

는 나에게 박사 학위를 빨리 마치고 아예 미국 이민을 하라고 권했다. 나도 그럴 결심을 했다. 한국에서 당한 시련이, 그 과정에서 누구도 아닌 단국대를 나온 동문들과 당시 대학을 이끌던 학장 등 원로 교수, 법인의 이사들이 안겨준 상처가 젊은 나에게는 너무 아프고 쓰라렸기 때문이었다. 아버지의 병이 위중해지고 홀로 한국에서 살림을 꾸리던 아내의 건강도 쇠약해진다는 기별에 나는 잠시 귀국을 했다. 1964년 9월경, 아버지를 뵙고 미국 이민 결심을 알린 뒤 아내와 미국으로 떠나려고 결정한 임시 귀국이었다. 그러나 단국대와의 인연은 나를 그냥 놔두지 않았다.

이민 수속을 하러 입국했지만 같은 해 12월 30일에 아버님이 별세를 하면서 계획이 비틀어졌다. 부친의 별세 직후 이사장직에 오른 박정숙 이사장님의 강권으로 다시 단국대 일을 보게 되었다. 이후 1966년에 학장의 보임을 받고 나니 내 삶은 내 것이 아니라 단국대의 것이 되고 말았다. 내 나이 서른다섯 때의 일이다. 증권회사도 해 보고, 토목건설회사 일도 해봐서 어떻게 하면 돈을 버는지 경험도 있었다. 장학금과 생활비도 줄테니 미국으로 이민 와서 공부를 하라는 제안도 받아 놓았다. 한창 젊은 내가 욕심을 내고 내 앞길을 도모한다면 못 이룰 것이 무엇일까. 만약 안정되고 강건한 교세를 가진 대학이었다면 나는 단국대에 남지 않고 기업 경영을 하거나 학자로서 나의 인생을 개척해 나갔을 것이다. 결국 운명은 나를 단국대에 붙들어 매었고, 나는 학장직을 맡아야 했다.

학장으로 취임하면서 나는 1961년 주간부 폐교로 인해 약해진 교세를 일거에 전환시킬 계기를 찾는 데 고민했다. 그 고민 결과 '종합대 승격'이 최선책이라는 점에 착안을 하고 이를 실현하겠다는 결심을 했다. 그 방법을 찾아야 하는데 아무리 내 주변을 둘러봐도 우리 대학 안에서 나를 도와줄 사람을 구하기 힘들었다. 결론은 내가 책임을 져야 한다는 것이었다. "그래 젊은 내가 나서자. 나 하나 잘 되자는 일이 아니고 억울한 일을 당한 대학의 원을 풀어 달라는 일인데 뭐가 두려울까." 굳은 각오로 종합대학 승격 추진에 나섰다.

가만 생각해 보니 주간부 폐교나 내 부친의 반혁명 관련 혐의나 모두 군사정부가 등장하고 나서 일어난 일이고, 그 최고 권력은 당시 박정희 대통령에게 있었다. "박 대통령의 군사정부 시절에 일어난 일로 단국대학이 억울한 일을 당했으니 종합대학으로 승격시켜 그 피해를 시정해 달라."고 말하고 싶었다. 그렇다면 박정희 대통령을 만나 담판을 지어야 한다는 데 생각이 미쳤다. 그러나 막상 내가 무슨 힘이 있고, 배경이 있어서 청와대를 들어가 대통령을 독대한단 말인가.

대통령을 독대할 기회를 만들어 줄 만한 사람을 직접 찾기로 했다. 나는 박 대통령이 일제강점기에 대구사범경북대 병설 교육대의 전신을 나와 교사 생활을 했고, 지금도 그 동창생들과 교유한다는 소식을 들었다. 무작정 대구사범 동창 출신 유명인을 찾아갔다. 서정귀 당시 흥국상사 사장을 찾아갔다. 국회의원, 재무부 차관을 지내고 박정희 대통령의 측근으로 재계에 입신해 자금 후원을 한다는 실력자였다. 그러나 단박에 내 부탁을 거절했다. 그 밖에 여러 사람에게 부탁을 했지만 모두 고개를 저었다. 그러던 중 고려대 교육대학원장이던 왕학수 박사님이 나를 돕겠다고 나섰다. 내가 고려대 대학원에서 석사과정을 이수하던 중에 만난 인연으로 나에게 손을 내밀어 주었다. 왕 박사님이 나를 돕겠다며 소개를 시켜 준 사람은 권상하 당시 청와대 정보비서관이었다.

권상하 비서관은 박정희 대통령의 대구사범학교 동기생이었고 박정희 대통령이 직접 정보비서관으로 발탁했다. 대통령 친인척에 대한 엄격한 관리를 전담하는 측근이었다. 왕 박사님의 주선으로 권 비서관을 면회할 수 있었다.

"대통령 각하를 왜 독대하겠다는 거죠? 뭘 원하는 겁니까?"

권 비서관이 딱딱한 말투로 나에게 물었다.

"대통령 각하께 바칠 것이 있습니다."

그러자 무엇을 바칠 것인지 정보비서관인 자신은 알아야 하니 말하라 했다.

"대통령 각하 외에 다른 분께는 결코 말씀드릴 수 없습니다. 나쁜 일이 아니니 직접 뵙고 말씀드리게 해 주세요."

지금 생각하면 무슨 배짱으로 그런 말을 하기로 결심했는지 이해가 안되지만 내 표정이 하도 진지해서인지, 아니면 젊은 학장이라는 사람이 설마 엉뚱한 일이야 하겠냐는 믿음에서 였는지 "그럼 연락을 기다리라."는 답을 주었다.

일주일이 지나자 청와대 비서실이라며 연락이 왔다. "아침 6시까지 권상하 비서관 집으로 오라."는 전갈이었다. 그날 권상하 비서관 댁에 갔더니 권 비서관은 자신의 관용차인 검은 색 지프에 동승하라 했다. 태어나서 처음으로 청와대에 들어갔다. 오전 10시로 기억하는데 접견실이라는 곳으로 안내를 받아 들어갔더니 대통령이 들어왔다. 자리를 잡자 권 비서관이 동석해 용건을 말해 보라 했다.

"각하께 뭐를 바친다는 거죠?"

우리 대학의 운명이 걸린 일이니 반드시 솔직하고 직선적으로 말하겠다고 결심했다.

"각하, 단국대학을 각하께 바치고자 합니다..."

"단국대를요? 사립대학인데 왜 단국대학을 나에게 바친다는 겁니까?"

박정희 대통령이 정색을 하며 나를 바라보았다. 대통령은 웃음을 지었지만 약간 긴장하고 정색을 하며 권상하 비서관을 쳐다보았다. 권 비서관도 당황했는지 대통령 앞에서 화를 내며 나를 끌고 나가려 했다. 그때 나를 바라보던 대통령이 권 비서관을 만류했다.

"권 비서관, 들어봅시다."

숨을 크게 쉬고 대통령께 내 마음을 담아 진정을 했다. 독립유공자 표창을 받은 선친이 억울하게 반혁명 분자로 낙인 찍히고 나도 중앙정보부에 끌려가 고문을 당한 일, 이로 인해 응당 받아야 했던 채권을 포기하고서야 반혁명 후원자의 음해를 벗어날 수 있었던 일, 거기에 결국 교수 1명이 부족하다 해서 주간부를 폐교 당하고 그 뒤 개인 집을 팔아서 교직원 월급을 주면서 대학을 운영한 일 등등을 숨김없이 말했다.

그동안의 가슴에 담아 두었던 억울한 일을 풀어낸 나는 이렇게 매듭을 지었다.

"그러니 사립대학인 단국대를 저는 더 이상 운영할 힘이 없습니다. 국가이든 대통령 각하께서든 이 대학을 기증받아 좋은 대학으로 키워 주신다면 더 이상 보람이 없겠습니다. 아니면 우리 대학을 종합대학으로 승격시켜 단국대에 회생의 기회를 주신다면 제 모든 걸 바쳐 대학을 발전시키겠습니다. 그리고 각하께 누를 끼치지 않도록 최선을 다하겠습니다."

박정희 대통령은 내 청원에 좀 당황하는 표정이었지만 가타부타 언급도 하지 않았다. 다른 한편으로는 대통령임에도 사립대의 고민을 듣는 자세가 시종일관 진지하고 심각한 표정이었다. 나는 그것만으로도 고마운 마음이 들었다.

면담이 끝나자 권 비서관은 나를 내쫓듯 청와대 밖으로 보냈다. 그러나 내 사연을 터무니없게 받아들여 내치거나 불쾌해 하지도 않았다. 이 점 역시 고마운 일이었다. 그 뒤 나는 국회의원도 만나고, 장관도 만나고, 국무총리도 만나고 정말 최선을 다해 단국대의 억울함과 종합대학 승격의 절실함을 설득했다. 박정희 대통령의 직접적인 도움의 손길을 피부로 느끼지는 못했다. 그러나 정말 무수히 많은 곡절을 겪고, 어려움이 있을 때면 뭔가 단국대와 나에 대한 호의가, 특히 박정희 대통령의 뜻에 가까운 이들일수록, 알게 모르게 나에게 무언의 도움이 작용하고 있음을 감지할 수 있었다.

결국 나는 우리 대학을 종합대학으로 승격시키겠다는

本大學, 綜合大學校로 昇格

(法政·文理·工科등3個單大,博士課程新設)

私學歷史의힘찬旗手로君臨

5學部17個學科、5學科新設

入學試驗은25·26兩日

大學院入試는3月4日

新年辭

1966년12월 종합대학 승격 인가에 따라 새로이 적용된 교육 편제의 출범을 알리는 《단대신문》의 보도. 법정·문리·공과 등 3개 단과대에 5개 학과를 신설해 총 17개 학과로 확대 개편했음을 알리고 있다.

다짐을 학장으로 취임한 지 70여 일 만에 실현할 수 있었다. 지금으로서는 단과대학, 종합대학, 전문대학이라는 명칭으로 대학의 수준이 정해지지 않고 그 차이도 지금의 정서로는 이해하지 못할 것이다. 그러나 1967년 당시에 종합대학이냐 아니냐의 기준에 따라 대학에 대한 신뢰, 또는 대학 졸업장에 대한 기업의 인식이 달라졌다. 다른 측면에서는 대학 발전의 중대한 갈림길이어서 전국 대학들의 로비가 극심했고, 그 후유증으로 장관이나 정치인들의 운명이

종합대학 승격 뒤 처음으로 열린 1967학년도 입학식에서 장충식 총장이 신입생 축사를 하고 있다.

갈라지기도 했다. 오죽하면 우리 대학의 종합대 승격이 공표되자 이를 시기한 정치인들이 나를 공격하고, 중앙정보부도 나서서 나를 연행하기에 이르렀을까.

실제로 1967년 이후 우리 대학은 단과대 체제에서 벗어나 학과 신설, 모집 정원 증원에서 급성장세에 접어들었다. 초대 총장으로 부임한 나는 박정희 대통령과의 약속을 지키기 위해서라도 대학을 키우는 데 내 모든 정성을 바친다는 각오로 밤낮없이 일했다.

종합대학 승격이 된 이듬해, 1968년에 박정희 대통령과의 인연이 좀 더 가까워진 계기가 생겼다. 이에 앞서 우리나라는 1965년 10월부터 전투 병력을 베트남에 파견했다. 전 세계적 냉전이 치열했던 당시 정세에서 베트남전은 공산주의와 자본주의 진영의 입김이 들어간 전쟁이었다. 미국의 세계 전략을 거부하기 힘든 우리나라는 베트남 파병을 받아들였다. 1966년 경에는 파견 병력이 청룡부대 1개 여단, 맹호부대 1개 사단, 지원 부대를 합치면 군단급 규모에 이르렀다.

당시 베트남전쟁에 파견된 국군을 위문하는 일은 정부가 나서지 않아도 사회적으로 큰 관심사였고, 중대한 민간 봉사였다. 정부는 대학생, 교수들로 위문단을 구성해 젊은 파월 군인들을 위로하고 격려해 주길 바랐다. 이런 사회적 분위기에 힘입어 범대학 차원의 위문단이 결성되었다. 종합대학의 학생처장, 학생회장, 교수들이 참여한 전국 규모의 위문 봉사단이었다. 그런데 이를 이끌 단장으로 대학 총장이 필요함에도 묘하게 나서는 이가 없었다.

나야 이제 막 종합대학으로 승격한 대학의 총장이라 나설 입장이 안 되어 관망을 하고 있었다. 하지만 아무도 나서는 이가 없는 데는 그만한 까닭이 있었다. 치열한 월남

전 일선을 누벼야 하는데 자칫 그 전장에서 무슨 변을 당할지 모른다는 불안감이 대학 총장들의 발길을 잡아 둔 이유였다. 베트남전쟁은 전형적인 게릴라전의 형태로 진행되고 있었다. 전방과 후방이 따로 없고, 어디서 폭탄과 수류탄이 터질지 모르는 형국이었다. 거기에 한국군은 그 용맹함으로 인해 미국군과 더불어 가장 최일선에서 전쟁을 감당하고 있었다. 이 위험 지대를 2주 동안 누비고 다녀야 하니 쉽게 어느 누구도 선뜻 나서지 않았던 것이다.

나는 교육부의 권유를 받고 잠시 망설였다. 원로 선배 총장들이 있는데 나서기 좋아한다는 인상을 받기도 싫었고, 심지어 당시 37세에 불과했기에 내가 인솔하고 나갈 학생처장들은 모두 나보다 한참 연상이었다. 전장의 위험이 두려운 것이 아니라 젊은 총장이라는 대학가의 시선이 부담스러웠다. 그러나 아무도 나서지 않으니 미룰 명분이 없었다. 당시 문홍주 문교부 장관도 "차라리 가장 젊은 장 총장이 나서서 다른 선배 총장들 부담을 덜어 주는 게 좋겠소."라며 권유했다. 결국 내가 단장을 맡겠다고 했다.

전국대학 학생처장, 학생회 임원과 관련 공무원까지 합치니 400여 명에 가까운 대식구였다. 해군 수송선을 타고 월남에 도착해 격전지를 방문했다. 육로에서는 일행들은 군용 트럭을, 나는 헬리콥터를 이용했다. 어디서 총탄이

1968년 8월, 파월부대 대학생 위문단 단장으로 일선 부대를 찾아간 중재 선생과 위문단, 군 관계자. 중재 선생이 총장으로서 처음 맡은 공직이었고 박정희 대통령과의 인연을 두텁게 한 계기가 되었다.

날아올지 모르는 긴장도 겪었다. 모두들 지치고, 힘든 일정이었지만 기쁜 마음으로 장병들을 만났다. 장병들도 정말 형제, 부모를 만난 것처럼 반겨 주었다. 처음으로 정부의 공식적 사업을 이끄는 중책을 맡았지만 큰 보람을 얻은 활동이었다.

언론의 큰 관심을 받아서인지, 좋은 평가가 줄을 이어

서인지, 박정희 대통령은 나와 주요 인물들을 청와대로 불러 사업 보고를 겸한 위로 다과회를 열었다. 청와대에서 두 번째로 대통령을 만났다. 내가 귀국 보고를 직접했고 박정희 대통령은 진심으로 위문단에게 위로와 고마운 인사를 건넸다. 간담회에서 대통령은 나에게 질문을 했다.

"장 총장, 동란 때 전쟁에 나갔어요?"

한국전쟁 때 참전했냐는 질문이었다.

"네, 학도의용군 1기생이었습니다. 나중에 학도병이 육군으로 편입되어서 1등병으로 제대했습니다."

내 답변을 들은 박 대통령의 낯에 부드러운 웃음이 흘렀다. 한국전쟁이라는 난리 통에 많은 젊은이들이 전장에서 목숨을 잃고 부상을 당했다. 그러나 그 전쟁을 피하려 그 못지않게 각종 연줄과 핑계를 동원해 복무를 회피한 이도 많았다. 군인으로서 전쟁을 치른 박 대통령이기에 전쟁에 참전한 총장이 나름 흡족했으리라. 그래서일까, 위문단을 위로하는 틈틈이 박 대통령은 나에게 많은 격려를 해 주었다. 자리를 함께 한 교육부 장관이나 관료들, 정치인들도 나에게 인사와 덕담을 건네었다.

(2019년 11월 25일)

20

박정희 전 대통령

날선 권력 앞에서 사립대 총장이 걸어온 길(하)

모름지기 "사람이 가진 능력이란 일을 하면 할수록 커진다."는 믿음을 갖고 있다. 종합대학 승격을 추진하는 과정에서 대통령을 비롯해 국무총리 등 행정부 고위관료, 국회의원과 일선에서 활약하는 동문들과 인연 내지는 친분을 두터이 할 수 있었다. 처음에는 단국대학을 싫어하고, 내 선친을 반대하던 이들도 만나서 얘기하다보면 하나둘 우호적으로 변하는 것을 느꼈다. 37세의 젊은 총장이 시들어가던 대학을 키워보겠다고 동분서주하는 모습이 그들에게 좋은 영향을 끼쳤을 것으로 생각한다.

또 하나, 사회를 이끄는 세대의 교체기라는 점도 나에게는 긍정적 조건이었다. 1961년 5·16군사정변을 일으킬 당시 '혁명 주체 세력'의 나이는 35세에서 45세의 연령대였다. 이들이 '국가재건'의 명분을 걸고 국정을 운영하는 전면에 나서자 우리 사회는 급작스러운 세대교체를 경험하게 되었다. 내가 총장직에 오른 나이도 36세였는데, 총장으로서는 젊은 나이었지만 당시 박정희 대통령이 50세, 공화당 당의장을 지낸 김종필 의원이 41세였다. 자연스럽게 사회 분위기도 '경륜'보다는 '패기'가 앞서는 시대였다. 이런 사회적 환경에 더해 일찍부터 사업을 하면서 몸으로 배운 '하면 된다.'는 도전 정신은 자연스럽게 당시 우리 사회를 이끌던 주도 세력의 호감을 받는 원인이 되었다.

이같은 안팎의 여건이 잘 맞아서 이뤄진 일이 내곡동 국유지 매입 성사였다. 1967년에 총장 취임을 하고, 다시 1971년에 연임을 하게 되면서 내 마음속에는 '신 캠퍼스'를 건설해야 한다는 의욕이 불처럼 일었다. 죽전캠퍼스를 신축하기 전 서울캠퍼스가 자리하고 있던 한남동 부지는 터도 비좁지만 주변이 군사 시설 보호 지역, 개발 제한 구역으로 묶여 설사 학교가 돈을 들여도 부지를 넓힐 수가 없었다. 넓고 자연환경이 좋은 부지에서 우리 학생들을 공부시키고 싶었다. 공과대학, 체육대학, 예술대학처럼 실습 공간이 많이 필요한 학과들을 육성할 캠퍼스를 새로 짓고 싶었다. 그것은 교육, 연구 시설을 혁신적으로 확장해 단국대를 한국 최고의 사립대학으로 도약시킨다는 나의 비전이기도 했다.

다부진 마음으로 수소문 끝에 문화공보부 문화체육관광부 전신가 보유하고 있는 강남구 당시는 성동구로 편입되어 있었음 내곡동의 국유지를 후보지로 물색하게 되었다. 처음 이 땅을 보러 갔을 때 받았던 인상을 지금도 나는 잘 기억하고 있다. 대모산 기슭에서 남향으로 완만한 구릉과 논밭이 넓게 펼쳐져 있었다. 햇빛이 잘 드는 남향의 지형은 내가 그리던 캠퍼스 건설 부지로 딱 들어맞아 마음을 설레게 했다. 면적도 79만 ㎡ 24만여 평으로 한남동 부지의 6배 정도로 넓었다. 정부에서는 지금의 강남구에 해당하는 당시 영동 지구를 국가 정책 목표로 세우고 개발 계획을 세우고 있었다.

단국대의 미래를 여는 캠퍼스로 적합한 땅이었지만 문제가 있었다. 이 땅의 소유주는 개인이 아닌 국가였다. 거기에 국유지 불하를 둘러싼 각종 비리, 부정부패 사건이 줄이어 터지자 박정희 대통령이 직접 나서 '국유지 불하 금지' 지시를 내려 공무원들은 국유지 불하 신청을 접수하려 하지도 않았다. 열망은 크지만 여건이 따라 주지 않아 고민이 커져 갔다. 그때, 연당研堂 이갑성李甲成 선생 1889~1981께서 만

강남구 내곡동에 세우려던 영동캠퍼스 부지의 항공사진. 사진 왼쪽의 작은 봉우리를 기점으로 산자락을 따라 길게 뻗은 논밭이 교사동이 들어설 자리였다.

나자는 연락이 왔다. 아직 봄의 기운이 희미했던 1971년 3월 쯤으로 기억한다. 이갑성 선생은 3·1만세운동의 독립선언문 민족대표 33인 가운데 한 분이었다. 일제강점기에 두 번이나 투옥이 된 강골이기도 했지만 민립대학 설립운동, 신간회 발족 등에서 선친인 범정 장형 선생과 인연을 갖고 있었다. 선친 생존 시에는 형님, 아우로 지내며 자주 내왕을 하신 덕에 나 역시 이갑성 선생께 의지를 하고 있었다.

1975년 9월, 당시 서울캠퍼스에 자리했던 설립자 범정 장형 선생의 유택이 국가유공자 묘역으로 지정되면서 묘비를 새로이 세우고 이를 기념하는 제막식을 가졌다. 사진 왼쪽부터 박정숙 당시 이사장, 한 사람 건너 범정 선생과 의형제로 지낸 연당 이갑성 선생, 추모비 글을 지은 월탄 박종화 선생, 글씨를 쓴 서예가 일중 김충현 선생, 장충식 당시 총장.

이갑성 선생은 5·16군사정변에 대해 적극적인 지지를 처음부터 공표하기도 했는데 이런 연유로 공화당 발기위원, 공화당 총재 고문 등을 역임한 박정희 대통령의 측근이기도 했다.

연당 선생의 기별을 받고 만나러 갔더니 선생께서는 나에게 정치 입문을 권하였다.

"곧 총선이 있을 예정인데 박 대통령께서 장 총장을 마음에 두고 있다고 해요. 지난번에 대통령을 만났는데 '장 총장이 젊은 나이인데도 학교를 잘 운영하고 있고, 파월 장병 위문 때도 정말 열심히, 잘했다는 얘기를 들었다'며 좋은 말을 하시더라구. 이번 총선에서는 전국구를 정치적 배경보다는 직능 위주로, 비정치적인 전문가를 영입하는 데 중점을 두고 있어요. 그래야 전국구 공천으로 매번 논란이 생기는 야당과 차별성을 둘 수 있으니까."

연당 선생의 결론은 박정희 대통령이 나를 호의적으로 마음에 들어한다는 점과 나를 공화당 전국구 의원으로 낙점했다는 것이다. 연당 선생은 그러면서 나에게 정치에 입문할 것을 강력하게 권유했다. 국회의원이 되면 단국대를 더 발전시킬 수 있는 힘도 생긴다고 강조했다. 하지만 나는 여기서 흔들리는 모습을 보이면 절대로 안된다는 생각을 했다.

"선생님, 각하께서 저를 호의적으로 보시는 건 저도 기쁩니다. 하지만 저의 선친께서는 생전에 교육자가 정치를 하는 것은 합당한 일이 아니라 여러 번 역설을 하셨어요. 저를 앞에 앉히고 강조하셨고… 저는 이 말씀을 유언으로 생각합니다. 저라고 권력이 싫겠어요. 하지만 대학 총장으로 있으면서 대학을 키우고, 우리 학생들하고 있는 게 더 행복하고 저한테도 어울리는 일입니다."

나는 웃음을 띠며 사양의 뜻을 밝혔다. 내 뜻은 정말 거짓 없는 진심이었다. 연당 선생은 내 말을 그대로 받아들이지 않는 듯했다. 그래서일까? 대학이 개강을 하고 이런저런 업무에 경황이 없을 때 길재호 당시 공화당 사무총장이 나를 만나자고 했다. 대통령의 최측근으로 알려진 길재호 사무총장의 연락이니 피할 수 없었다. 어떤 얘기인지 예감이 들었다. 과연 연당 선생과 같은 얘기였다.

"이건 저의 뜻이 아니고 각하의 뜻입니다. 총장님을 공화당 전국구 19번으로 영입하라는 당부이십니다."

더 구체적인 제안이었다. 아니 이 정도면 박정희 대통령의 지시라고 생각해야 하는 무게가 실린 제안이었다. 그렇지만 내 마음은 이미 결론이 내려진 상태였다. 고민스럽지만 내 소신이고 인생관인데 이를 포기할 수 없었다. 연당 선생께 했던 얘기를 반복할 수밖에 없었다. 길 사무총장은 내 말에 수긍하는 표정이었다. 그러나 이후 내 마음은 참으로 복잡했다. 제안을 받아들이고 말고의 문제가 아니었다. 최고 권력자의 말을, 어쩌면 나름 정치적 구상을 하고 나에게 부탁을 한 것일 수도 있는데 이를 거절한 셈이 아닌가. 자칫 나로 인해 단국대학을 망치는 길을 선택한 것은 아닌지 걱정이 되어 몇 날을 고민하고 또 고민했다. 그러나 나는 소신을 지키며 정치권력을 갖지 않기로 한 결심을 한번도 후회하지 않고 있다.

전국구 의원 후보자 선정이 끝나고 다시 연당 선생을 만났다.

"장 총장도 참 고집이 세군요. 하하하. 그 좋은 국회의원 자리를, 그것도 대통령이 주겠다는데 거절을 하니 말이요."

연당 선생은 한편으로는 내가 교육에 전력을 기울이겠다고 강한 결심을 보인 점에 감명을 받았다는 얘기도 했다. 나는 이런 때가 오히려 우리 대학에 새로운 기회가 될 거라는 예감이 들었다.

"선생님, 제 진정을 아셨다니 이런 시기에 제 소원 하나를 각하께 전달해 주세요."

나는 그토록 열망하고 있던 강남구 내곡동 문화공보부 소관의 국유지 불하 문제를 꺼냈다. 그동안 나름대로 조사한 여러 가지 경과와 문제점도 설명했다.

"선생님, 이만한 땅은 있어야 지금 한남동 캠퍼스의 단점을 보완할 수 있습니다. 대통령 각하께서 결심해 주셔야 이를 해결할 수 있습니다. 저 좋자고 하는 일이 아니고 영리 기관도 아닌 단국대가 더 좋은 곳에서 젊은이들을 교육시키자는 뜻이니 명분도 있는 일입니다. 대통령께 제 고민을 전해 주시면 정말 감사하겠습니다."

내곡동 부지에 들어설 영동캠퍼스의 마스터플랜. 새로 지을 캠퍼스는 공과대, 이과대, 음악대, 체육대 등 실습 시설이 많이 필요한 전공들을 중심으로 이전할 계획이었다. 야심찬 개발 계획은 느닷없는 정부의 그린벨트 지정으로 난항을 겪다가 지금의 국가정보원 부지로 사실상 강제 수용되면서 무산되고 말았다.

연당 선생은 껄껄껄 웃었다.

"장 총장 이제 보니 욕심이 진짜 많은 분이구만요. 대학을 키우겠다는 욕심이 말이요. 그래요. 땅을 굴려서 돈 벌자는 얘기도 아닌데 젊은 총장이 국회의원도 마다할 만큼 교육에 열성을 쏟고 있으니 각하께서도 나쁘게만 생각하시지는 않을 꺼예요."

연당 선생은 그 뒤 대통령을 만났다는 얘기며 내 뜻을

들은 박정희 대통령이 "문공부에 말해 두겠다."는 답도 있었다는 얘기를 전해 주었다. 그 뒤로 국유지 매입 문제는 순조롭게 풀렸다. 1971년 4월 말 쯤의 일이었다. 다만 문화공보부의 매각 조건은 매우 까다로웠다. 불하 대금을 분납이 아니라 일시불로 납입하라는 조건이 붙은 것이다. 매각 대금은 5억 7천만 원이었다. 부채를 얻어야 했지만 그래도 우리 대학의 새로운 도약을 준비할 기반이 생겼다는 기쁨에 하늘을 날 것 같았다.

같은 해 5월에 국회의원 선거가 있었다. 총선 결과는 민주공화당이 지역구 86명에 전국구 27명, 전체 113명의 의석을 차지했다. 내가 제안받은 전국구 19번이라는 의석은 확정적인 순위였음을 알 수 있다. 박정희 대통령이 나에게 상당한 호감을 갖고 있음을 확인한 소득이 있었다. 반대로 이같은 박정희 대통령의 관심과 배려가 나에게는 무언의 압력이 되었다. 대통령의 기대에 어긋나지 않게 바르고 정당하게 대학을 육성하고, 교육을 시켜야 한다는 책임 의식이 더욱 커졌다.

국유지 불하를 받고 나서 매입 대금을 구하는 데 진땀이 날 정도로 분주하게 뛰어다니던 때였다. 박정희 대통령이 전국 25개 종합대학의 총장을 청와대로 초청해 오찬 간담회를 한다는 연락이 왔다. 당시 대학가는 교련 반대 시위 등으로 대학생들과 정부의 긴장이 높아지고 있었다. 동시에 박정희 대통령은 1970년부터 '새마을운동'을 처음으로 가동해 이를 국가 차원의 농촌 개발 사업으로 확대하려는 고민을 하고 있었다. 물론 새마을운동은 그로부터 2년 정도 지난 뒤 그야말로 국가적 명운을 건 대형 사업이 되었다. 오늘날에는 많은 개발도상국이 채택한 개발 사업이 되었지만 당시에는 이런 중대한 의미까지는 생각할 수 없었다. 만약 그런 대통령의 의중을 읽었다면 나이 40세를 갓 넘은 내가 함부로 나서지 못했으리라.

이날 간담회에 참가한 총장들은 마음속으로 대학가 시위 문제를 놓고 대통령의 당부 말씀과 정책적 협력에 필요한 사안들이 제시될 거라 생각을 했다. 그런데 간담회가 시작되니 무거운 주제는 나오지 않고 대학에 대한 다양한 소재들이 자유롭게 오가는 분위기였다. 박 대통령도 총장들에게 담배를 권하며 웃음을 잃지 않고 얘기를 이끌어갔다. 그러던 중에 박 대통령은 대화를 새마을운동으로 전환했다.

"지난해부터 농어촌에 시멘트와 재정 지원을 곁들여 스스로 생활 여건 개선과 소득 증가 사업을 벌이도록 돕고 있어요. 그런데 이 사업이 지금 내무부 행정안전부의 전신와 농어촌의 힘만으로는 안되지 않겠어요? 이들에게 새로운 영농 기술, 마을마다 다른 여건에 맞는 개발 모델 같은 걸 전수해

박정희 대통령은 새마을운동을 근대화 사업의 핵심으로 꼽고 이를 주도했다. 특히 농어촌 현장 시찰을 통해 새마을운동을 보급하는 데 열성을 보였다. 추수를 앞둔 농촌에 나가 통일벼의 작황을 점검하는 박 대통령.

줘야 하는데 이런 부문에서는 대학이 큰 일을 해줘야 합니다."

대통령 입장에서는 새마을운동을 국가 미래의 사활을 건 사업으로 확신하고 있었고, 이를 성공시키려면 관청과 농어촌 외에 대학이 힘을 더해야 한다는 구상을 갖고 있었던 것이다. 그러나 정작 대학의 총장들은 이 얘기가 나오자 말을 아끼기 시작했다. 그도 그럴 것이 당시 대학과 정부의 갈등이 높아지던 시점에서 총장이 대통령 편을 들어 새마을운동에 나선다면 '어용 총장'이라는 손가락질을 받을 게 훤했기 때문이다. 나중에야 새마을운동이 농어촌 발전에 큰 기여를 했다는 평가를 받았지만 당시에는 박정희 정부가 정치적 목적으로 이를 강행한다는 비판이 컸었다. 또한 시멘트 몇 포대 풀어 준다고 농어촌이 달라지겠냐는 지식인들의 냉소적 비난이 주류였다.

그래서인지 참석자 가운데 가장 나이가 많은 경북대학 총장이 대학의 입장을 전했다.

"지금 교련 교육에도 학생들이 반대를 하는데 새마을운동을 하자고 나서면 아마 데모가 더 심해질 것입니다."

이런 요지로 대학의 새마을운동 참여의 어려움을 설명하자 듣고 있던 박정희 대통령은 갑자기 굳은 얼굴로 변하며 반박을 했다.

"제가 새마을운동을 하려는 것은 정치적 목적이 있어서가 아닙니다. 공업화를 할수록 농촌이 도시보다 살기가 힘들어지니까 이를 극복하자는 거죠. 이걸 정부 힘만으로는 안 되니까 대학 교수님들, 학생들이 나서서 같이 해 보자는 겁니다. 농촌은 원래 가난하니 어떻게 가난을 이길 수 있냐고 해 보지도 않고 반대를 하면 우리나라가 언제 잘살 수 있겠습니까."

말을 마친 박 대통령은 빈 담뱃갑을 우그리더니 툭 탁자에 던지듯 떨어뜨렸다. 동석한 보좌관들도 어쩔 줄 몰라 하는 표정이었다. 하물며 낯선 총장들이야 어떻겠는가. 분위기는 갑자기 경색되고 모두들 말이 없어졌다. 이래서는 안 된다는 생각이 나를 사로잡았다. 마음속에 갖고 있던 박 대통령에 대한 고마움, 그러니까 국유지 불하를 도와준 호의에 내가 보답해야 겠다는 생각이 들었다. 나는 망설임 없이 새마을운동에 내가 가진 힘을 기울여 보겠다는 결심을 하고 바로 공언을 했다.

"아직 연륜도 부족하고 대학도 역량이 부족할 수 있지만 단국대가 이 문제를 풀어 보도록 노력하겠습니다."

경직된 분위기를 풀고, 박 대통령에게 종합대학 승격이나 내곡동 부지 확보에서 받은 은혜에 어떻게든 보답을 하겠다는 뜻이 앞서서 나를 이끌었다. 대통령이 화를 낸다는 분위기를 다들 감지해서였을까. 총장들이 나서서 나를 칭찬하기 시작했다. 대통령의 안색이 풀어지고 웃음을 되찾자 분위기는 다시 화기애애해졌다. 간담회가 마치 나의 새마을운동에 대한 협력 의지를 확인하는 발표장이 된 셈이었고 다들 나를 주목하는 결과가 되었다.

대통령 앞에서 그것도 25개 종합대학 총장 앞에서 약속을 했으니 1초도 머뭇거릴 수 없었다. 우선 우리 대학이 새마을운동을 펼치기 좋은 여건을 가진 마을을 찾는 것이 급선무였다. 지역개발학을 전공한 김유혁 교수, 농학을 전공한 김봉구 교수와 상의를 했다. 김봉구 교수는 충청남도 청양군 장곡 마을을 생각하고 있었다. 칠갑산에 가려진 벽지로서 전국에서 가장 낙후된 농촌 지역이라는 설명이었다. 땅이 척박하여 소득을 늘릴 작물을 기르기도 부적합하다고 했다. 여기에 새로운 영농 기술과 작물을 보급한다면 눈에 띄는 성장이 가능하다고 김봉구 교수도 뜻을 보탰다.

이곳을 단국대 새마을운동 후보지로 정하려 하자 이번에는 문교부교육부 전신가 반대를 했다. 심지어 충남도청에서도 그랬고, 소식을 들은 청와대의 새마을운동 관련 보좌진도 다른 지역이 좋겠다며 반대를 했다. 이유는 대통령 앞에서 이뤄진 공약이니 단국대가 나서서 새마을운동 성공 사례를 만들어야 하는데 청양군 장곡 마을은 정말 너무 궁벽한 곳이라 실패 확률이 높다는 것이다. 나는 그런 반대가 나와 단국대를 위한 호의임을 알면서도 내 고집을 꺾지 않았다. 계곡이 깊으면 산이 높다고 이런 열악한 환경일수록 작은 성과를 내도 그로 인해 마을 주민들이 얻을 자신감과 성취감도 크고 높을 것이라는 생각이었다. 마침내 1972년 4월, 충청남도 청양군 대치면 장곡 마을과 자매결연을 맺고 새마을 사업을 개시했다.

청양군 장곡 마을은 장곡사라는 사찰이 있다. 역사학을 전공한 나는 장곡사를 답사한 적도 있어서 전혀 낯설기만 한 지역도 아니었다. 군용 지프 차를 타고도 오가기가 힘든 오지 마을이었다. 나는 새마을운동을 떠나 이곳이 잘사는 농촌의 모델이 되도록 한번 부딪혀 보자고 결심했다. 김유혁 교수를 통해 지역개발 이론과 적용 방법을 강구토록 하고, 김봉구 교수를 통해 장곡 마을에 적합한 소득 증가

1972년 4월에 가진 충남 청양군 장곡 마을과의 자매결연 장면. 이를 계기로 단국대학은 전국에서 가장 낙후한 벽지로 손꼽히던 장곡 마을에 하천 부지를 사과밭으로 간척하여 소득 작물 재배 기술을 보급하고 농민학교를 열어 새마을운동 지도자를 배출하는 등 농촌 개발에 힘을 기울였다.

용 작물과 이를 안착시킬 방법을 연구토록 했다. 당시 김봉구 교수는 농업기술연구소에서 연구원으로 있었는데 이를 수행하기 위해 교수로 초빙하기까지 했다. 사업 추진 과정에서 30여 차례가 넘도록 장곡 마을을 오가고, 마을 어른들께 편지를 보내 협력을 호소하기도 했다.

결과적으로 장곡 마을에 대한 단국대의 새마을운동 전개 사업은 대성공을 거두었다. 산비탈을 깍아 목장을 조성해 젖소 사육을 하면서 해당 기술을 교육, 보급했다. 특히 불가능에 가깝다는 돌밭을 개간하고 퇴비를 통해 지질을 개선해 사과 농사가 가능함을 실증한 것은 우리 스스로도 놀랄 만한 성과였다. 이렇게 해서 새로이 일군 농장이 22만여 평에 이르렀다. 동시에 새마을농민학교를 세워 2천5백여 명의 농민 지도자가 교육받고 나갔다. 장곡 마을 주민이 당시 360여 명이었으니 장곡 마을의 성공 사례를 공부하러 온 충청남도와 전국의 농민 지도자가 얼마나 많았는지 짐작할 수 있다.

일이 이렇게 되고보니 반대를 하던 교육부는 물론이고 청와대에서도 놀라워하며 큰 박수를 보내 주었다. 문교부 장관과 충남도지사가 직접 장곡 마을을 방문해 사업 성과를 시찰 오고 청와대 비서진도 답사를 해 박정희 대통령에게 보고를 했다. 사업을 추진하면서 두 차례나 대통령 표창을 받았고 1천만 원의 격려금과 영농 기계를 수여받기도 했다.

장곡 마을의 성공 사례는 청와대와 교육부에게 좋은 모범 사례가 되었다. 대학과 농촌이 단순한 봉사 활동으로 의례적 관계를 맺는 것에서 벗어나 직접 개발 사업을 기획, 실천하는 일이 얼마나 유효한지 입증한 사례가 되었다. 이후 대학의 새마을운동 참여 사업들이 전국적으로 번져 나갔다.

나는 장곡 마을 새마을 사업 과정에서 30여 차례를 넘게 이 지역을 지나고, 숙박을 했다. 그 과정에서 나에게는 새로운 착안점이 생겼다. 천안에 새로운 캠퍼스를 짓고 싶다는 목표가 생긴 것이다. 마침 당시 정부 차원에서 10년간의 경제개발을 추진한 결과 인구와 공공 시설의 수도권 집중이 가속화되는 현상을 우려하는 목소리가 높아지고 있었다. 특히 대학의 서울 집중이 인구 집중을 부른다는 비판이 많았고 이를 해결할 대책으로 미국 같은 선진국의 '분교 제2캠퍼스 시스템'을 도입하려는 움직임이 있었다.

이같은 정책 전환을 감지한 나는 천안시의 잠재력이 적지 않다는 생각을 했다. 1973년 당시 천안시는 시로 승격한 지 10년이 되었지만 인구가 8만여 명에 불과한 소도시였다. 그렇지만 예로부터 서울과 충청, 호남의 철도 중심지였고, 경부고속도로가 개통되면서 서울에서 1시간 이내에 도

장곡 마을 개발 지원을 시작한 지 6년 만인 1978년 당시 단국대학 청양농장의 모습. 괭이질도 힘들다던 부지는 2천8백 그루의 사과나무와 백여 마리의 젖소, 3백 가마의 쌀이 나는 농장으로 변신했고 장곡 마을도 큰 발전을 이뤘다. 뒤에 보이는 건물이 새마을 지도자를 기르기 위한 교육이 열리던 기간농민양성소이다.

농촌 봉사 활동을 펼치는 단국대학 봉사단을 찾아 유기춘 당시 문교부 장관(뒷짐 지은 이)과 장충식 총장이 격려 연설을 하고 있다.

착할 수 있는 '준 수도권' 도시가 되었다. 마침 천안시에는 4년제 대학이 없었다. 정부의 수도권 분산 정책에도 부합이 되는 도시였다. 천안시에 캠퍼스를 세우면 고속도록를 통해 한강 이남의 대학 교육 수요를 유입할 수 있다는 확신이 들었다. 나는 마음속에 이미 우리 대학을 세울 캠퍼스 부지도 정해 놓고 있었다. 그곳이 바로 지금 천안캠퍼스가 세워진 안서호반의 땅이었다. 새마을운동 자매 마을인 장곡 마을을 가려면 경부고속도로에서 천안을 지나야 했다. 천안 IC 직전에 보이는 안서호반의 땅은 남동향으로 온화한 기운이 들면서 넓은 호수를 앞으로 끼고 있어 풍경도 좋았다.

나는 문교부에 '천안분교 개설 허가'를 신청했다. 당시 문교부내 관료들은 우리 대학의 역량을 믿지 않는 편이었다. '단국대가 한국 최초로 지방에 분교를 세운다니 가능하겠는가?'라는 분위기였다. 당시 문교부 차관으로 있던 분을 중심으로 관료들이 이런 주장을 했고 인가가 늦어졌다. 그렇지만 이번에도 박정희 대통령의 호의가 작용을 했다. 문교부 장관의 보고를 받은 박 대통령이 "장충식 총장이 하는 일이니 긍정적으로 검토하라."는 말이 있었다는 전언이 있었다. 대통령의 지시가 있자 관료 중심의 단국대 천안분교 반대 여론도 자연스럽게 잦아들었다. 거기에 당시 황산덕 문교부 장관은 대학의 분교제도를 도입하는 데 긍정적이어서 우리 대학의 분교 개설 사업에 도움을 주었다. 1976년 봄 마침내 원하던 부지를 매입했다. 넓이는 약 20만㎡6.6만평이고 전형적인 배산임수형의 지세에 풍광이 빼어나 우리 대학에 큰 발전이 있으리라는 믿음이 더욱 굳어졌다. 8월부터 토목공사에 들어갔는데 이 때도 박정희 대통령의 나에 대한 호의를 확인할 수 있었던 일화가 있었다.

당시 박정희 대통령은 '산림녹화'를 국정의 최고 목표로 앞세우고 있었다. 산에서 나무 한 그루를 허투루 베어내도 자칫 큰 처벌을 받고, 간혹 녹화 정책에 어긋나는 일을 했다가 박 대통령의 불호령을 받고 하루아침에 옷을 벗는 공무원들도 많았다. 그런 판국에 박 대통령이 충청남도 순시를 위해 경부고속도로를 지나다가 천안캠퍼스 토목 공사 현장을 보게 되었다. 아름다운 풍경을 가진 땅이 맨살을 드러내고 나무도 발려져 나가고 있으니 박 대통령이 좋게 볼 수가 없었을 것이다. 당장 굳은 목소리로 옆에 있던 정석모 충남도지사에게 따지듯 물었다.

"저거 뭐하는 건데 땅을 깎고 저리 넓게 벌목을 하고 있는거요?"

질문을 받은 정석모 지사는 더 긴장할 수밖에 없었다. 이미 관청의 인허가를 다 받고 하는 일이지만 자칫 "아니 그렇다고 저렇게 나무를 잘라내면 어쩌겠는가!"는 질책이

천안캠퍼스 신축 사업을 시작한 뒤 장충식 총장이 현장을 시찰하며 조감도를 설명하고 있다.

있을 수도 있기 때문이었다. 그러나 설명을 들은 박 대통령은 "아, 그런가요. 장 총장이 하는 일이면 틀린 일이 아닐 거요. 장 총장은 약속을 지키는 사람이요. 걱정 말고 대학을 키우라 하세요."라며 단국대 천안캠퍼스가 충남 발전에 기여하도록 도와 주라는 당부가 있었다고 한다.

정석모 지사는 이같은 대화 내용을 나에게 기쁜 낯으

로 전해 주며 한 가지 얘기를 덧붙였다.

"각하께서 이런 재밌는 말씀도 하셨습니다. '장 총장이 실향민으로 알고 있는데, 이왕 충청남도에 대학을 세우기로 했으니 아예 주민등록도 충남으로 옮기면 좋겠구만.' 이러시며 기분 좋게 웃으셨어요."

대화를 마치며 정석모 지사는 자신도 충청남도에 큰 대학이 생기니 기쁜 일이라 강조하며 어려운 일이 있으면 알려 달라 했다. 나 역시 기분이 좋았다. 대통령이 나의 신상을 파악하고 있을 만큼 관심을 갖고 있으며, 신뢰를 갖고 있다는 점을 확인받은 일이 아닌가. 나와 박 대통령과의 만남이래야 두어 번이고, 내가 무슨 정치자금을 돕거나 정치활동에 나서서 여당 편을 든 일도 없었다. 다만 종합대학 승격을 위한 내 간절한 마음이 결코 공수표가 아니라는 점을 증명하고 싶어 대학 육성에 노력을 다한 것뿐이었다. 감사한 마음이 컸지만 따로 그런 인사를 차릴 관계도 아니고, 그럴 여력도 없었다. 대신에 박 대통령의 바람대로 내 주민등록을 천안시의 옆인 아산으로 옮겼다. 대통령에 대한 내 나름의 감사 표시인 셈이다.

천안캠퍼스는 1978년 3월에 개교했다. 개교 당시에는 '산업대학'이라는 단과대학으로 출범했지만 지금은 인문, 예체능부터 사회과학, 자연과학, 약학, 의학 등에 이르기까지

장충식 총장이 경부고속도로 쪽 안서호반에서 천안캠퍼스 부지를 바라보며 건설 사업 관계자와 함께 마스터플랜 추진을 논의하고 있다.

종합대학으로서 교육 편제를 완비하고 있다. 그 거대한 뿌리는 나의 비전에서 출발했지만 그 자양분은 박정희 대통령의 나에 대한 호의가 잠재해 있음을 부인할 수 없다.

1970년대에는 대학의 증과 증원이 각 대학의 미래를 좌우하는 요인이었다. 대학 간에도 치열한 경쟁과 로비가 있었으니 이 문제는 자연스레 대통령의 관심사가 되었고, 인가권 역시 대통령의 손에 있었다. 내 기억으로는 내가 총장이 되고부터, 특히 1970년대 초반부터는 우리 대학의 증원이 거부된 적이 거의 없었다. 천안캠퍼스를 개설하고부터는 그 추세가 더 강화되어 1970년대 종반에는 사립대학 가운데 전국 10위 안에 드는 대학 정원을 보유하게 되었다. 처음 내가 총장으로 부임할 당시 대학 정원을 살펴보니 우리 대학이 전국 4년제 대학 가운데 맨 끝에서 두 번째였다. 문교부 관리들은 우리 대학의 관계자들을 만나면 "대통령 각하께서는 단국대의 증원 신청에 한 번도 거부를 하지 않으시니 참으로 놀랄 일이요."라는 전언을 하곤 했다.

증과 증원의 일만이 아니었다. 지금도 회고를 하면 새삼스레 놀랄 만한 일이 있다. 앞서 말한 바와 같이 나는 8대 국회 전국구 제안을 거부한 적이 있다. 대통령의 제안을 거절한 것이다. 그뿐 아니라 나는 10월 유신 개헌 직후 김상현 의원과의 친분으로 인해 보안사령부에 연행되고, 고문까지 받았던 전력이 있다. 김대중 의원 정치자금을 지원했다는 혐의를 받은 것이다. 박 대통령 입장에서는 나를 믿기 힘들었을 터인데도 지속적인 호의를 베풀어 주었다. 나는 "박 대통령이 내가 보안사에 끌려가 고문을 받을 만큼 중대한 혐의를 받았던 걸 모르나 보다."라고 생각할 수밖에 없었다.

10월 유신 이후 박정희 대통령의 통치 권력이 더욱 강화되던 시기였다. 1978년 12월로 10대 국회의원 선거가 확정되었다. 유신 체제 아래에서 국회의원은 1선거구에 2인을 뽑는 중선거구제로 바뀌었고, 기존 전국구는 폐지되는 대신에 '통일주체국민회의'라는 기구에서 77명의 국회의원을 별도로 뽑아 이를 대체케 했다. 대통령 중심제를 넘어서는 강력한 권력 독점으로 국내외에서 민주화 요구가 점증하고 있었다. 또 한번 나에게 정계 입문의 요구가 닥쳤다.

민관식 전 문교부 장관이 나를 찾았다. 민 장관은 1971년부터 4년 간 문교부 장관과 대한체육회장을 지낸 분으로 내가 체육계에서 각종 경기 단체장을 맡으면서 더욱 가까워졌다. 강력한 업무 장악 능력, 추진력으로 박 대통령의 아낌을 받고 있었다. 민 장관이 나를 만난 이유는 제10대 총선 출마 때문이었다.

"이건 내가 각하의 심부름을 하는 거요. 각하께서 장 총장이 출마하기를 원하십니다. 지역구도 단국대가 있는 용산구로 배려를 하셨어요. 1선거구에서 2명을 뽑는 건데, 공화당으로 나오면 따는 당상이 아니겠소. 더군다나 학교가 있는 용산구인데."

정말 곤란한 요청, 아니 지시였다. 벌써 한 번 거부를 했던 정계 입문인데 다시 거절한다면 대통령의 체면이 상하는 일이 아니겠는가. 그래도 어쩔 수 없었다. 나는 대학에서 내 삶을 다 바치고 싶었다.

"장관님, 죄송하지만 이런 의사를 8대 국회 때도 받았습니다. 그때는 전국구였지만요. 선거의 당락 여부가 중요한 게 아니라 저는 곤란합니다. 이제 막 천안캠퍼스가 문을 열었고, 대학이 간신히 성장세를 타고 있는데 단국대를 버리고 도저히 국회로 갈 수 없습니다. 그리고 저는 단국대와 상관없이 정치계에 발을 딛고 싶지 않습니다. 정치권력과 싸우면 안 된다는 소신을 갖고 있지만 동시에 정치권력을 소유해서도 안 된다는 것이 내 철학입니다. 아버지의 유훈이기도 하고요. 각하께 제 진정을 잘 설득해 주세요."

민 장관은 이해하기 힘들다며 내 말을 받아들이지 않았다. 나도 계속 호소를 했다. 결국은 민 장관이 설득을 포기했다. 나를 아끼는 선배님인 만큼 혹시라도 있을 후환을 같이 걱정해 주기도 했다. 민 장관이 나를 위해 많은 노력을 기울여서였을까 염려했던 일들이나 긴급 상황은 없었다. 그로부터 얼마 되지 않은 시간이었다. 1978년 가을 단풍이 짙어지던 시기였던 것으로 기억한다. '남산'으로 불리는 중앙정보부에서 나를 호출했다. 이름을 밝힐 수 없는데 국장급 인사였다. 나는 "올 것이 온 것인가?"라는 의구심을 갖고 그를 만났다. 이번에도 정치 입문 얘기였다. 그런데 각도가 전혀 달랐다.

"지금 박근혜 영애께서 퍼스트 레이디 역할을 하시면서 구국여성봉사단 명예 총재를 맡고 계신 거 아시죠? 이

봉사단이 앞으로 박근혜 영애께서 직접 총재로 취임하시고 전국적인 봉사 활동을 펼칠 겁니다. 그런데 총재를 보좌해 줄 사무총장이 필요합니다. 청와대에서 각하와 여러분들이 고민을 했는데 사무총장 자리에 장 총장님 부인께서 봉사해 주길 바랍니다. 그리고 사무총장은 유정회 소속으로 국회의원직도 수여됩니다. 박근혜 총재 보좌역이니 국회의원 신분은 있어야 한다는 뜻입니다."

육영수 여사가 1974년 광복절 기념식에서 피격당해 별세한 뒤로 박근혜 씨가 영부인을 대신하고 있는 것은 알았지만 이런 봉사단에 사무총장을 두고, 거기에 국회의원 신분을 준다는 사실은 처음 알았다. 내 아내는 식품영양학을 전공해 경기대, 국민대에서 강의를 했지만 무슨 여성운동에 나선 적도 없고, 무슨 봉사단에 나가서 리더 역할을 한 적도 없었다. 집안 일 하기도 바쁜데 전국 규모의 봉사단을, 그것도 영부인이나 다름없는 박근혜 영애를 보좌하다니...

물론 나는 반대를 했다.

"아니, 전국에서 이런 일을 하고 싶어하는 여성들이 얼마나 많을 텐데요. 장차관 부인들이니 정치인, 사업가의 부인들이 얼마든지 있는데 정치도 모르고, 아는 건 식품영양학밖에 모르는 사람을 사무총장에 앉히려는 겁니까. 더군다나 국회의원이라뇨."

그 국장의 말인 즉 실제로 이런 일을 하고 싶어 하는 여성 지도자, 권력가의 부인들이 많았다고 했다. 그런데 박정희 대통령이 내 아내를 지목했다는 것이다. 봉사단은 정치 조직이 아니고, 약한 사람을 돕는 일을 하는 곳이니 그동안 청와대 근처에서 왔다 갔다 하던 사람이 아니라 공부하고 자식 기르고 남편 잘 돕는 그런 평범한 여성을 사무총장으로 초빙하라는 뜻이 담겨 있다는 것이다.

그래도 나는 찬성하기 힘들었다. 아무리 뜻이 그래도 정치적 일과 단절할 수 없을 것이고, 또 그 역시 권력의 논리에 휩쓸릴 수밖에 없으리라 믿었다. 며칠이고 찬성을 하지 않고 버티자 그 국장이 나를 찾아왔다.

"아니 이 자리를 탐내는 사람들이 한두 명인 줄 아십니까. 각하께서 여러 생각을 하고 고민 끝에 결정하신 일인데 정말 이러시깁니까. 이것저것 다 반대를 하면 각하의 체면이 뭐가 되는 겁니까. 어디 장 총장님이 그렇게 반대만 하시면 단국대는 총장님 뜻대로 운영하실 수 있다고 자신하세요?"

국장의 거친 반문에 나도 끝까지 나 몰라라 버티기 힘들었다. 아니, 당시 상황에서는 모 국장의 으름장이 언제든 실현될 가능성이 컸다.

"그렇다고 내가 아내에게 이래라 저래라 하지 못해요.

난 찬성은 아니지만 아내에게 하지 말라 강요는 안하겠습니다. 정 원한다면 그쪽에서 직접 설득하세요."

나는 한 걸음 물러났고 아내에게는 이런 사정을 얘기하지 않았다. 며칠이 다시 흐른 뒤 아내의 답이 궁금해 물으니 사무총장직을 수락했다고 했다.

"중앙정보부가 설명을 하는데 다 듣고보니 내가 거부하면 아무래도 당신이랑 학교에 뭔가 일이 나겠더라구요. 그래서 봉사 활동만 시킨다면 열심히 해 보겠다고 했어요."

이렇게 해서 정말 팔자에도 없는 국회의원을 나 대신 아내가 하게 되었다. 그전까지는 우리 대학 학생들이 내가 새마을운동에 열심인 것을 빗대어 '새마을 총장'이라 불렀다. 그런데 아내가 유정회 의원이 되자 나를 '어용 총장'으로 바꿔 불렀다. 내가 정치권력을 갖지 않으려 애쓴 이유가 바로 이같은 일들을 염려해서 였는데… 그래도 나는 모르는 척했다. 내 진심을 알아줄 날이 올 것이라 믿었다. 오로지 단국대학을 키우고, 내 학생들을 지키면 족하다고 생각했다. 나는 힘센 정보기관에 끌려가 매를 맞기도 했지만 우리 대학의 학생들을 지키는 일에는 결코 두려워 하지 않았다. 물론 이런 일을 하는 데도 '박정희 대통령이 아끼는 대학총장'이라는 후광이 큰 힘을 보태 주었다.

'유신체제'가 들어서고부터는 민주화운동을 하거나 시

위를 하다가 법을 적용받는 학생들은 가차 없이 대학에서 추방해야 했다. 그러나 나는 끝까지 운동권 학생들의 제적을 거부했다. 형법의 적용을 받으면 모르지만 학칙으로 학생을 제적하는 일은 피하려 최선을 다했다. 학생만이 아니라 교수에게도 그랬다. 나는 동베를린간첩단 사건으로 징역형을 받았던 이들도 우리 대학 교수로 모셔오고, 강단에 서도록 했다. 일석 이희승 선생님처럼 민주화를 요구하며 대통령과 대립각을 세운 분도 초대 동양학연구소장으로 모셨다. 심지어 박원순 현 서울시장처럼 다른 대학에서 시국사범으로 몰려 제적된 학생들도 우리 대학에 입학시켜 학업을 마치도록 했다. 그럴 때마다 겁을 주고, 으름장을 놓는 권력기관, 공포의 정보기관에 위협을 받아야 했다.

그래도 나는 이를 무시하거나 반박하면서 총장직을 수행했다. 사실 그 이면에는 이같은 박정희 대통령의 우호적 관심과 지원이 있었던 것이다. 그들을 단국대의 품에서 돕고 지킬 수 있었던 힘은 바로 '어용 총장' 이니 '새마을 총장' 이니 하는 그 힐난을 받은 대가가 아니겠는가.

아무튼 내 아내의 국회의원 생활은 불과 1년여 만에 백지로 돌아갔다. 1979년 10월 박정희 대통령이 별세를 한 것이다. 절대 권력을 만들고 그것을 지키려 국가 사회를 철저히 통제하던 박정희 대통령인데 가장 믿었던 중앙정보

박정희 대통령은 대학 발전을 위해 열정을 바치겠다는 장충식 총장의 의지를 높이 평가하고 소리없이 많은 도움의 손길을 건냈다. 한때 주간부 폐교로 고사의 위기에 처했던 대학은 종합대학 승격과 천안캠퍼스 신설을 거쳐 2만여 재학생을 포용하는 한국 사학의 거목으로 성장했다.
사진은 2006년 경 단국대학 서울캠퍼스의 전경.

부장의 손에 죽은 것이다. 허망하고 비통한 일이었다. 나는 박 대통령에게서 많은 은혜를 입었다. 비상식적인 정부의 단국대 탄압에 항의하려 대통령을 독대한 일을 시작으로 12년여의 시간 동안 내가 가진 열정을 단국대에 쏟고 성과를 얻게 한 결과가 박정희 대통령의 도움에 힘입은 바 크다고 생각한다.

역사적 평가를 떠나 30대 총장의 바램을 도와준 분에게 제대로 고마운 마음을 전하지도 못하고 세상을 달리했으니 아쉬운 마음도 적지 않다. 한편으로 높은 물이 낮은 곳으로 흐르듯 사랑과 은혜도 그렇게 흘러가는 것이 세상의 순리라는 생각이 든다.

그동안 학연가연을 통해 내가 하고 싶었던 얘기는 바로 이같은 세상의 순리에 관한 것이다. 대통령이 국가와 민족을 위해 자신의 권력을 선하게 행사하면 나 같은 젊고 나약한 교육자에게 대학을 성장시키는 은혜가 된다. 나 역시 대학에 몸담은 사람으로서, 단국대의 발전을 누구보다 열망하는 구성원으로서 대학의 교수, 직원, 학생들에게 내가 가진 작은 힘이나마 선하게 쓰겠다는 다짐을 실천하고자 했을 뿐이다. 그것이 어떤 이에게는 은혜를 베푸는 일이 될 수도 있었고, 절망에서 희망을 찾아 주는 일이 될 수도 있었으리라 생각한다. 대학이란 결국 지식과 사랑을 서로 나누는 곳이 아니겠는가.

그런 인연이 새로이 우리 후배와 후세에 전해져 다시 아름다운 인연을 낳는다면 단국대는 우리 역사 속에 영원할 것이라 믿는다.

(2019년 12월 13일)